손가락 살인의
시대와 법

손가락 살인의 시대와 법

1판 1쇄 인쇄 | 2023. 9. 20.
1판 1쇄 발행 | 2023. 9. 25.

지은이 | 류여해 · 정준길
발행인 | 남경범
발행처 | 실레북스

등록 | 2016년 12월 15일(제490호)
주소 | 경기도 용인시 수지구 성복2로 86 115-801
대표전화 | 070-8624-8351
팩스 | 0504-226-8351

ISBN 979-11-982810-1-2 03360

블로그 | blog.naver.com/sillebooks
페이스북 | facebook.com/sillebooks 이메일 | sillebooks@gmail.com

값은 뒤표지에 있습니다.
잘못된 책은 구매하신 서점에서 바꾸어 드립니다.

진리가 너희를 자유케 하리라 VERITAS VOS LIBERABIT

손가락 살인의 시대와 법

중수부 검사 출신 변호사와
독일 형사법박사가 직접 겪고 정리한

명예훼손
모욕
스토킹범죄의
모든 것

류여해
정준길
지음

실레북스
SillpbookS

프롤로그 1

지난 3년을 되돌아보며

3년간 나를 손가락 살인했던 개구리 여왕(우리는 그녀를 "개구리 여왕"이라고 불렀다). 그녀는 이제 이름이 없다. 수형번호 ○○○○으로 불리고 있다.

나는 지난 3년간 인터넷상에서 반복되어 온 소리 없는 손가락 총에 의해 쉼 없이 인격 살인을 당했던 사람이다. 뿐만 아니라 나는 그녀에게 스토킹을 당해 결국 스토킹처벌법으로 기소까지 시켰다.

과거 연예인들이나 일반인들이 사이버상에서 지속적으로 공격을 당하다 이를 못 견디고 자살하는 사건들이 언론에 보도되는 것을 보면서, 나는 '죽을 용기가 있다면 그 용기로 더 열심히 살아야지. 사이버상의 비방 정도에 귀중한 생명을 버리다니…'라고 생각했다.

하지만 개구리 여왕과 개구리 무리들이 단합해 사이버상에서 특정인에 대해 집중적 · 지속적으로 집요하게 이루어지는 공격을 직접 당해본 나는 이제 그분들을 이해하게 됐다.

'사람이 이렇게 죽을 수도 있구나. 이렇게 미칠 수도 있구나.'

피해자가 문득 죽음을 생각하게 되는 SNS상의 글들은, 가해자는 허위와 비방에 가득 찬 내용을 쓰는 데 30초면 충분하지만, 피해자는 허위임을 밝혀 즉시 바로잡을 방법이 없고, 발 없는 말이 천 리 간다는 말처럼 사이버상에서 그 전파속도는 빛처럼 빨라 이미 퍼뜨려진 헛소문을 주워 담을 방법이 없다. SNS상에서 타인의 허위와 비방의 글을 마주하는 사람들은 그 내용의 진위 여부를 확인하기보다 일단 그 글을 사실로 생각해 반응하게 되고, 피해자가 허위와 비방을 접한 사람들을 상대로 그게 아니라고 일일이 해명하는 것도 물리적으로나 시간적으로 불가능하다. 더군다나 사이버상의 허위와 비방이 가진 특징을 잘 알고 특정인을 비방하는 수단으로 악용하는 것을 서슴지 않는 사람들이 선량한 피해자를 작정하고 공격하면, 그들이 쓰는 글들은 소리 없는 총탄이 되어 피해자의 마음을 후벼파고 정신과 영혼을 피폐하게 만들며 마침내 죽음까지 생각하게 만든다. 그래서 나는 이를 '열 손가락 살인'이라고 이름 붙였다.

그들은 사이버상에서 몰려다니며 특정인을 비방하는 걸 놀이라고 생각한다. 익명 뒤에 자신을 숨기고, 마치 마스크를 쓰면 괴력을 가지게 되는 어느 영화 주인공처럼 전사가 되어 비방을 즐기고 피해자를 괴롭히는 것에 대해 죄의식조차 없이 괴로워하는 것을 오히려 즐긴다.

상대가 자살할 때까지 공격하고, 실제로 자살하면 그 죽음 앞에 부끄러워하거나 후회하는 것이 아니라 피해자를 괴롭히는 즐거움을 더 누려야 하는데 피해자가 너무 빨리 죽었다며 안타까워한다. 그런 가해자들은 정신과 진단이 필요한 사람들로 양심의 가책이라고는 눈곱만큼도 없다.

어느 순간부터 여러 개의 가계정들이 튀어나오고, 그 이름을 수시로 바꾸면서 실명으로는 차마 입에 담기도 어려운 더러운 글들을 올리고, 가계정으로 다른 가계정에 서로 글을 올리거나 태그하며 그 무리들이 가계정 글들을 비방에 동조하는 사람들에게 공유한다.

1이 10이 되고, 10이 100이 되고, 100이 1,000이 되고, 동조자들이 서로의 게시글에 댓글을 달면서 특정인을 2차 가해하는 그 중심에 서서 소리 없는 총탄을 집중적으로 맞는 과정을 3년이나 겪으며 나는 얼마나 힘들고 괴로웠는지 모른다. 더 기막힌 것은 그들은 말도 안 되는 내용으로 피해자들을 수십 건 고소하고 고소 자체로 모욕을 줬다고 깔깔거린다. 수사기관에 피의자로 소환 조사를 받게 한 것이 피해자에게 망신을 준 것이라며 즐거워한다는 것이다. 고소당할 만큼 나쁜 짓을 많이 해서 기소되어 재판을 받게 되었는데도 가해자들은 본인들이 페이스북에 쓴 글을 고소한 사람들이 가해자이고, 고소를 당한 본인들이 오히려 피해자라고 주장한다. 재판을 받게 되었는데도 기뻐하며 일부러 피해자들을 증인으로 출석하게 하고, 피해자들의 가슴을 파헤치는 질문을 해 2차 가해를 하고서도 깔깔대며 즐거워한다. 그래서 검찰과 법원이 구약식 벌금으로 선처해 주었는데도 불구하고 거의 한 건도 예외 없이 정식재판을 청구해 피해자들을 증인으로 불러냈다. 정상적이지 않은 개구리들과 상식적인 피해자들이 싸움을 한다는 것은 정말이지 어렵고 힘든 일이다.

나는 수없이 벽을 보고 외쳤다.

"미친 거야. 미친 거야. 저건 미친 걸 거야. 그렇지 않고서 어떻게 저런 행동을….'

그런데 그들은 고소도 무서워하지 않고 경찰이나 검찰 조사도 두려워하지 않는다. 심지어 법원의 재판도 무서워하지 않는다. 벌금을 선고받은 사람이 집행유예를 받은 사람을 부러워하는 것이 바로 그들이다. 피해자의 몸에 작은 상처를 내기 위해서는 본인들의 팔다리 정도는 기꺼이 내줄 수 있다고 생각하는 괴물들을 나로서는 도저히 이해할 수 없었다. 괴물과 싸우는 것은 초인적인 인내가 필요하다.

매일매일 그들의 페이스북 글과 유튜브 방송을 확인하고, 글 내용을 캡처하고, 방송 내용을 녹취하고, 고소장을 작성하고, 고소인 조사를 받으러 갔다. 중간중간 추가적인 증거자료도 제출하고, 탄원서와 진술서, 의견서도 제출하고, 재판이 열린 후에는 재판 때마다 법정에 가서 개구리들이 재판장님을 속이지 못하도록 수시로 대응해야 했다. 그렇게 피눈물 나는 시간들도 흘러가 이제는 그들이 내 이름을 대놓고 쓰지 못하는 것을 보며 조금은 웃을 수 있는 여유가 생길 줄 알았다. 하지만 그들은 똥 마려운 강아지처럼 결국 참지 못하고 다시 튀어나와 머리를 쓴다. 주어가 없으므로 형사 처벌 대상이 안 된다고…. 나를 욕하는 글임을 뻔히 알 수 있는 그런 글들을 개구리 여왕이 구속되기 직전까지 계속 써대는 걸 보면서 참으로 그들이 측은하고 안타깝다는 생각도 들었다.

3년간 이 개구리들에 의해 고통당한 과정을 기록한 내용이 책이 되었고, 그 과정이 연단의 시간이 되어 단단해졌다. 이제 나는 누군가가 모욕과 명예훼손을 당해 고통스러워하면 위로와 함께 구체적인 해결방안을 제대로 제시해 줄 수 있는 노하우가 생겼다. 그래서 나는 정준길 변호사님과 함께 주변 피해자들의 지난 3년간의 고통과 경험이 다른 분들께 되풀이되지 않도록 도움이 되었으면 하는 마음으로 이 책을 내게 되었다.

지금도 사이버 공간에서는 수많은 모욕범들이 생겨나고 있다. 그들이 쏟아내는 사이버 총탄으로 인해 피해를 입으면서도 어떻게 대응해야 할지 몰라 속앓이를 하는 분들께 이 책이 큰 도움이 될 것이라 굳게 믿는다.

"힘내요. 그리고 절대로 그냥 앉아서 무기력하게 당하지 말아요."

이 책을 읽고 나면 허위와 비방을 일삼는 개구리들에게 어떻게 대응하고, 어떻게 그들을 잡아야 할지 확실히 알게 될 것이다.

끝으로 수많은 고소장을 써서 높은 기소율을 보여주신 중수부 검사 출신 정준길 변호사님께 감사드린다. 그리고, 개구리들의 수없는 고소질에도 나를 비롯한 피해자들을 티끌 하나 다치지 않게 막아주신 그 놀라운 능력을 나뿐 아니라 독자들도 향유할 수 있기를 진심으로 바란다.

아울러 개구리들의 공격과 분열 책동에도 흔들림 없이 진실과 정의를 믿으며 어려움을 함께해주신 변연우 님, 심재운 님, 김효정 님, 이주영 님, 김새미 님, 김미화 님 그리고 라이언특공대 대원 여러분들께도 진심으로 감사를 보낸다. 날 응원해준 우리 가족과 가족보다 더 곁에서 날 위해 안타까운 눈빛을 보내주며 고소장 하나 하나 자료 첨부하느라 고생한 고윤정 님, 소정인 님, 표광민 님, 장용현 님께 무한의 감사를 보낸다.

끝으로 정준길 변호사님이 안 계셨으면 나 혼자 버틸 수도 싸울 수도 없었을 것이다. 딱 한마디로 감사를 전한다.

"멋진 변호사이십니다! 최고입니다. 정준길 변호사님!"

몇 년간 꽃이 피는지 눈이 오는지 보지도 못했고 아침마다 오늘 또 무슨 모욕을 써 두었을까 불안했는데, 오늘 보니 담 모퉁이 작은 돌 사이에 노란 꽃이 눈에 보인다.

사랑합니다. 모두 감사합니다.

제가 겪은 아팠던 시간을 이제 들려 드릴게요.

여러분도 아파하지 말기를…

사람이 나를 아프게 해도 사람이 나를 살게 하더군요.

토닥토닥 내 손을 잡아요.

서래마을에서

류여해

프롤로그 2

이 책을 펴내며

나는 사법시험에 합격하고 사법연수원을 마친 후 검사로 임관되어 10년 동안 서울중앙지검 특수부와 대검찰청 중앙수사부에서 사회적 이목을 집중시킬 만한 중요한 특수사건을 경험했다. 그 후 뜻한 바가 있어 검사를 그만두고 CJ그룹 임원, 법무법인 광장 파트너 변호사를 거쳐 정치권에서도 예상치 못한 풍찬노숙의 삶을 10여 년 동안 거치게 되었다. 그 와중에 박근혜 전 대통령 탄핵과 구속이라는 충격적인 사건들 속에서 무너져가는 보수정당에 희망의 사과나무를 심는 마음으로 류여해 교수가 전당대회에서 2등으로 최고위원에 당선되는 기적을 만들어내는 즐거움도 있었다.

하지만 희망의 사과나무를 꺾으려는 사람들 틈에서 류 교수와 고난을 함께한다는 이유로 100일 동안 세 번 윤리위원회에 회부되어 경고, 제명, 당원권 정지 1년의 징계처분을 받았지만, 법원에 제기한 두 차례의 가처분 신청을 통해 그 징계효력을 정지시키기도 했다. 그러다가 2019년 9월, 류 교수와 함께 대한민국의 정의, 인권, 법치 회복을 위해 박근혜 전 대통령 석방을 위한 형집행정지 신청 운동 모임을 시작했다. 그 운동 과정에서 좋은 분들도 많이 만났지만, 나도 류 교수도 그동안 삶을 살면서 한 번도 만나지 못했던 비상식적인 사람들도 마주하게 되었다.

그 모임을 그만두게 된 한 사람이 류 교수와 나를 더 이상 정치를 못 하게 하겠다고 선언하면서 과거 류 교수를 비방했던 사람들까지 끌어모아 '썩은 감자 폐기하기'라는 단톡방을 만들어 조직적으로 류 교수와 나 그리고 라이언특공대 대원들을 일방적으로 비방했다. 그래도 반응하지 않자 무고성 고소까지 먼저 하면서 한 번도 상상하지도, 경험해 본 적도 없는 SNS 전쟁을 3년 넘게 하게 되었다.

'내가 변호사가 아니었다면 하루에도 수십 건의 비방 글을 올리고 댓글을 달고, 유튜브 방송을 하면서 남을 괴롭히는 것을 즐거움으로 생각하는 개구리 무리에 대응할 수 있었을까?'라는 생각이 들었다. 변호사인 나조차도 이렇게 힘들고 고통스러운데, 일반인들이라면 한 사람이 모은 십여 명의 사람들이 서로 번갈아가며 SNS상에 폭포수처럼 일방적으로 쏟아지는 비방들을 과연 견딜 수 있을까?

사람은 아픈 만큼 성숙해지는 법이다. 지난 3년여의 경험을 통해 이제 웬만한 비방에 대해서는 눈썹 하나 흔들리지 않는 장자가 말한 '목계(木鷄)'에 버금가는 수준(?)에 올라섰다. 명예훼손이나 모욕의 법리에 대해서는 대한민국 어느 변호사에게도 뒤지지 않는다는 자신감도 생겼고, SNS상의 비방 글에 대해 어떻게 신속하게 대응하는지에 대한 대처 방안도 경험을 통해 알게 되었다. 그리고 대한민국에 살고 있는 다른 분들이 나와 류 교수처럼 SNS상에서 개구리들의 무자비한 비방으로 인해 아픔과 고통을 겪지 않도록 도와주기 위해 우리들의 경험과 노하우를 담은 책을 만들어 보자고 의기투합하게 되었다.

그래서 만들어낸 책이 바로 『손가락 살인의 시대와 법』이다. 이 책은 크게 4부로 구성되어 있다.

1부 '손가락 살인의 시대'에서는 우리가 살아가는 대한민국에서 실제로 발생한 속칭 '손가락 살인' 사례들을 먼저 소개하고, 3년간 류여해 교수와 내가 겪은 사이버 명예훼손, 모욕의 경험을 간단히 소개했다. 그리고 현재 대한민국이 겪고 있는 인터넷과 사이버상의 명예훼손과 모욕, 스토킹범죄의 현황과 문제점들을 간단히 짚었다.

비정상적인 사람들에 의해 '손가락 살인' 대상이 되는 악몽 같은 경험은 나나 류 교수 같은 사람들만 특별하게 겪은 것이 아니다. 대한민국에 살고 있는 누구라도 잠재적인 피해자가 될 수 있음을 확인해보고자 한다.

2부 '사례로 알아보는 명예훼손과 모욕의 모든 것'에서는 명예에 관한 죄의 법리를 소상하게 다루었다. 이 책을 읽는 독자들이 법률 전문가가 아님을 배려해 명예에 관한 죄와 관련한 모든 법적 쟁점을 다루면서 가급적 이해하기 쉽게 풀어쓰기 위해 노력했다. 그리고 최근 언론에 보도되어 독자들이 관심을 가질 만한 사안들을 중심으로 명예훼손, 모욕 중 어디에 해당하는지, 사회적 평판을 해할 수준의 표현에 해당하는지, 비방의 목적이 있는지를 어떻게 판단하는 것인지, 위법하다고 볼 수 없는 사례들은 어떤 것이 있는지 등에 대해 구체적인 예시를 풍부하게 제시해 보고자 했다.

3부 '명예훼손과 모욕이 스토킹범죄와 보복범죄로 이어질 때'에서는 사회적으로 크게 문제가 되고 있는 스토킹행위 및 새롭게 제정된 스토킹처벌법과 관련된 쟁점과 사례들을 정리했다. 그리고 스토킹범죄가 또 다른 스토킹범죄나 보복범죄로 연결되는 이유와 사례들을 확인하고, 스토킹범죄의 예방을 위해 그 징표가 될 수 있는 스토커의 피해자에 대한 비방과 모욕 등도 스토킹행위에 포함되어야 하는 필요성을 설명하고자 했다.

4부 '내가 피해자일 때 혹은 내가 가해자일 때 대응 방법'은 다른 책에서는 볼 수 없는 내용으로, 변호사로서의 법이론과 그동안 명예훼손 및 모욕의 피해자도 되고 황당한 고소를 당한 상황에서 겪은 다양한 경험을 토대로 독자가 명예훼손이나 모욕으로 가해자를 고소해야 하는 경우 도움이 되는 노하우뿐만 아니라 반대로 고소를 당한 경우의 대처 방안, 형사대응, 민사소송과 병행하는 방안 등에 대해서도 구체적으로 정리해 보았다. 부록에서는 독자들이 이 책을 읽으면서 보게 되는 중요한 법률적 용어를 간단하게 정리해 이해를 돕고자 했다.

이 책은 변호사이기도 한 내가 지난 3년여 동안 200건이 훨씬 넘는 고소장을 작성하고, 60여 건의 피고소 사건에 대응하는 과정에서 생생하게 체험한 내용을 정리한 것이므로, 명예훼손이나 모욕으로 고소인이 되거나 피고소인이 된 분들께 매우 유용하게 쓰일 것이라 자신한다.

처음에는 대한민국에 길이 남는 '명예훼손·모욕·스토킹 처벌법에 대한 책'을 쓰겠다고 호기롭게 시작했으나, 막상 탈고를 하면서 읽어보니 부끄러운 마음뿐이다. 그럼에도 불구하고 용기를 내서 이 책을 발간하는 것은 그래도 이 책이 지금도 사이버 테러를 당하거나 억울하게 사이버 테러로 고소당한 분들께 특히 희망과 등불이 될 것으로 믿어 의심치 않기 때문이다.

그동안 이 책에 나오는 그 혹독한 SNS 테러를 함께 이겨낸 류여해 교수에게 존경을 표하고, 개구리들로부터 비방과 고소를 당하는 어려운 상황에서도 끝까지 함께하고 있는 이주영 님, 김효정 님, 변연우 님, 심재운 님 등을 포함한 여러 분들께도 감사의 마음을 전한다.

뒤늦게 진실을 찾고 우리와 함께해준 미미 자매(김새미 님, 김미화 님)께도 감사드리고, 그 많은 고소장을 작성하고 관련 증거를 정리하고 사건 진행 상황을 체크하느라 고생해주고, 이 책을 쓰기 위해 필요한 자료들을 신속하게 찾아 정리해준 고윤정 부장님, 소정인 과장님, 박성림 과장님, 장용현 대리님께도 진심으로 고마움을 전하고 싶다.

나와 류 교수가 정성껏 써낸 이 책이 사이버 테러에 고통을 겪는 분들이나 상상도 못한 고소를 당해 당황하고 있는 분들께 한줄기 밝은 빛이 되었으면 하는 기대를 해본다.

법률사무소 웨이에서

정준길 변호사

목차

3부 명예훼손과 모욕이 스토킹범죄와 보복범죄로 이어질 때

4부 내가 피해자일 때 혹은 내가 가해자일 때 대응방법

1부

손가락 살인의 시대

바로 당신이
피해자도
가해자도
될 수 있다

;

SNS가 일상이 되어버린 현실 속에서 나와 내 주변 사람들이 언제든지 손가락 살인의 희생자가 될 수 있고, 나 자신도 익명성에 숨어 언제든지 손가락 살인에 동조하고 있는 공범이 될 수 있다.

요즘은 국회의원이나 유명인도 명예훼손으로 벌금형을 받거나 재판을 받고 경찰에서 조사를 받기도 한다.

유시민 전 이사장은 베스트셀러 작가로도 유명한 지성인임을 자처하는 사람임에도 불구하고 한동훈 장관 명예훼손 혐의로 지난해 벌금형을 선고받고 2023년 6월 현재 2심에서 다투고 있다. 하지만 김창룡 전 경찰청장을 '개떼 두목'으로 표현해 재판에 넘겨졌던 민경욱 전 의원은 1심에서 무죄를 선고받았다.

반대로 유명인들이 피해자로 생을 마감하는 경우도 많다. 이 책을 탈고하는 과정에서도 악플러들을 견디지 못한 유명인들이 세상을 떠났다는 기사가 연일 나오고 있다. 손가락 살인은 지금도 계속되고 있다.

2019년에는 가수이자 배우인 설리가 25세의 어린 나이로 세상을 떠났다. 설리는 SNS를 통해 팬들과 적극적으로 소통해왔는데, 오히려 그로 인해 네티즌의 악성 댓글에 시달리게 되었다. 설리는 SNS에 업로드한 사진에서 속옷을 착용하지 않았다는 이유로 비난을 받았다. "브래지어는 건강에 좋지 않은 액세서리일 뿐"이라며 소신을 밝혔지만, 악플러들은 해당 사진에 설리를 비난하는 악성 댓글을 계속해서 올렸다. 설리는 악성 댓글에 많이 힘들어했고, 소속사와 네티즌에게 악성 댓글과 루머로 받는 고통을 호소하며 도움을 요청했지만 상황은 달라지지 않았다.

설리는 1년여간 연예 활동을 잠정 중단하기도 했지만 지속적으로 악플러에 시달렸다. 그로 인해 대인기피증과 공황장애까지 앓게 되었지만 자살 전날까지도 광고 촬영 스케줄을 소화했다. 인스타그램에 게시물을 올려서 주변 사람들 그 누구도 설리의 자살을 예상하지 못했다고 한다. 과연 설리에게 악플을 단 사람들은 설리의 자살 소식을 듣고 어떤 반응을 보였을까?

설리와 절친으로 알려진 그룹 카라 출신의 가수 구하라는 설리의 자살 이후 설리를 추모하며 "언니가 네 몫까지 열심히 살게. 열심히 할게"라고 했다. 하지만 설리가 자살한 지 40여 일 후 그녀도 자살로 생을 마감했다. 구하라는 남자친구의 폭행과 성관계 동영상 협박 등 사건이 불거지면서 악성 댓글러의 표적이 되었고, 그 고통에 자택에서 극단적인 선택을 시도했으나 다행히 일찍 발견돼 그 당시 참사는 피했지만, 결국 6개월 뒤 세상을 떠났다.

권민아는 당시 한 남성과 공개 열애를 선언했으나 그 남성의 전 여자친구가 온라인 커뮤니티에 두 사람이 바람을 폈다고 주장했고, 이후 권민아는 그 남성과 결별한 후 인스타그램 영상으로 심경을 전했다. 하지만 권민아는 계속적으로 해명과 사과 요구를 하는 누리꾼들의 악플에 시달렸다. 그러던 중 권민아의 전 남자친구가 인스타그램으로 라이브 방송을 하며 권민아와 공개 연애가 밝혀졌을 당시 불거졌던 '양다리 논란'을 언급했고, 그 라이브 방송 이후 권민아는 그 남성과 과거 주고받은 메시지를 공개하면서 악플러들에게 "남의 남자 뺏었다고? 어떻게 된 건지 나중에 알고나 말하라"며 억울함을 호소했다. 그 직후 권민아는 자택에서 극단적 선택을 시도했다.

악플로 인한 유명인의 자살 또는 자살시도는 설리와 구하라, 권민아만이 아니다. 과거 최진실부터 많은 유명인이 악플을 견디지 못해 스스로 세상을 떠났지만 누구도 당해보지 않으면 그 고통을 알지 못한다. 뿐만 아니라 누군가 괴로워하는 것을 보면서 즐기는 악플러들은 점점 늘어나고 발달된 SNS 세상에서 악플러는 쾌감을 느끼기도 한다고 한다.

오랫동안 SNS 악성 댓글에 시달려왔던 배구선수 김인혁도 "저에 대해 아무것도 모르시면서 경기 때마다 수많은 DM, 악플 진짜 버티기 힘들어요. 이젠 그만해주세요"라며 고통을 호소하기도 했으나, 멈추지 않는 악플을 견디지 못하고 결국 자살했다. 김인혁과 절친이던 고유민이 포지션 변경으로 인한 부진 이후 악플이 심해지자 그 정신적 고통을 견디지 못하고 자살한 사건이 있었는데도 얼마 안 되어 유사한 사건이 발생한 것이다.

인터넷 방송인인 BJ 잼미도 악플로 어머니가 자살하는 아픔을 겪었는데, 본인도 마약으로 사망한 한 래퍼의 여자친구라는 루머, 그와 관련된 많은 악플로 인해 우울증에 시달리다 꽃다운 28세의 나이에 자살했다.

그렇다면 악플로 인한 자살은 유명인만의 문제일까? 학교폭력에 시달리고 왕따가 된 학생들의 문제이기도 하고 직장 내 괴롭힘을 당해 조리돌림을 당한 어른들의 문제이기도 하고 동네 엄마들 사이에서 따돌림을 당하기도 하는, 우리 주변에 너무나 흔하게 발생하는 문제일 수도 있다. 그런데 우리는 보통 우리의 문제라고 생각을 하지 않고 내겐 그런 일이 없을 거라고 생각한다. 하지만 바로 우리 곁에 범죄자들은 다가와 있다.

대학교 온라인 커뮤니티 '에브리타임(에타)'에 달린 익명 악성 댓글로 인해 한 여대생이 극단적 선택을 했다. 한 여대생이 평소 우울증을 앓고 있었는데, 심리적 위안을 얻고자 에브리타임에 자신의 심경을 토로하는 글들을 올리기 시작했다. 하지만 위로를 받고자 했던 본인의 마음과 달리 에브리타임 이용자 중 일부는 익명으로 "티 내지 말고 조용히 죽어", "죽고 싶다는 말만 하고 못 죽네" 등과 같은 악성 댓글을 달며 오히려 그녀를 조롱했다. 악성 댓글들로 인해 위로받고 싶었던 그 여대생의 우울증 증세는 갈수록 심해졌고, 결국 극단적 선택을 하게 되었다.

손가락 살인은 소설 속에만 존재하는 무서운 이야기가 아니다. 사실상 모욕이나 명예훼손 그리고 스토킹이 최근 들어 증가하는 것처럼 보이지만 이미 유럽에서는 모욕과 명예훼손은 논란을 거쳐 형법상 폐지를 한 뒤 민사상 보상을 하는 추세로 흘러가고 있고, 스토킹은 2020년 초 이미 많은 논의를 거쳐 처벌법들이 정비되었다. 폭행보다 더 무서운 것이 스토킹이라는 말이 회자될 정도이고 데이트폭력이라는 말을 포함하는 것이 스토킹범죄라는 논문도 다수 나왔다. 사실 우리나라는 스토킹처벌법을 제정하려는 움직임이 18대 국회부터 시작이 되었지만 겨우 경범죄처벌법만 개정하고 스토킹범죄에 관대한 입장이었다.

문명이 발달하고 사이버 공간이 점차 현실과 같은 현대 사회에서는 가상공간형 인간이 늘어나기 시작했다. 이른바 은둔형 외톨이나 혹은 따돌이, 따순이들이 자기만의 세상을 만들기 시작한 것이다. 현실은 상상하고 싶지 않은 모습이지만 가상세계인 페이스북, 인스타 등에서는 자신을 맘껏 만들 수 있기 때문에 자기 위안을 삼기 위해서라도 거짓 자아를 만들어 간다. 특히 얼굴 편집 어플을 이용하면서 자신의 외모에 불만인 사람들이 조작한 자신의 얼굴을 내세워 심하게는 남자가 여자인 척도 하며 가상세계를 즐기게 된 것이다. 정도를 넘어서 철저히 그 안에서는 자신만의 왕국이 되고 가상세계의 친구들과 어울리며 자신이 누구인지도 잊어간다. 메타버스 세상이 되면서 그 세상에서도 옷을 꾸미며 자신을 잊으려 애쓰는 사람들이 늘어난 것은 사실 코로나로 인한 은둔 생활도 영향을 미쳤다고 보는 사람들도 있다.

요즘은 인증샷, 즉 허세샷을 찍기 위해 호텔에서 청혼을 하고 식사를 하고 호텔 1박을 한다고 하니 보여주기 위한 페이스북 세계에 갇혀 버린 많은 사람은 그 안에서 자신의 손가락으로 적는 것들을 현실이라 믿고 또 손가락으로 적어 내려간 것이 누군가를 괴롭히게 되면 쾌감을 느끼게 되는 것이다. 자신이 가지지 못한 것을 가진 자를 괴롭히는 즐거움 같은 정말 비정상적인 형태의 괴롭힘이 인터넷상에서 벌어지게 되는 것이다. 결국은 인터넷 발달과 은둔형 외톨이의 증가, 코로나로 인한 폐쇄성 등이 복합적으로 명예훼손과 모욕범죄를 증가시켰다는 것은 일견 근거가 있는 이야기라고 생각이 된다.

사이버와 현실의 구분을 못하는 모욕범들은 사실 자신이 처벌받게 될 것이란 것을 모르기도 하고 '설마 잡힐까? 이 정도야? 난 줄 모를 거야. 다들 하는데 이게 뭐…' 등등의 생각으로 고소장을 받으면 오히려 더 분노해 멈추는 것이 아니라 더 심하게 모욕을 시작하기도 한다. '내가 더 심하게 모욕을 하면 오히려 고소를 취하해 줄 거야'라는 말도 안 되는 자기 논리를 들이대기도 한다. 그렇게 하나의 고소장을 받을 일을 오히려 2개, 3개 더 받고 감당하기 힘든 단계까지 빠진 경우도 많이 봤다. 더 웃긴 것은 한 번도 남을 모욕 안 한 사람은 있어도 딱 한 번만 한 경우는 없더라는 것이다. 모욕범은 상습적이다. 한 번 하고 처벌받으면 질려서라도 안 할 것 같은데 또 반복하는 것을 보면 이것 역시 마약처럼 중독이라는 생각이 든다.

덧붙여 명예훼손죄나 모욕, 스토킹 등은 사법절차의 문제점을 지적하지 않을 수가 없다.

괴롭힘을 당하는 사람 입장에서는 사건이 빨리 진행되어야 좀 편해질 텐데 너무 느리게 진행되는 절차 때문에 고소를 하고서도 지루하게 기다리면서 모욕범들에게 계속 노출되어 당하는 것을 견뎌야 한다. 모욕범들은 고소장을 받고 나면 멈추는 것이 아니라 느린 조사절차와 오히려 고소당한 분노로 더 격한 글을 쓰는 죄를 범하기도 한다. 기소가 되어 약식명령이 떨어져도 대부분은 자기가 무슨 모욕을 했는지 반성하지 않기 때문에 정식재판을 청구하고 그 재판이 진행될 때 피해자를 증인으로 부르는 일이 빈번하다. 그래서 피해자는 법정에 불려 나와 보기 싫은 모욕범을 마주하고 앉아서 그 상황을 다시 떠올려야 하는 괴로움에 빠질 수 있다.

명예훼손 범죄는 다른 범죄와 달리 그 절차의 간소성을 도입할 필요성이 있다고 본다. 특히 모욕범들이 정식재판을 청구할 때 국선변호사를 선임해 주는 것도 뭔가 불합리해 보인다. 피고인, 즉 범죄자 위주의 재판은 모욕당한 피해자를 오히려 더 아프게 하는 악영향이 있다. 피해자를 위한 배려도 법의 정신에서 제고되어야 할 것이다.

명예훼손은 중대한 범죄가 아니라고 생각하는 사회인식이 당한 피해자를 두 번 울리기도 한다. 그리고 막상 재판을 받아 보면 별것 아니라는 생각에 재범률을 높이는 것은 아닌지 생각해볼 문제다.

이런 많은 고민과 논란은 이미 외국에서 큰 바람이 불 듯 지나갔고, 위헌문제까지 해결이 되었다. 특히 미국과 유럽 등에서는 명예훼손은 돈으로 보상을 하는 민사적 책임을 강화하고 스토킹은 중대범죄로 처벌을 강화하는 입장으로 굳혀졌다. 하지만 우리나라는 스토킹은 아직 첫발을 딛는 단계로 앞으로는 점차 강화될 것이라고 본다. 특히 윤석열정부는 스토킹범죄에 엄한 처벌의 입장이기 때문에 향후 스토킹범죄의 처벌 강화가 거의 매번 신문의 기사로 나올 것이라 예상이 된다.

명예훼손과 모욕은 아직 난제이다. 허위사실 명예훼손은 당연히 처벌해야 한다. 거짓으로 말을 한 경우 그 말이 거짓임을 밝히면 처벌이 쉽기 때문에 논란이 없지만 사실적시 명예훼손은 그 사례마다 특징이 있어서 참 어려울 것이다. 특히 공인이론과 공익성은 서로 관점이 다를 수 있어서 역시 법정의 논란이 계속될 것으로 보인다.

모욕범 처벌 여부도 간단치 않다. 욕을 하면 안 된다는 것을 너무나 잘 알지만 그 수위는 어떻게 할 것인가? 그리고 처벌은 어느 정도가 적당할까? 하는 수준을 넘어 형사벌이 아닌 민사배상으로 규정(금융치료)하자는 의견이 다수이다. 그러나 이건 피해자가 되어 본 입장에서 절대 반대이다. 위자료를 1원도 줄 것이 없는 사람들이 그걸 무기로 내세워 "나 돈 없어. 줄 거 없어" 하면서 모욕하는 것은 더 견디기 힘들다.

당해보지 않으면 절대 모른다. 이건 겪어 보지 않으면 "에이 그 정도로 고소까지 하냐"라고 말할지도 모른다. 그런데 막상 겪어 본 입장에서 정말 자력구제의 원칙만 허용되면 뛰어가서 패주고 싶을 만큼 화가 나는데 그들은 멈출 줄을 모른다.

마약중독, 알코올중독, 도박중독처럼 SNS도 중독이다. 하루 종일 가상세계에서 대화하고 간섭하고 정치도 하고 그 안에서 훈수도 두고 모욕도 하는 그들은 중독이다. SNS상에서 결국은 튀어나와 스토킹이 되고, 범죄는 눈덩이처럼 커진다. SNS가 일상이 되어버린 현실 속에서 나와 내 주변 사람들이 언제든지 손가락 살인의 희생자가 될 수 있고, 나 자신도 익명성에 숨어 언제든지 손가락 살인에 동조하고 있는 공범이 될 수 있다. 초대받아 들어가서 아무 생각 없이 대화하는 카카오단톡방이 범죄 모의 방이 되기도 하고, 누군가를 조롱하는 집단 이지메 방이 되기도 한다. 놀라운 것은 자신도 모르게 남을 조롱하면서 어느새 악플러가 되어가고 있는 사람들이 많다는 사실이다.

"어머, 저는 그게 사실인 줄 알고 화나서 혼내주려고…"라는 많이 말을 한다. 그것이 사실인지 확인도 하지 않은 채 허위사실에 같이 동조하고 있는 경우도 많고, 허위인 줄 알지만 빠져나올 수 없어서 계속 악플러가 되어간 경우도 많다. 자신이 누군가를 죽이고 있다는 것을 애써 외면하면서 누군가 죽어 간다는 것을 알면서도 뒤돌아 앉아 히죽 웃기도 한다. 우리 안의 악마들이 미소지으면서 손가락을 자유로이 움직여 모욕적인 글을 쓰게 만든다. 나이가 어리면 어린 대로 많으면 많은 대로 사회적 지위도 상관없이 가상세계에서 악플러가 되기도 하고 어느새 스토커가 되기도 하는 오늘을 우리는 살아가고 있다.

명예훼손죄와 모욕죄는 더 가중될 것이고, 스토킹 처벌도 강화될 것이다. 국제공조로 가계정도 검거될 것이고, 수사는 지원팀이 늘어날 것이다. 우리는 범죄에 노출되어 살고 있다. 그래서 지금 우리 모두에게는 손가락 살인의 결과나 원인이 무엇인지에 관심을 갖는 것보다 손가락 살인에 현명하게 대처할 수 있는 지혜와 방법 그리고 자신은 절대 악플러가 되지 않아야 하는 이유를 알아가는 것이 더 절실하게 필요하다. 우리가 직접 겪은 집단적인 손가락 살인의 위험 그리고 법적인 대응을 통해 이를 극복해 나가는 과정을 여러분과 함께하며 희망을 나누고자 한다.

"꽃으로도 사람을 때리지 말라"라는 말이 생각난다. 이제는 "당신의 열 손가락으로 초성으로라도 욕하지 말라"라는 말을 해줘야 하는 시대가 된 것 같다.

당신의 열 손가락은 어떤 글을 쓰고 싶은가? 조용히 물어보고 싶다. 당신도 범죄자가 될 수 있고 당신도 피해자가 될 수 있다.

따끈따끈 최신판례 1

"돼지처럼 잘 먹네, XX새끼들": 벌금 300만원 확정

2019년 9월 홍 모씨는 자신이 운영하는 관광농원에서 태풍 영향으로 꽃밭에 쓰러진 버드나무를 조경담당 직원들이 빨리 치우지 않았다는 이유로 "야이 X새끼들아 이 X새끼들아, 이 허접한 새끼들아, 당장 그만두고 꺼져"라고 욕설하였다.

그 이후 관광농원 야외 바베큐장에서 고객 테이블 위에 천막이 지저분하게 방치된 것을 보고 "야이 새끼야 니가 정원사냐 새끼야" "다른 직장 구해봐라 새끼야" 등의 욕설을 하였고, 저녁 식사 중 직원들에게 "돼지처럼 잘 먹네, X새끼들아 꺼져", "너는 소도둑 같이 생겨서 일도 못 하게 생겼다" 등의 발언도 하였다.

법원은 홍 모씨에게 벌금 200만원의 약식명령을 내렸으나, 홍 모씨는 이에 불복하여 정식 재판을 청구했다. 이에 1심은 "피해자들의 절규와도 같은 진술에도 피고인은 거짓말로 일관하며 잘못을 전혀 반성하지 않고 있다"며 오히려 벌금액을 300만원으로 올렸다.

홍 모씨는 항소했으나 "피해자들이 합의금 등을 노리고 허위 고소를 했다고 볼 만한 정황이 없고, 피고인이 피해자들로부터 여전히 용서받지 못했다"며 항소를 기각했다. 입만 열면 직원에게 욕설하는 자에게 벌금 300만원, 너무 가볍지 않나요?

2부

사례로 알아보는 명예훼손과 모욕의 모든 것

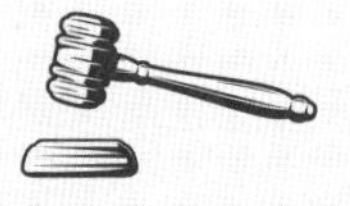

명예에 관한 죄

: 보호법익, 즉 지키고자 하는 것은 외부에 드러난 개인의 명예감정

;

어떤 표현에 대해 명예가 훼손되었다고 생각하거나 모욕감을 느끼는지 사람마다 다르다. 어떤 사람은 너그럽지만 어떤 사람은 민감하다 보니 개인의 주관적인 명예감정을 기준으로 하면 판단이 모호해질 수밖에 없다.

형법에서는 명예에 관한 죄를 규정하는데 이는 공연히 사실을 적시해서 사람의 명예를 훼손하거나 사람을 모욕하는 범죄를 말한다. 형법은 총칙과 각칙으로 나눠지는데 각칙은 각 사례별 범죄를 규정하고, 제33장에서 명예에 관한 죄를 규정하고 있다. 명예훼손죄, 모욕죄 이외에도 사자 명예훼손죄, 출판물에 의한 명예훼손죄를 규정하고 있고, 제310조에서 명예훼손에 관한 위법성조각사유를 별도로 규정하고 있다.

명예훼손죄, 출판물에 의한 명예훼손죄는 반의사불벌죄로, 사자의 명예훼손죄, 모욕죄는 친고죄로 규정하고 있다. 이 책에서 많이 다루는 사이버상 명예훼손은 정보통신망법으로 처벌하는데, 형사법상 명예훼손과 달리 "비방의 목적"이 추가적으로 인정되어야 처벌이 가능하다.

법은 복잡하다고들 하는데 책을 써보니 정말 복잡하다는 생각이 든다. 모욕죄도 주체에 따라 다르게 규정이 되어 있다.

예를 들면, 형법에는 외국 원수에 대한 모욕죄와 외국사절에 대한 모욕죄가 있고 군형법에는 상관모욕죄, 초병모욕죄가 있으며, 아동에 대한 모욕은 아동복지법상 정서적 학대행위•에 해당하여 아동복지법으로 처벌되니 모욕죄도 참 다양하고 어렵다는 것을 알 수 있다. 일반 모욕죄가 1년 이하의 징역 또는 200만 원 이하의 벌

• 아동복지법 제3조의 "아동학대"란 보호자를 포함한 성인이 아동의 건강 또는 복지를 해치거나 정상적 발달을 저해할 수 있는 신체적·정신적·성적 폭력이나 가혹행위를 하는 것과 아동의 보호자가 아동을 유기하거나 방임하는 것을 말함

금인 데 비해, 아동에 대한 모욕은 아동복지법 제71조 제1항 제2호에 따라 5년 이하의 징역 또는 5천만 원 이하의 벌금에 처하도록 되어 있으니 아동을 모욕하면 형이 더 높다.

숙제 안 한 학생에게 '개XX' 욕설한 학원장 아동학대 혐의 유죄●

A씨는 지난 3월 16일 오후 7시께 학원에서 수강생 B(고교생)군이 교재를 가져오지 않고 숙제를 하지 않았다는 이유로 "야이 개XX" "너는 오늘 나한테 XX 욕먹을 거다" 등 욕설을 했다.

대구지법은 아동복지법 위반(아동학대) 혐의로 재판에 넘겨진 학원 원장 A씨에게 징역 4개월에 집행유예 1년을 판결했다.

형법상 명예훼손이나 모욕으로 벌금을 내거나 형벌을 받는 형사처벌을 받아도 민사상 손해배상까지 져야 하니 모욕 등과 같은 범죄는 사실 간단한 것이 아니다. 한 번의 범죄로 형사상 형벌과 민사상 손해배상책임을 지는 명예훼손과 모욕은 참 무섭다. 본인이 피해자가 되어도 안 되고 가해자가 되어도 안 되는 것이 명예훼손과 모욕인데 지금부터 사례를 통해 얼마나 다양한지 알아보고자 한다.

명예에 관한 죄에 있어서의 기본이 되는 "명예"란?

명예는 ①내적 명예 ②외적 명예 ③명예감정 세 가지로 나눈다.

● 2017. 9. 4. 이데일리, 숙제 안 한 학생에게 '개XX' 욕설한 학원장 기사

내적 명예란, 사람이 가지고 있는 인격의 내부적 가치 그 자체이다. 사람이 출생에 의해 가지게 되어 결코 상실할 수 없는 존엄하고 순수한 인격 가치로서 결코 타인의 침해에 의해 훼손될 수 없으므로, 형법이 이러한 가치를 보호할 필요도 없고, 보호할 수도 없다. 외적 명예란, 사람의 인격적 가치와 그의 도덕적·사회적 행위에 대한 사회적 평가를 말한다. 명예감정은 자기의 인격적 가치에 대한 자기 자신의 주관적인 평가 내지 감정을 의미한다.

어떤 표현에 대해 명예가 훼손되었다고 생각하거나 모욕감을 느끼는지 사람마다 다르다. 어떤 사람은 너그럽지만 어떤 사람은 민감하다 보니 개인의 주관적인 명예감정을 기준으로 하면 판단이 모호해질 수밖에 없다. 말 그대로 코에 걸면 코걸이, 귀에 걸면 귀걸이가 될 수 있다. 누군가 나에 대해 불쾌한 표현을 하거나 허위사실을 이야기했을 때 내가 불쾌한 표현이나 허위사실로 인해 기분 나쁘다는 이유로 처벌이 될까?

누군가 어떤 표현에 대해 명예가 훼손되었다고 생각하거나 모욕감을 느꼈다고 주장하더라도 사회 일반인이 볼 때 그 사람의 사회적 평가를 저해할 정도 수준이라고 판단되는 경우에 법이 보호한다는 의미이다. 우리가 흔히 말하는 명예훼손죄나 모욕의 기분은 보통 외적 명예에 해당하는 경우 처벌된다. 즉, 누구나 판단해 주는 개인의 가치성을 말하는 것이다.

> 명예훼손죄와 모욕죄의 보호법익은 다 같이 사람의 가치에 대한 사회적 평가인 이른바 외부적 명예인 점에서는 차이가 없다(대법원 1987. 5. 12. 선고 87도739 판결 등 참조).

특정 표현이 사람의 명예감정을 침해한 것인지 외적 명예를 침해한 것인지 구분하는 기준은?

명예훼손죄나 모욕죄 모두 외적 명예를 기준으로 하는데 명예훼손죄나 모욕죄의 구성요건으로 공연성*을 요구하는 이유는 결국 누군가 듣고 그것이 피해자의 사회적 평가가 저하되는 경우에 처벌할 수 있기 때문인데, 내가 특정 표현에 대해 기분이 나쁘다고 해서 그 표현으로 인해 다른 사람들이 나에 대한 사회적 평가를 나쁘게 보지 않는다면 명예에 관한 죄로 처벌되지 않는다("너 왕비 같아, 너 공주 같아"라고 하는 말을 나는 조롱으로 들어도 아마 모욕죄가 안 될 것이다. 그건 평가를 저하시킨 것이 아니기 때문이다).

하지만, 어떤 표현이 사회적 평가를 저해할 수준에 이르렀는지 여부를 판단하는 것은 일반인으로서는 쉽지 않다.

재판에서도 구체적인 사안에 따라 의견이 달라 1심과 항소심, 그리고 대법원의 판단이 서로 다른 경우가 비일비재하다. 그래서 명예훼손죄는 정말 AI 판사가 필요한 것이 아닌가 하는 생각이 든다.

* 만약 모욕죄의 보호법익을 명예감정이라면 명예감정에 대한 침해가 공연히 하였느냐 아니냐에 따라 차이가 있거나 공연성이 있는 경우 명예감정이 더 침해된다고 보기 어렵고, 공연성을 범죄구성요건으로 할 필요성도 없음

따끈따끈 최신판례 2

연예인 수지와 "국민호텔녀"가 모욕?

'국민여동생'이라 불리며 대중적 인기를 받아온 가수 겸 배우 수지에 대해 뉴스기사 댓글로 '국민호텔녀'라는 표현을 사용한 것은 모욕죄(벌금 50만 원)에 해당한다는 대법원 최종 판결이 무려 8년만에 나왔다.

1심 유죄, 항소심 무죄, 대법원 유죄취지 파기환송되어 사건은 서울북부지방법원으로 되돌아갔다. 파기환송 사건을 맡은 서울북부지법은 대법원의 판단 취지에 따라 '국민호텔녀'라는 표현에 대해 유죄를 인정하면서 A씨에게 벌금 50만 원을 선고했다.

이쯤되면 A씨도 포기할 만한데도 불복해 다시 상고하여 대법원으로 사건이 넘어갔으나, 대법원 제3부은 이미 대법원에서 유죄 취지로 파기환송한 위 사건에 대해 "원심의 판단에 논리와 경험의 법칙을 위반해 자유심증주의의 한계를 벗어나거나 모욕죄의 성립에 관한 법리를 오해한 잘못이 없다"는 이유로 벌금 50만 원 선고한 원심을 확정했다.

※ 자세한 내용은 120페이지
〈법원도 오락사락 사례: 연예인 수지와 "국민호텔녀"가 모욕?〉 참조

명예에 관한 죄에서의 가해자와 피해자

;

명예에 관한 죄는 어떤 특정한 사람 또는 인격을 보유하는 단체에 대하여 그 명예를 훼손함으로써 성립한다. 따라서, 피해자는 자연인이 될 수 있고, 법인이나 단체도 될 수 있다.

법인은 명예훼손의 가해자가 될 수 있나?

가해자가 되려면 범죄능력이 있어야 한다. 범죄능력이란, 범죄행위를 할 수 있는 능력인데, 사람은 당연히 명예훼손이나 모욕의 주체가 된다(물론 동물은 그 능력이 없다. 개가 아무리 날 조롱하듯 짖거나 약 올려도 절대 모욕죄의 범죄자가 될 수 없다).

대한민국은 학설과 판례 모두 법인은 모욕을 할 수 없다고 보고 있다. 그래서 누군가 법인이나 단체 명의로 타인을 명예훼손하거나 모욕한 경우, 범죄능력이 없는 법인이나 단체가 처벌받는 것이 아니라 법인이나 단체 명의를 사용한 실제 행위자가 처벌받게 된다. 즉, 실제 그 발언자를 처벌하는 것이다. 하지만 대한민국에서는 법인에게 범죄능력을 인정하지 않으면서도 각종 법률에 법인을 양벌 규정의 방식으로 처벌하고 있다.

> 형법 제355조 제2항의 배임죄에 있어서 타인의 사무를 처리할 의무의 주체가 법인이 되는 경우라도 법인은 다만 사법상의 의무주체가 될 뿐 범죄능력이 없는 것이며 그 타인의 사무는 법인을 대표하는 자연인인 대표기관의 의사결정에 따른 대표행위에 의하여 실현될 수밖에 없어 그 대표기관은 마땅히 법인이 타인에 대하여 부담하고 있는 의무내용 대로 사무를 처리할 임무가 있다 할 것이므로 법인이 처리할 의무를 지는 타인의 사무에 관하여는 법인이 배임죄의 주체가 될 수 없고 그 법인을 대표하여 사무를 처리하는 자연인인 대표기관이 바로 타인의 사무를 처리하는 자 즉 배임죄의 주체가 된다(대법원 1984. 10. 10. 선고 82도2595 전원합의체 판결).

비록 법인에게 범죄능력은 인정되지 않지만, 행정형법의 경우 고유한 형법에 비하여 윤리적 색채가 약하고 행정목적을 달성하기 위한 기술적·합목적적 요소가 강조되는 것이므로 행정단속 기타 행정적 필요에 따라 법인을 처벌할 수 있다고 보기 때문이다.

태아나 죽은 사람도 명예훼손죄나 모욕죄의 피해자가 될 수 있을까?

명예훼손죄나 모욕죄는 성별과 나이에 관계 없이 살아있는 사람은 누구나 피해자가 된다. 그렇다면 태아는 피해자가 될 수 있을까?

우리나라 형법에서는 규칙적인 진통을 동반하면서 분만이 개시된 때(진통설 혹은 분만개시설)부터 사람이므로 그전 단계인 태아는 피해자가 될 수 없다. 그러나 사망한 사람은 예외적으로 살아있는 사람이 아님에도 명예에 관한 죄의 피해자가 될 수 있다. 다만, 돌아가신 분에게는 허위사실적시 명예훼손만 인정이 되고 사실적시 명예훼손죄나 모욕죄는 살아있는 사람만 피해자가 될 수 있다. 예를 들면 아무리 나쁜 사람을 나쁘게 욕을 해도 돌아가신 분은 피해자가 될 수 없다. 다만 허위사실을 유포하여 명예훼손을 하면 처벌 가능하다. 당연히 이는 주변인들 모두가 고발인이 될 수 있다.

국가, 지방자치단체가 명예훼손 내지 모욕의 피해자로 인정될까?

광우병 파동과 관련하여 PD수첩이 미국산 쇠고기 수입과 관련하여 인간 광우병 발병에 대한 허위사실을 보도한 사실을 여러분들은 기억할 것이다.

2008년 4월 PD수첩 관계자들은 '긴급취재 미국산 쇠고기, 과연 광우병에서 안전한가'라는 방송에서 수입산 쇠고기를 먹으면 뇌에 구멍이 숭숭 뚫린다는 거짓말[•]로 국민을 선동하면서 정부가 미국산 쇠고기의 광우병 위험성을 몰랐거나, 알면서도 은폐·축소한 채 수입 협상을 체결했다고 보도했다. 그러자 무역협상단과 농림수산부장관이 명예를 훼손당했다고 고소했고, 검찰은 2009년 6월 허위사실적시 명예훼손으로 기소했다.

1심과 항소심 그리고 대법원은 모두 무죄를 선고했으나, 선고 이유는 달랐다. 1심은 "보도내용에 허위사실이 있었다고 볼 수 없다"며 무죄를 선고했고, 항소심은 "일부 내용이 사실과 다르지만 고의성이 인정되지 않는다"며 항소를 기각했다. 대법원은 PD수첩 보도내용 가운데 일부 허위사실이 있다고 보면서도 공공성을 근거로 한 보도이기 때문에 명예훼손의 책임을 물을 수 없다는 최종 결론을 내렸고, 이에 추가하여 정부 또는 국가기관은 형법상 명예훼손죄의 피해자가 될 수 없기 때문에 무죄라고 판단했다(대법원 2011.9.2. 선고, 2010도17237 판결).

정부, 국가기관, 지방자치단체의 정책결정이나 업무수행과 관련된 사항은 항상 국민의 감시와 비판의 대상이 되어야 하고, 이러한 감시와 비판은 이를 주요 임무로 하는 언론 보도의 자유가 충분히 보장될 때 비로소 정상적으로 수행될 수 있다.

그러한 정책결정이나 업무수행과 관련된 사항은 항상 국민의 광

• 2023. 5. 26. 한국경제, '뇌송송 구멍탁'이라더니… 인간광우병 아직 보고 안 돼 기사

범위한 감시와 비판의 대상이 되어야 하고 이러한 감시와 비판은 그에 대한 표현의 자유가 충분히 보장될 때에 비로소 정상적으로 수행될 수 있으므로, 국가, 국가기관, 지방자치단체는 국민에 대한 관계에서 형벌의 수단을 통해 보호되는 명예훼손죄의 주체가 될 수 없다.

명예에 관한 죄, 피해자를 거명하지 않은 경우에도 처벌되나?

명예훼손죄와 모욕죄는 명예를 훼손당한 피해자가 누구인지 특정할 수 있어야 가해자에게 그 책임을 물을 수 있다. 모욕, 불법 주정차 신고자를 비방하는 게시물을 신고자 얼굴 사진과 함께 부착한 경우는 처벌• 된다.

> **불법 주정차 신고자 얼굴 사진 붙인 비방 게시물 내건 40대 '명예훼손 유죄'**
> B씨는 불법 주정차를 사진 찍어 구청 또는 국민신문고에 제보하던 사람인데, A씨는 이면 도로에 불법 주정차된 본인의 차량을 신고한 B씨에게 불만을 품고 2022년 6월 17일 오후 11시경 B씨의 얼굴 사진 2장을 첨부한 A4용지에 "신나게 온 동네 주차위반 신고하시는 열녀"라는 내용 등을 담아 주택가 벽면·전신주에 게시했다.

• 2023. 6. 2. 세계일보, 불법 주정차 신고자 얼굴 사진 붙인 비방 게시물 내건 40대 '명예훼손 유죄' 기사

A4용지에는 "열심히 신고하고 다니는 분이라 저도 사진 찍어 많은 분과 공유합니다. 자재 실어서 새벽에 일하러 나가시는 분들도 많아요. 근방으로 이사 오신 것 같은데 세상 너무 야박하게 살지 맙시다"라는 글을 남겼다.

신고자의 얼굴 사진이 있었으므로 피해자가 특정되고, 얼굴 사진에 추가해 "열심히 신고하고 다니는 분"이라고 적은 부분을 결합하면 A씨가 비방하는 사람이 B씨라는 것을 알 수 있다.

가해자가 피해자의 실명을 직접 거론하지 않고 이니셜을 사용하거나 별명을 사용한 경우는 어떨까? 그런 경우라도 가해자가 표현한 전체적인 내용을 통해 피해자가 누구인지를 특정할 수 있는 경우에는 처벌이 가능하다.

"반드시 사람의 성명이나 단체의 명칭을 명시해야만 하는 것은 아니고, 사람의 성명을 명시하지 않거나 첫머리 글자나 이니셜만 사용한 경우라도 그 표현의 내용을 주위 사정과 종합해서 볼 때 그 표시가 피해자를 지목하는 것을 알아차릴 수 있을 정도이면 피해자가 특정"되었다고 할 수 있다(대법원 2002. 5. 10. 선고 2000다50213 판결).

그렇다면 그 표현의 내용을 주위 사정과 종합해서 볼 때 그 표시가 피해자를 지목하는 것을 알아차릴 수 있을 정도인지 여부는 누구를 기준으로 판단해야 할까?

대법원은 "피해자를 아는 사람이나 주변 사람"이 그 표시가 피해자를 지목하는 것을 알아차릴 수 있을 정도라면 피해자가 특정된 것으로 본다(보통은 댓글 등을 살펴서 피해자를 특정하기도 한다. 그렇기 때문에 댓글도 조심해야 한다).

> 명예훼손에 의한 불법행위가 성립하려면 피해자가 특정되어야 하는데, 반드시 사람의 성명이나 단체의 명칭을 명시하는 정도로 특정되어야 하는 것은 아니다. 사람의 성명을 명시하지 않거나 머리글자나 이니셜만 사용한 경우라도, 표현 내용을 주위 사정과 종합하여 볼 때 피해자를 아는 사람이나 주변 사람이 그 표시가 피해자를 지목하는 것을 알아차릴 수 있을 정도라면 피해자가 특정되었다고 할 수 있다(대법원 2018. 4. 12. 선고 2015다45857 판결 [손해배상(기)등]).

피해자가 누군지 알거나 알 수 있다는 기준이 무엇일까?

다음 사례들을 보면 피해자가 누군지 알거나 알 수 있음을 판단하는 기준이 내용을 잘 모르는 일반인이 아님을 알 수 있다. 즉, ①변호사업계 종사자나 그 주변 사람들 ②국회 근무자들이나 그 주변 사람들, 특히 수도권 여당 국회의원실 직원들 ③이 사건 미용실 주변 사람들 ④적어도 피해자를 아는 사람들 ⑤피해자와 같이 근무했던 군인들이나 피해자 주변 사람들 ⑥기사를 읽어 본 사람 중 적어도 피해자를 아는 사람들을 기준으로 피해자가 누군지 알거나 알 수 있었는지 여부를 법원이나 수사기관이 판단하는 것이다. 경험칙상 의외로 특정 짓는 것은 어렵지 않다. 그렇기 때문에 내가 쓴 글 한 줄은 결국 증거가 된다는 것을 잊어서는 안 된다.

사례1

"이 사건 각 기사"에서 "A 변호사", "B 사무장" 등으로 익명처리를 하고 있기는 하나, 그들의 직업이 특정되어 있고, A 변호사에 고용되어 있던 B 사무장의 나이 및 그가 민사사무장으로 근무한 시기 등을 적시해 놓고 있어 **변호사업계 종사자나 그 주변 사람들은** "A 변호사"가 원고를 가리키는 것으로 쉽게 알아차릴 수 있었다고 봄이 상당하여 피해자가 특정되었다고 판단(2009. 2. 26. 선고 2008다27769 판결 [손해배상(기)]).

사례2

① 이 사건 각 기사에서 '수도권 여당 C의원실 유부남 보좌관, 미혼 여비서', '수도권 S의원실 유부남 보좌관, 미혼 여비서'로 익명처리를 하고 있기는 하나, 그들의 직업과 소속이 특정되어 있고, 그 무렵 여비서가 그만두었다는 사정까지 적시되어 있고 ② **국회 근무자들이나 그 주변 사람들, 특히 수도권 여당 국회의원실 직원들** 등은 그 무렵 국회의원실에서 그만둔 유일한 여비서가 누구인지 쉽게 알 수 있었으므로, 그 여비서와 같은 의원실에 근무한 '유부남 보좌관'이 결국 원고를 가리킨다는 사정도 알아차릴 수 있었음(대법원 2018. 4. 12. 선고 2015다45857 판결 [손해배상(기)등]).

사례3

피고가 이 사건 미용실의 간판 " ○○ 헤어랜드" 중 "○○" 부분을 모자이크 처리하고, 원고의 성명이나 얼굴을 명시하지 아니한 채 방송보도를 하였다 하더라도, ① 자막으로 위 미용실이 "경기도 오산시"에 있다고 표시한 점 ② 위 미용실이 입점한 건물의 외관을 비추는 과정에서 다른 상가의 간판은 그대로 내보낸 점 ③ 원고와의 인터뷰를 음성변조 없이 그대로 방송한 사실이 인정되고, 위 인정 사실에 의하면 **이 사건 미용실 주변 사람들은** 이 사건 방송에 나타난 미용실이 원고가 운영하는 " ○○ 헤어랜드"라는 것을 알 수 있었다고 봄이 상당함(대법원 2009. 10. 29. 선고 2009다49766 판결).

사례4

피고가 자신이 발간하는 일간지인 1992. 4. 9.자 한국일보에 이 사건 기사를 게재함에 있어서 비록 원고의 성명을 명시하지 않고 소외 A의 장인 또는 B양의 친정아버지라고 표현하였고, 원고의 딸 소외 C에 관하여도 그 성명을 명시하지 않고 ○모 양으로 표현한 것은 사실이나, ① 이 사건 기사에 원고의 딸과 혼인신고를 한 상대방의 성명, 그 혼인신고지 등을 명시하였고 ② 원고가 이혼한 후 새로 결혼을 하였고 ③ 위 소외 C의 여동생도 가출을 하였으며 원고가 살던 마을이름 등 원고의 생활환경을 상당히 구체적으로 표현하였고 ④ 위 소외 C가 가출한 경위, 그 이후의 생활상 역시 상당히 구체적으로 표현하는 등 위 기사를 읽어 본 사람 중 **적어도 원고를 아는 사람이면** 위 기사에서 말하는 소위 A의 장인 또는 ○모 양의 친정아버지가 원고를 지목하는 것이라는 것쯤은 쉽게 알아차릴 수 있는 상황이었다고 보기에 충분함(대법원 1994. 5. 10. 선고 93다36622 판결 [손해배상(기)]).

사례5

피고가 이 사건 기사에서 원고 A의 실명을 명시하지 않고 '김아무개 중사'라고 지칭하고 있으나, 기사의 내용 중에 '김훈과 같은 소대의 부소대장', '특전사 출신' 등 원고 A의 군대 내 직책, 출신 등을 비교적 상세하게 기술하고 있는데, 이 사건 기사의 보도 당시 김훈의 사망 사건이 국민의 관심사였고 그로 인하여 방송 등 언론매체에서 그에 관하여 수차례 보도가 있었던 점에 비추어 기사를 접하는 일반 독자 또는 적어도 **원고 A와 같이 근무하였던 군인들이나 원고 A의 주변 사람들로서는** '김아무개 중사'가 원고 A을 지목하는 것을 충분히 알 수 있었다고 보이므로, 피고는 이 사건 기사를 통하여 원고 A를 특정하였다고 볼 수 있다고 판단(대법원 2007. 6. 29. 선고 2005다55510 판결).

사례6

피고가 문제의 보도기사에서 비록 원고의 이름을 명시하지 않고 '△모 교사'라고만 표현하였으나, 그 기사내용이 △모 교사가 ○○○시 소재 □□

초등학교에서 1학년 담임을 맡고 있던 중, 과도한 체벌이 문제되어 담임직 해임, 학습지도권 박탈 및 타학교로의 전출 등의 제재조치를 받았고, 피해 아동의 아버지가 형사고소까지 하였다는 내용으로 되어 있어 이 기사를 읽어 본 사람 중 적어도 원고를 아는 사람이라면 이 기사에서 말하는 '△모 교사'가 원고를 지목하는 것임을 쉽게 알아차릴 수 있는 상황이었다고 보지 않을 수 없음(대법원 2002. 5. 10. 선고 2000다68306 판결 [손해배상(기)]).

사례7

이 사건 각 기사에서는 '서울 서대문구 □□동 K아파트' 또는 '서울 ○○○ K아파트'라고 표현되어 있으나, 주위사정과 종합하여 볼 때 이 사건 아파트의 주민들과 그 주변 사람들로서는 K아파트가 이 사건 아파트인 '○○○ ○○아파트'를 지칭하는 것을 알아차릴 수 있었다고 할 것임(대법원 2002. 5. 10. 선고 2000다50213 판결 [손해배상(기)]).

피해자 특정과 관련한 재미있고 흥미로운 판례

"불륜하지 맙시다!" 남편 내연녀 가게 인근서 피켓 들고 1인 시위한 여성•

A씨는 2021년 10월 24일 오전 10시부터 4시간가량 남편과 불륜 관계인 B씨가 운영하는 경남의 한 가게 인근 전신주 옆 거리에서 '불륜을 하지 맙시다'라는 내용이 적힌 피켓을 들고 1인 시위를 하였다.

피켓에는 불륜의 대상자가 B씨임을 추측할 수 있는 어떠한 문구도 기재되어 있지 않았고, B씨가 있는 건물에는 B씨 이외에도 다수의 사람이 상주하고 있었다. 법원은 피켓을 들었다는 것만으로 명예의 주체가 특정되었다고 보기 어렵다고 판단했다.

• 2023. 5. 23. MBN뉴스, "불륜하지 맙시다!"…남편 내연녀 가게 인근서 시위한 40대 女, 명예훼손일까? 기사

그런데 1인 시위를 하면서 피켓을 들게 되었을 때, 상대방이 누구인 줄 알 수 없게 하면 1인 시위의 효과가 있을까?

사실 주변에 지나가는 사람들은 누군가 1인 시위를 왜 하는지에 대해 큰 관심이 없다. 하지만, 당사자는 보면서 정말 스트레스를 많이 받았을 것이다. 그럼 이런 1인 시위가 필요할까? 거리에서 1인 시위를 보면 억울함을 이해는 하지만 시끄러운 소리에 눈을 찡그리게 될 때도 많다. 그리고 정의롭지 못한 1인 시위도 사실 많이 보아왔다. 1인 시위를 하는 이유에 대해서는 각자가 판단하길 바란다. 다만, 판례는 피해자를 특정하지 않은 1인 시위는 의미가 없음을 사실상 판결한 것으로 볼 수 있을 것이다.

지하철서 보안관에 욕설한 70대 배우, 무죄?[•]

A씨는 2022년 6월 18일 오후 1시께 서울 지하철 1호선을 타고 용산역으로 가던 중 객차에서 마스크를 벗고 통화하다 마스크를 써 달라는 보안관에게 욕설한 혐의로 약식기소되었다.

검찰은 당시는 대중교통 안에서 마스크 착용이 의무였고, A씨가 서울역에서 강제로 하차당해 개찰구 밖으로 쫓겨나갈 때까지 "이런 ○같네", "시○! ○같은 ××", "아이, 시○ ××"라고 수차례 욕설하며 보안관을 여러 사람 앞에서 모욕했다고 판단했다. 하지만 A씨는 기차표를 대신 예매해주려던 통화 상대방이 신용카드 번호를 제대

• 2023. 5. 30. 영남일보, 지하철서 보안관에 욕설 70대 배우, 무죄 선고 왜? 기사

로 알아듣지 못해 지하철 안에서 마스크를 벗었고 보안관에게 욕설을 한 것이 아니라 혼잣말을 한 것이라고 주장하며 정식 재판을 청구했다.

재판부는 당시 A씨가 욕설한 것은 사실이지만, 목격자의 진술이나 촬영 영상 등 증거만으로는 그가 '××'라고 지칭한 대상을 보안관으로 특정할 수 없고, 광고 촬영이 무산된 것에 화가 나 이를 표출하기 위해 욕설을 한 것이라는 등의 이유로 무죄를 선고했다. 욕설한 것은 맞지만, 마스크를 벗으라고 한 보안관에게 한 것이라고 보기 어렵다는 결론이다.

이렇게 욕설하는 일이 있어서는 안 되겠지만, 혹시라도 그런 상황이 발생하더라도 상대방을 바라보며 욕설하지 않으면 무죄가 된다는 판례인데… 참 재미있는 판례이다. 허공을 보면서 욕을 하면 무죄가 된다는 건데 무죄일지라도 남들이 볼 땐 미쳤다고 분명 생각할 것이다. 미쳤다는 소리를 들으면서까지 욕을 하고 싶으면 말릴 수는 없을 것 같다.

피해자 특정, 온라인 아이디만으로 자연인 특정 어려워 무죄?••

춘천에서 게임방송을 하는 유튜버 A는 2020년 6월 4일 게임 채널에 접속한 시청자 B씨를 향해 "석사 학위를 미국에서 취득한 건지 한국말을 제대로 구사하지 못한다. 채팅에 80% 정도가 맞춤법에 맞지 않는다"는 등 B씨의 명예를 훼손하는 발언을 했고, B씨를 향해 "정신이 이상한 사람"이라고 비난하였다.

•• 2022. 2. 16. MS투데이. 춘천 게임방송 유튜버, 시청자 명예훼손 무죄 기사

법원은 사이버 공간에서 현실 세계에 못지않은 사회·경제·문화 활동이 이뤄지고 있고 이런 활동이 늘면서 가상 캐릭터의 중요성과 보호 필요성이 높아지고 있음을 인정했다. 하지만 현행법 체계상 단지 아이디 등만이 언급되고 현실 세계에서의 사람이 누구인지 알 수 없는 경우에도 명예훼손이나 모욕의 대상자가 특정됐다고 볼 수는 없다고 보았다. 그리고 아이디 외에 추가로 언급된 피해자 인적 사항을 특정할 만한 단서들을 더해 본다고 해도 피해자 B 씨를 지목한 것으로 알아차릴 정도가 아니라는 이유로 무죄를 선고했다.

하지만 법원의 위와 같은 결론에 쉽게 동의하기는 어렵다. 왜냐하면 가해자는 그 아이디를 비방한 것이 아니라, 게임방송에 댓글을 단 특정 아이디를 사용하는 사람을 비방한 것 아닌가?

이름에 대한 고민이 필요한 판결이다. 다시 생각해 보면 최근 유행하는 메타버스 가상공간에서 상대방에게 그 어떤 욕설을 해도 닉네임을 쓰는 상대방이 피해자로 인정되지 않으므로 형사처벌될 수 없다는 결론이다.

SNS상에서 그 이용자는 인터넷 ID에 의하여 표시되고 실제 성명은 표시되지 않는다. 이러한 정식이름이 아닌 익명성은 의사표현의 자유를 더욱 확대시키는 기능도 있지만, 진실되지 못하거나 지나치게 공격적인 의사표현이 난무하게 하는 원인이 되기도 한다. 그래서 실명으로 활동해야 한다는 의견이 나올 수도 있으나, 인터넷 실명제에 대해 이미 위헌 판결이 있었다.

현재 우리 사회에서 익명성에 기댄 인터넷 의사표현이 많고, SNS에서 이루어지는 의사표현은 이를 이용하는 모든 사람에게 공개되고 복제되어 전파될 수 있으므로 그를 통한 인격침해의 피해는 사이버 공간 밖에서 이루어지는 경우보다 훨씬 크다. 따라서 가해자의 SNS상의 표현이 명예를 훼손하거나 모욕하는 것이라면, 그 피해자는 인터넷 아이디를 사용한 사람으로 특정된다고 보아야 하지 않을까? 어쩌면 곧 실명으로 활동해야 하는 법안이 나올지도 모르겠다.

에로 영화 〈하얀방〉 관련 손해배상 소송

에로 영화 〈하얀방〉에 '마리산부인과'라는 사이버상에만 존재하는 산부인과가 나오는데, 그 산부인과 웹사이트에 접속하는 여성들은 임신한 것과 같은 모습으로 죽는다는 내용이 있다. 그런데 실제로 마리산부인과라는 이름의 병원이 있었다. 해당 산부인과 원장은 위 영화 내용을 문제 삼아 에로 영화 〈하얀방〉 제작자를 상대로 명예훼손 손해배상청구 소송을 제기했다.

이에 대해 법원은 영화의 줄거리 자체가 너무 환상적이어서 어떤 합리적인 사람도 이것이 사실이라고 믿지 않을 것으로 보이고, 영화에 등장하는 '마리산부인과'가 이름만 제외하고 청구인의 업체와 같다고 주장할 특별할 근거가 없다는 이유로 소송을 기각했다(서울지방법원 2002.11. 14, 2002카합3270).

에로 영화 〈하얀방〉을 본 사람이 몇 명이나 될까? 그런데 마리산부인과 원장이 굳이 이 소송을 제기한 이유는 무엇일까? 그런데 사실 당사자 입장에서는 불쾌할 수도 있을 것 같다. 이 판결에서 보듯 자신의 불쾌감만으로 명예훼손이 성립되지 않는다는 것을 알 수 있다.

개인이 속한 집단에 대한 명예훼손 내지 모욕의 경우 소속된 개인이 피해자라고 주장할 수 있을까?

명예에 관한 죄는 어떤 특정한 사람 또는 인격을 보유하는 단체에 대하여 그 명예를 훼손함으로써 성립한다. 따라서, 피해자는 자연인이 될 수 있고, 법인이나 단체도 될 수 있다. 그런데 누군가 대한민국 국민이나 서울시민을 비방한 경우 대한민국 국민이자 서울시민인 한 사람이 본인에 대한 비방이기도 하므로 본인이 피해자라며 형사고소하면 처벌받을까? 이것이 바로 집단표시에 의한 명예훼손 내지 모욕의 문제다.

원칙적으로 집단표시에 의한 명예훼손 내지 모욕은 그 내용이 해당 집단에 속한 특정인에 대한 것이라고는 해석되기 힘들어 구성원에 대한 범죄라고 보지 않는다. 집단에 대한 명예훼손 내지 모욕이 곧바로 그 집단 구성원 개개인에 대한 명예훼손 내지 모욕이 된다고 평가하게 되면 명예훼손이나 모욕죄의 성립 범위를 지나치게 확대시킬 우려가 있기 때문이다.

다만, 대법원은 ①집단 구성원이 일반인과 명백히 구별될 정도로 집합명칭이 특정되고 ②그 비난의 정도가 희석되지 않아 구성원 개개인의 사회적 평가를 저하시킬 만한 것으로 평가된다면 예외적으로 구성원 개개인에 대한 명예훼손 내지 모욕이 인정•된다고 본다.

그렇다면 집단표시에 의한 명예훼손 내지 모욕이 구성원 개개인에 대한 것으로 여겨질 정도에 해당하는지는 무엇을 기준으로 판단해야 할까?

참으로 어려운 문제이다. 구체적인 기준은 집단의 크기, 집단의 성격과 집단 내에서의 피해자의 지위 등인데, 구성원의 수가 적거나 당시의 주위 정황 등으로 보아 집단 내 개별구성원을 지칭하는 것으로 여겨질 수 있는 때에는 집단 내 개별구성원이 피해자로서 특정된다고 볼 수 있는데…. 구체적인 사안에 따라서 결론이 달라질 수밖에 없다. 작은 집단, 즉 인원이 누구인지 명확히 드러난 경우에는 인정을 해야 할 것 같은데 여러분은 어떻게 생각할지 문득 궁금해진다.

그렇다면 강용석 변호사가 "아나운서 발언"으로 형사처벌을 받았을까?

강용석 변호사는 2010년 7월 국회의장배 전국 대학생 토론대회에 참여했던 연세대학교 토론학회 소속 학생들과 회식을 했다. 그 자리에서 강 변호사는 장래의 희망이 아나운서라고 한 여학생 2명에게 "(아나운서 지위를 유지하거나 승진하기 위해) 다 줄 생각을 해야 하는데, 그래도 아나운서 할 수 있겠느냐. 이화여대 이상은 자존심 때문에 그렇게 못하더라"라고 말했다.

• 대법원 2003. 9. 2. 선고 2002다63558 판결, 대법원 2013. 1. 10. 선고 2012도13189 판결 등 참조

검찰은 한국아나운서협회에 등록된 8개 방송사의 여성 아나운서 295명을 피해자로 보아 강 변호사를 기소했고, 1심과 항소심은 강 변호사의 발언은 여성 아나운서들 개개인에게 수치심과 분노의 감정을 불러일으키기에 충분한 경멸적인 표현에 해당한다는 이유로 모욕죄에 대해 유죄를 선고했다. 하지만 대법원은 무죄를 선고했다(대법원 2014. 3. 27. 선고 2011도15631 판결).

강 변호사의 발언은 여성 아나운서 일반을 대상으로 한 것으로서 그 개별구성원인 피해자들에 이르러서는 비난의 정도가 희석되어 피해자 개개인의 사회적 평가에 영향을 미칠 정도에까지는 이르지 않는다고 보았다. '여성 아나운서 집단'에 속한 '개개의 여성 아나운서'가 피해자임을 전제로 하는 것이므로 그 비난의 정도가 여성 아나운서 개개인의 사회적 평가를 저하시킬 정도여야 한다.

그런데 '여성 아나운서'라는 집단은 직업과 성별로만 분류된 집단의 명칭으로서 그중에는 이 사건 고소인들이 속한 공중파 방송 아나운서들로 구성된 모 연합회에 등록된 사람만 있는 것이 아니라 유선방송에 소속되어 있거나 그 밖의 다양한 형태로 활동하는 여성 아나운서들이 존재한다. '여성 아나운서'라는 집단 자체의 경계가 불분명하고 그 조직화 및 결속력의 정도 또한 견고하다고 볼 수 없고, 강 변호사의 발언 대상이 그중 피고인을 고소한 여성 아나운서들이 속한 모 연합회만을 구체적으로 지칭한다고 보기도 어렵다.

따라서 비록 그 발언 내용이 매우 부적절하고 저속하기는 하지만, 위 발언으로 인하여 곧바로 피해자들을 비롯한 여성 아나운서들에 대한 기존의 사회적 평가를 변동시킬 것으로 보이지 않는다. 물론 듣는 사람마다 기분은 다를 것이고 아나운서들은 분노했겠지만 생각과 달리 강 변호사는 아나운서 발언으로 형사처벌을 받은 것이 아니다. 사실 강 변호사는 무고로 처벌받았다. 자신은 그런 발언을 한 적이 없는데도 본인을 허위사실 유포로 고소했다며 무고로 고소한 것이 오히려 무고가 인정되어 처벌받은 것이다. 멀쩡한 변호사가 왜 무고라는 강수를 두어 고소했을까?

집단표시에 의한 명예훼손 내지 모욕이 인정된 사례:
대전 법조비리 사건 보도와 대전 지역 검사들

이종기 변호사와 관련한 대전 법조비리 사건이 발생했다.
당시 MBC는 여러 방송 프로그램에서 직접적으로 '대전 지역 검사들'을 지칭하기도 했고, 다른 방송에서도 '대전', '이종기 변호사' 등의 표현과 '검사', '검찰', '검사들'이라는 표현을 함께 사용했다. 그러자 당시 대전지검에 근무한 검사들이 MBC 관계자를 상대로 고소를 했다.

대법원은 MBC가 여러 방송 프로그램에서 직간접적으로 '대전 지역 검사들'을 지칭한 것임을 인정했다. 그리고 '대전 지역 검사들'이라는 표시에 의한 명예훼손은 그 구성원 개개인에 대해 방송하는 것으로 여겨질 정도로 구성원의 수가 적고, 한 달여에 걸친 집중적인 관련 방송 보도 등 당시의 주위 정황 등으로 보아 집단 내 개별구성원을 지칭하는 것으로 여겨질 수 있으므로, 방송 당시 대전지방검찰청에 근무하고 있던 검사 및 방송 무렵부터 10여 개월 전까지 대전지방검찰청에 근무하였던 검사들은 '대전 지역 검사들'이라는 표시에 의한 명예훼손의 피해자로 특정되었다고 보았다 (대법원 2002다63558 판결).

검사들이라고 했으면 무죄였을까? 아님 대전 지역 경찰들이라고 했어도 유죄였을까? 이리저리 생각이 많이 드는 판례이다.

집단표시에 의한 명예훼손 내지 모욕이 인정되지 아니한 사례: 다음의 아고라 토론방에서 회원들을 비방한 경우

A씨 등은 인터넷 다음 사이트의 아고라 토론방인 ○○○○ 회원인데, 그 토론방은 누구나 카페에서 제시하는 간단한 질문에 답변하는 절차를 거쳐 비교적 손쉽게 회원으로 가입할 수 있고, 회원 수가 3만 6천여 명이었다.

A씨 등은 그 토론방에서 "개독알밥 ○○○○ 꼴통놈들은", "전문시위꾼 ○○○○ 똘마니들", "존만이들아" 등과 같은 모욕적인 글을 게재했고, 회원 중 한 사람인 B 등이 A씨 등을 고소하여 재판을 받게 되었다.

대법원은 ①회원 가입이 간단하고 회원 수가 많은 점 ②회원들은 아이디나 닉네임만을 사용할 뿐 개인의 인적 사항이 드러나지 않는 점 ③문제의 글에 카페의 특정 회원을 지칭하는 것으로 볼 수 있는 표현은 포함되어 있지 아니한 점 등을 종합적으로 고려하면 A씨 등이 게재한 이 사건 각 글은 '○○○○'라는 인터넷 카페의 회원

일반을 대상으로 한 것으로서 그 개별구성원에 불과한 피해자에 이르러서는 비난의 정도가 희석되어 피해자 개인의 사회적 평가에 영향을 미칠 정도에 이르지 않았다고 볼 여지가 충분하다는 이유로 무죄를 선고했다(대법원 2012도13189 판결 참조).

논란이 되는 공연성과 전파가능성

;

인터넷과 모바일 기술 등의 발달과 보편화로
SNS, 이메일, 포털사이트 등 정보통신망을 이용한
명예훼손이나 모욕이 급속도로 늘어나고 있다.
이제는 누군가와 주고받는 대화는 퍼진다고 보는 게 타당한 세상이다.

공연성이란 무엇인가?

명예훼손죄 및 모욕죄는 "공연성"을 요건으로 하는데, 앞서 설명한 대로 명예에 관한 죄는 주관적인 명예감정이 아니라 외적 명예를 보호하기 때문에 사회에 유포되어 사회적으로 유해한 명예훼손 내지 모욕 행위만을 처벌함으로써 개인의 표현의 자유가 지나치게 제한되지 않도록 하기 위해 공연성을 요건으로 하는 것이다.

'공연히'의 사전적 의미는 '세상에서 다 알 만큼 떳떳하게', '숨김이나 거리낌이 없이 그대로 드러나게'라는 뜻이다. 따라서 수사기관에 고소장을 제출하거나 회사에 진정서를 제출한 경우 공연성이 인정되지 않는다.

협박으로 고소된 A가 경찰서에서 고소인 B와 함께 조사를 받던 중 경찰관들 앞에서 B를 향해 "이 사람은 정신병 환자라 정신병원에 보내야 한다"고 모욕적인 발언을 하더라도, 경찰관은 비밀을 지킬 의무가 있어 피고인이 발설한 내용을 함부로 전파하지 않으리라고 기대할 수 있는 직무상 관계에 있으므로, A의 발언이 불특정·다수인에게 전파될 가능성이 있다고 보기 어렵다.

좀 더 구체적으로 명예에 관한 죄에서 "공연성"은 '불특정 또는 다수인이 인식, 즉 들어서 전할 수 있는 상태'를 의미한다.

어려운 개념이지만 '불특정 또는 다수인이 인식할 수 있는 상태'를 도식화해서 설명하면, 가해자가 명예훼손 혹은 모욕적인 표현을 한 상대방은 4가지 경우, 즉 ①불특정한 소수인 ②불특정한 다수인 ③특정한 다수인 ④특정한 소수인이 있을 수 있다.

그중 ②불특정한 다수인은 페이스북이나 인스타그램 등 SNS에 공개적으로 타인을 비방하는 글을 올린 경우로 너무나도 당연히 공연성이 인정된다. ③특정한 다수인은 페이스북 등에 타인을 비방하는 글을 페북 친구들이 모두 볼 수 있도록 올린 경우가 여기에 해당한다.

직장의 전산망에 설치된 전자게시판에 타인의 명예를 훼손하는 내용의 글을 게시한 경우(대법원 2000. 5. 12. 선고 99도5734 판결) A씨 등이 인쇄물을 회사의 주주들 200여 명에게 보낸 경우(83도3292)로 이 역시 공연성이 인정된다.

①불특정한 소수인은 일반적인 카톡 대화방이 여기에 해당하는데, 공연성이 인정된다. 왜냐하면 공연성의 의미가 "불특정한 다수인(AND)"이 아니라, "불특정 또는 다수인(OR)"이기 때문이다. 그렇다면 ④특정한 소수인은 논리적으로 공연성이 인정되지 않을까?

일반적으로는 인정되지 않지만, 특정한 소수인인 경우에도 명예훼손이나 모욕죄가 인정되는 경우가 있는데, 그 이유를 설명하는 것이 바로 그 유명한 "전파성 이론"이다. 전파성 이론을 매개로 "불특정"이란 상대방이 구체적으로 특정되지 않는다는 의미가 아니라, 비방을 듣는 상대방이 특정되었다 하더라도 "명예를 지켜줄 만한 친분관계가 있는 특별한 사람"이 아니라면 "특정인"이 아니라고 본다. 따라서, 피해자의 가족이나 친인척, 매우 친한 사람 등 특정인에게 피해자에 대한 비방을 한 경우에는 공연성이 인정되지 않지만, 상대방이 "명예를 지켜줄 만한 친분관계가 없는 특정인"이라면 전파성 이론과 결합하여 공연성이 인정된다.

피해자의 가족이나 친인척, 매우 친한 사람 등 특정인에게 피해자에 대한 비방을 한 경우에는 공연성이 인정되지 않지만, 상대방이 "명예를 지켜줄 만한 친분관계가 없는 특정인"이라면 전파성 이론과 결합하여 공연성이 인정된다. 그래서 전파가능성에 대한 인식이 있었는지 여부가 고의의 내용에 포함되게 된다. 하지만, 상대방에게 비밀이라고 하며 말했더라도 상대방이 이를 전파한 경우, 그 상대방이 명예를 지켜줄 만한 친분관계가 있지 않다면 그래도 전파가능성이 인정된다고 한다.

전파가능성 이론 자세히 알아보기

대법원은 명예에 관한 죄의 경우 개별적으로 소수의 사람에게 누군가를 비방했더라도 "그 상대방이 불특정 또는 다수인에게 적시된 사실을 전파할 가능성이 있는 때"에는 공연성이 인정된다고 보고 있다.

명예훼손죄에 있어서 공연성은 불특정 또는 다수인이 인식할 수 있는 상태를 의미하므로, 비록 개별적으로 한 사람에 대하여 사실을 유포하더라도 이로부터 불특정 또는 다수인에게 전파될 가능성이 있다면 공연성의 요건을 충족한다 할 것이지만 이와 달리 전파될 가능성이 없다면 특정한 한 사람에 대한 사실의 유포는 공연성을 결한다 할 것이다(대법원 1984.2.28. 선고 83도891 판결, 대법원 2020. 11. 19. 선고 2020도5813 전원합의체 판결 등).

인터넷, 스마트폰과 같은 모바일 기술 등의 발달과 보편화로 SNS, 이메일, 포털사이트 등 정보통신망을 통해 대부분의 의사표현이나 의사전달이 이루어지고 있고, 그에 따라 정보통신망을 이용한 명예훼손이나 모욕도 급속도로 늘어나고 있다.

이러한 정보통신망과 정보유통과정은 비대면성, 접근성, 익명성 및 연결성 등을 본질적 속성으로 하고 있어 정보의 무한 저장, 재생산 및 전달이 손쉬워지다 보니 정보통신망을 이용한 명예훼손이나 모욕은 '행위 상대방' 범위와 경계가 불분명해지고, 명예훼손 내지 모욕 내용을 소수에게만 보냈음에도 그 행위 자체로 불특정 또는 다수인이 알게 되는 경우가 빈번하다. 특히 손쉬운 복사기능 등으로 자료는 마구잡이로 전달이 되고 전파의 속도는 거의 상상을 초월한다. 그래서 이제는 전파성 이론은 당연하다고 보는 입장이 대다수이지만 이를 비판적인 의견도 많다.

전파가능성 이론에 대한 비판

① 형법은 '공연히 사실 또는 허위사실을 적시한 행위'를 처벌하도록 명확히 규정하고 있는데도, 전파가능성 법리는 명예훼손죄의 구성요건인 공연성 이외에 전파가능성이라는 새로운 구성요건을 창설하는 결과가 되어 죄형법정주의에 어긋나고, 명확성 원칙을 훼손함

② 명예에 관한 죄에 규정된 공연성은 불특정 또는 다수인이 직접 인식할 수 있는 상태를 가리키는 것이고, 특정 개인이나 소수에

게 말하여 이로부터 불특정 또는 다수인에게 전파될 가능성이 있다고 하더라도 공연성 요건을 충족한다고 볼 수 없음

③ 공연성은 전파가능성을 포섭할 수 없는 개념임에도 불구하고, 전파가능성이 있다는 이유로 공연성을 인정하는 것은 문언의 통상적 의미를 벗어나 피고인에게 불리한 확장해석으로 죄형법정주의에서 금지하는 유추해석임

④ 전파가능성이란, 아직 그러한 결과가 현실로 발생하지 않았지만 앞으로 전파될 수도 있다는 뜻으로, 결과가 발생하지 않은 상황에서 앞으로 전파될 '가능성'이라는 추측을 처벌의 근거로 삼는 것은 피고인에게 불리한 것으로서 허용되어서는 안 되는 부당한 확장해석이자 유추해석으로 죄형법정주의에 반함

⑤ 형법 등에서 공연성을 구성요건으로 하는 여러 범죄에서 공연성의 의미는 동일하게 해석하는 것이 각 규정의 입법 취지와 형사법의 체계적인 해석에 합치되는데, 명예훼손죄나 모욕죄에서 공연음란죄(형법 제245조)나 음화 등 전시·상영죄(형법 제243조)와 달리 공연성 개념에 전파가능성을 포함한 것은 형법의 통일적 해석을 무너뜨린 것으로 공연성에 관하여 일관성이 없음

공연성을 전파가능성 여부로 판단하는 것은 명예훼손죄의 가벌성의 범위를 지나치게 확장하는 결과를 가져옴

⑥ 전파가능성 유무를 판단할 수 있는 객관적 기준을 설정하는 것

이 어렵기 때문에 구체적 적용에 자의가 개입될 소지가 큼

전파가능성 이론은 형법상 규정이 없으니 죄형법정주의에 어긋나고, 전파될 '가능성'이라는 추측이 처벌의 이유가 된다면 결국 개인의 생각 수사관의 생각에 따라 처벌의 방향이 정해질 수 있다는 주장도 근거가 있어 보인다.

여러분은 어떻게 생각하는가? 솔직히 이제 전파가능성 이론이 아니라 무조건 주고받은 대화는 퍼진다고 보는 것이 더 타당한 세상이 아닌지…. 이런 걸 보고 울트라 멀티 속도라고 하던데….

카카오단톡방, 단순한 사적 공간이라 공연성이 인정 안 될까? 천만의 말씀!

요즘 카카오단톡방은 누구나 몇 개씩 가지고 있고 모임이나 단체 사람들이 친목을 다지기 위해 만드는 경우가 많다. 단톡방은 온라인 커뮤니티, 페이스북, 트위터 등 소셜네트워크서비스(SNS)와 비교할 때 폐쇄성이 높지만, 법원에서는 단톡방을 대화 내용이 보존되고 손쉽게 내용을 복사·유포할 수 있다는 점에서 공개적인 공간으로 본다. 그렇기 때문에 카카오단톡방에 누군가를 비방하는 글을 올린 것은 "특정한 다수인"에게 명예훼손 내지 비방을 한 경우에 해당하는지가 논란이 되고 있다. 친한 사람끼리 카톡방에서 대화를 나누며 특정인을 비방한 경우 사적 대화에 불과하므로 처벌이 안 된다고 주장하는 사람들도 상당수 있다.

과거 국민대 학생들이 단톡방에서 "얼굴은 별로니 봉지 씌워서 하자", "여자 낚아서 회 치자" 등의 대화를 나눴다가 공개되었는데, 학교는 학생 2명에게 무기정학, 4명에게 근신 처분을 내렸다. 학생들은 학교의 처벌에 불복해 서울행정법원에 '무기정학 처분이 부당하다'며 소송을 냈다. 하지만 법원은 "채팅방이 남학생만으로 구성돼도 가해 학생들 의견에 동조하지 않은 학생이 있어 대화 내용이 언제든 외부로 유출될 위험성이 있었다"며 학생들의 청구를 기각했다.

법원은 단톡방의 대화를 모두 공개될 수 있는 방이라고 본다는 입장이기에 혹시라도 여러분이 가입한 카톡 단체방에서 누군가 타인을 비방하는 근거 없는 글을 올리면 동조하거나 지켜보지 말고 얼른 그 카톡방에서 나오는 게 상책이다. 몇몇 사람들이 이상한 글을 올린 경우에 나도 그 방의 소속인일 때 문제가 될 수 있다는 사실을 명심하자.

몇 명에게 특정인을 비방한 경우 형사처벌되는가?

명예훼손죄 및 모욕죄는 "공연성"을 요건으로 하는데, 그렇다면 몇 명 정도가 되어야 다수인이라고 할 수 있을까? 단순히 2명 이상이라고 다수인에 해당한다고 할 수 없지만, 3명, 5명, 7명, 10명 등과 같이 구체적인 숫자로 다수인의 기준을 정하기는 어렵다. 대법원 판례 중에는 4명에게 각각 순차적으로 허위사실을 유포한 경우 공연성을 인정한 사례가 있다.

A가 형사 피의사건 수사과정에서 수사경찰관으로부터 고문, 폭행, 협박을 받았다는 허위사실을 4인에게 순차적으로 유포한 경우, 비록 개별적으로 한 사람씩에 대하여 순차 유포한 것이긴 하나 각 그들로부터 불특정 또는 다수인에게 충분히 전파될 가능성이 있다고 볼 수 있음(대법원 1985. 12. 10. 선고 84도2380 판결).

그렇다면 1명 또는 2~3명에게 피해자를 비방한 경우에도 형사처벌이 될까?

1명 또는 2~3명을 다수인이라고 보기는 어려우므로, 이 문제는 앞에서 설명한 "특정인에게 피해자를 비방했으나 다수인에게 전파한 경우"로 볼 수 있는가의 문제인데, 결론부터 말하자면 "전파성 이론"을 매개로 형사처벌 받을 수 있다. 내가 한 사람에게 말했지만, 그 사람이 또 다른 사람에게 말을 하고 그 말을 또 다른 이에게 한다면 결국 전파될 가능성이 아주 높다고 보기 때문에 처벌받는 것이다. 그렇다면 옛 어른들이 말을 하는 "내 입으로 말이 나가면 이미 비밀이 아니다." 그 말이 진리인 것이다. 입을 닫고 살아야 마음이 편할 것 같다.

법원도 오락가락 사례:

3명에게 모욕적인 문자메시지를 보낸 경우와 전파가능성•

A씨는 2019년 4월 아파트 미화원 B씨와 컴퓨터수리기사 C씨, 성명불상자 D씨에게 아파트 관리소장인 E씨에 대해 '천하의 사기꾼, 사회악, 입만 열면 거짓말로 사기 치는 주둥아리' 등과 같이 욕하는 내용의 문자메시지를 발송했고, 검찰은 A씨를 E씨에 대한 모욕죄로 기소했다.

검사는 미화원 B씨에게 문자를 보낸 행위에 대해서만 모욕죄로 기소했는데, 1심은 공연성에 대한 입증이 부족하다며 무죄를 선고했다. 그러자 검사는 항소하면서 C씨와 D씨에게 문자메시지를 보낸 사실을 공소장에 추가했다. A씨가 문자메시지를 보낸 사람이 한 사람이 아니라 세 사람으로 늘어난 것인데, 항소심은 공연성 내지 전파가능성을 인정하면서 벌금 100만 원을 선고했다.

우선 E씨와 아파트 미화원과는 단지 아파트 관리소장과 환경미화원의 관계에 불과할 뿐이고 가족이나 직무상으로 특별히 밀접한 관계는 아니어서 아파트 미화원이 문자메시지의 내용을 타인에게 함부로 전파하지 않을 것을 기대할 수 있는 관계라고 단정할 수는 없다. 나머지 두 사람도 이 사건 문자메시지의 내용을 타인에게 발설하지 않을 정도로 E씨와 사적으로 친밀한 관계라거나 직무상으로 특별히 밀접한 관계가 있다고 보기 어려웠다. 이에 A가 상고했

• 2022. 7. 3. 법률신문, [판결] 아파트 주민이 미화원 등에게 관리소장 비방 문자… "모욕죄" 기사

으나, 대법원은 항소심 유죄를 확정했다.

위 사례를 보면 법원은 전파된 사람의 숫자에 관심을 갖는 것이 아니다. 그 소수자가 "타인에게 전파하지 않을 것을 기대할 수 있는 밀접한 관계"가 있는지 여부를 공연성 인정의 중요한 판단근거로 삼고 있음을 알 수 있다.

1심, 항소심 판례가 바뀐 이 사례의 경우 무엇이 핵심일까? 바로 기대가능성이다. 즉, 내가 할 이야기들의 비밀을 지켜줄 것이라는 기대를 할 수 없는 사이라면 전파성이 인정된다.

법원도 오락가락 사례:

층간 소음 인터폰 항의와 전파가능성[•]

A씨와 B씨는 2019년 7월 오후 3시쯤 자신의 아파트 위층에 사는 C씨가 손님들을 데리고 와 시끄럽게 한다는 이유로 화가 났다. 이에 인터폰으로 C씨에게 전화해 "부모가 그따위니까 애한테 그따위로 가르치지, 애미 애비한테 뭘 배워", "단독주택으로 꺼져" 등의 막말과 욕설을 한 혐의로 기소되었다.

이 아파트의 인터폰은 별도의 송수화기 없이 일방이 인터폰을 작동시켜 말을 하면, 그 음향이 상대방 인터폰의 스피커를 통해 울려 퍼져 나오는 구조였다. 그래서 당시 피해자 집에 있던 손님과 자녀들(3, 4세)은 인터폰의 스피커를 통해 울려 나오는 욕설을 그대로 들었다.

• 2022. 7. 11. 로리더, 대법원, 손님 온 윗집에 인터폰으로 층간소음 항의 욕설… 모욕죄 기사

1심은 A씨와 B씨에게 유죄를 인정해 각각 벌금 70만 원을 선고했으나, 항소심은 2021년 10월 "전파가능성, 공연성이 없다"고 봐 A씨와 B씨에게 무죄를 선고했다. 하지만 대법원은 "원심이 이 사건 모욕죄의 공연성에 관해 전파가능성 이론이 적용되지 않는다고 판단한 것은 위의 법리에 어긋난다"고 유죄 취지로 파기환송했다.

대법원은 우선 피해자 C와 손님과의 관계를 살펴보았다.

두 사람은 2013년 처음 알게 됐으나 별다른 친분이 없었는데, 2018년 직장 동료로 같은 부서에서 근무하면서 친분이 생기게 되었고, 피해자가 직장을 그만둔 2019년 6월 이후에는 같은 교회를 다니면서 한 달에 1~2회 교회에서 만나는 정도의 사이였다.

재판부는 손님과 피해자와 친분이 있다고 하더라도 비밀의 보장이 상당히 높은 정도로 기대되는 관계라고 보기 어려우므로 손님이 피해자를 보호하려는 마음이 클 것이어서 욕설의 전파가능성이 낮다고 판단하기는 어렵다고 판단[••]했다. 한마디로 손님이 피해자의 "명예를 지켜줄 만한 친분관계가 없는 사람"은 아니라는 뜻이다.

그리고 재판부는 "피고인들은 피해자의 집에 손님이 방문한 것을 알면서도 그로 인해 층간소음이 발생한다는 이유로 피해자의 집 거실에 음향이 울려 퍼지는 인터폰을 사용해 사건 발언을 했으므로 피고인들에게 발언의 전파가능성에 관한 고의가 인정된다"고 보았다.

•• 재판부는 "공동주택이 일반적인 주거 형태로 자리 잡은 우리 사회에서 층간소음으로 인한 갈등과 분쟁이 사회 일반의 관심의 대상이 되었다면 층간소음을 행위자의 인성 및 자녀교육 문제로 연결 짓는 자극적인 발언은 사람들 사이에서 쉽게 이야기될 수 있으므로 전파가능성을 쉽게 부정해서는 안 된다"는 점도 지적함

전파가능성을 인정한 또 다른 사례

사례1

B의 집 앞에서 C, 피해자의 시어머니 D가 있는 자리에서 동 피해자에 대하여 "시커멓게 생긴 놈하고 매일같이 붙어 다닌다. 점방 마치면 여관에 가서 누워 자고 아침에 들어온다"고 말한 경우 전파가능성을 인정함(대법원 1983.10.11. 선고 83도2222 판결).

사례2

A의 집 뒷길에서 남편 B 및 A의 친척인 C가 있는 가운데 A에게 '저것이 징역 살다온 전과자다' 등 큰 소리로 말한 경우, C가 A와 친척 관계에 있다는 이유만으로 전파가능성이 부정된다고 볼 수 없고, 오히려 A와의 싸움 과정에서 단지 A를 모욕 내지 비방하기 위하여 공개된 장소에서 큰 소리로 말하여 다른 마을 사람들이 들을 수 있을 정도였던 것으로 불특정 또는 다수인이 인식할 수 있는 상태였다고 봄이 타당함(대법원 2020. 11. 19. 선고 2020도5813 전원합의체 판결).

사례3

비공개 대화방에서 비밀을 지키겠다는 약속을 듣고 일대일로 대화했더라도 타인에게 전파하지 않을 정도의 친분관계가 아니고, 비밀을 지키겠다고 말하였다고 하여 그가 당연히 대화 내용을 불특정 또는 다수인에게 전파할 가능성이 없다고 할 수도 없는 것이며, 실제로 참여자 가운데 한 명이 피해자에게 사실을 알려준 점 등을 감안하면 대화 상대방이 대화 내용을 불특정 또는 다수에게 전파할 가능성이 없다고 할 수 없음(대법원 2008. 2. 14. 선고 2007도8155 판결).

사례4

사실을 적시한 장소가 행정서사 A의 사무실 내이었기는 하나 그의 사무원 B와 동인의 A의 아내 C가 함께 있는 자리였었고, 그들은 모두 피해자와 같은 교회에 다니는 교인들일 뿐 피해자에 관한 소문을 비밀로 지켜줄 만한 특별한 친분관계는 없었으므로, 그들 앞에서 피해자에 관한 비방을 한 것은 그들을 통하여 불특정 또는 다수인에게 전파될 가능성이 충분히 있었다고 볼 수 있음(대법원 1985. 4. 23. 선고 85도431 판결).

위 사례들의 공통점을 살펴보면 ①다수인이 있는 자리에서 피해자가 듣는 가운데 욕설 섞인 표현을 한 경우 ②시어머니 이외에 다른 사람이 있는 자리에서 비방한 경우 ③남편과 가해자의 친척이 있는 자리에서 다른 사람들이 들을 수 있게 큰 소리로 말한 경우 ④비공개 대화방에서 비밀을 지키겠다는 약속을 듣고 일대일로 대화했더라도 타인에게 전파하지 않을 정도의 친분관계가 아닌 경우 ⑤피해자 이외에 피해자와 같은 교회에 다니는 교인들일 뿐 피해자에 관한 소문을 비밀로 지켜줄 만한 특별한 신분 관계는 없는 사람과 그 부인, 직원이 있는 자리에서 비방한 경우에는 불특정 또는 다수인에게 전파될 가능성이 인정된다.

전파가능성을 인정하지 않은 사례는 어떤 것이 있나?

사례1

피해자만 들을 수 있도록 귀엣말로 '피해자가 A와 부적절한 성적 관계를 맺었다'는 취지의 이야기를 하였더라도, 어느 사람에게 귀엣말 등 그 사람만 들을 수 있는 방법으로 그 사람 본인의 사회적 가치 내지 평가를 떨어뜨릴 만한 사실을 이야기하였다면, 위와 같은 이야기가 불특정 또는 다수인에게 전파될 가능성이 있다고 볼 수 없으므로 명예훼손의 구성요건인 공연성을 충족하지 못하는 것이고, 그 사람이 들은 말을 스스로 다른 사람들에게 전파하였더라도 위와 같은 결론에는 영향이 없음(대법원 2005. 12. 9. 선고 2004도2880 판결).

사례3

마을 입구 노상에서 밤에 과부 B만 혼자만 있었던 상황에서, 유혹하려던 과부 B에게 "유부녀 C도 서방질을 하는데, 과부가 서방을 두는 것이 무슨 잘못이냐"라고 말하게 된 사안에서, 공연히 피해자 C의 명예를 훼손할 범의가 있었던 것으로 단정키 어렵고 객관적으로 위와 같은 발설내용의 전파가능성, 즉 공연성도 인정하기 어려움(대법원 1982.2.9. 선고 81도2152 판결).

사례4

중학교 교사인 A가 근무하는 학교법인 이사장 B에게 "전과범으로서 교사직을 팔아가며 이웃을 해치고 고발을 일삼는 악덕 교사"라는 취지의 진정서를 제출한 사안에서, 위 진정서의 내용과 진정서의 수취인인 학교법인 이사장과 위 교사의 관계 등에 비추어 볼 때 위 이사장이 위 진정서 내용을 타에 전파할 가능성이 있다고 보기 어려우므로 공연성이 있다고 보기 어려움(대법원 1983.10.25. 선고 83도2190 판결).

사례5

타인의 명예를 훼손하였다는 장소가 국민학교 교장관사로서 그곳에는 피해자인 교장 부인 혼자만이 있었다면 특별한 사정이 없는 한 그 발언이 전파될 염려 즉 공연성이 없음(대법원 1967. 5. 16. 선고 66도787 판결).

사례6

다방에서 피해자와 동업관계로 친한 사이인 A에게 피해자의 험담을 한 사안에서, 다방 내의 좌석이 다른 손님의 자리와 멀리 떨어져 있고 그 당시

A는 왜 피해자에 관해서 그런 말을 하느냐고 힐책까지 한 사실이 있다면 전파될 가능성이 있다고 볼 수 없음(대법원 1984. 2. 28. 선고 83도891 판결).

위 사례들을 보면, ①피해자만 들을 수 있도록 귀엣말로 이야기한 경우 ②혼자 있던 과부를 유혹하려고 피해자를 비방한 경우 ③교사가 학교법인 이사장에게 비방의 진정서를 제출한 경우 ④교장관사에서 피해자의 부인이 있는 상황에 피해자를 비방한 경우 ⑤손님들과 멀리 떨어진 다방 좌석에서 피해자와 동업관계로 친한 사람에게 피해자의 험담을 했으나 그 사람이 왜 피해자에 관해서 그런 말을 하느냐고 힐책까지 한 경우는 전파될 가능성이 있다고 보기 어렵다.

기자에게 제보했으나 기사화되지 않은 경우 공연성이 인정될까?

'누군가 기자에게 특정인에 관한 허위 제보를 하였는데, 그 제보가 기사화된 경우 제보자를 명예훼손으로 고소할 수 있을까? 만약 제보를 했는데 기사가 되지 않았다면 어떻게 될까? 기자에게 허위제보를 했다면 제보 그 자체로 공연성이 인정되는 것 아닐까?'라고 생각을 하게 될 것이다. 그러나 법은 그렇지 않다.

일반인에게 허위사실을 이야기한 경우에는 그 이야기 자체로서 그때부터 곧 전파가능성을 따져 공연성 여부를 판단하지만, 기자에게 허위제보한 경우에는 기사화되어 보도되어야만 비로소 적시된 사실이 외부에 알려진다고 본다. 따라서 기자에게 허위제보를 했더라도, 기자가 취재를 한 상태에서 아직 기사화하여 보도하지 아니한 경우 혹은 기사화하지 않은 경우에는 전파가능성이 없다고 할 것이어서 공연성이 인정되지 않는다(대법원 2000. 5. 16. 선고 99도5622 판결 등 참조).

그렇다면 허위사실인 경우에 기사화되면 어떻게 될까?

이 경우에는 허위사실 명예훼손이 인정된다. 물론 기자가 그것도 모르고 가짜 기사를 쓰냐고 반박할 수도 있지만 법은 제보자도 처벌한다. 그렇기 때문에 괜히 보복성으로 제보를 한다거나 또는 허위사실을 제보해서는 안 된다. 언제나 조심조심 또 조심하자. 허위제보는 형사처벌의 대상이 된다.

따끈따끈 최신판례 3

허위 사실로 이태원 참사 사망자 명예훼손, 집행유예 VS 벌금?

A씨는 2022년 10월 31일 본인의 집에서 한 인터넷으로 '전 프로야구단 치어리더 사망'이라는 제목의 게시글에 '신체 접촉을 하다 뒤엉켜 사망했다'는 취지의 댓글을 달았다. 하지만 이태원 참사 사망자들이 성적 행위를 한 바 없으므로 이는 허위 댓글이다.

사자명예훼손은 친고죄이다. 일부 유족들이 나서서 A씨를 사자명예훼손으로 고소하였다.

검찰이 사자명예훼손 및 정통망법위반(음란물유포혐의)으로 기소하였고, 대전지방법원에서는 벌금 500만 원을 선고했다.

불행한 참사로 인해 사랑하는 가족을 잃은 피해자의 유족들이 A씨의 범행으로 또다시 정신적 고통을 겪은 점을 인정하면서도 A씨가 반성하고 있고, 초범인 점을 고려하여 중한 벌금형을 선고하였다.

명예훼손과 모욕은 어떻게 구별하나?

;

명예훼손과 모욕은 실제로 구체적인 사안에 들어가면
양자의 구분이 쉽지 않아 법원과 검찰,
판사마다 그 판단이 달라지는 경우가 상당히 많다.

명예훼손과 모욕의 구분이 중요한 이유는?

명예훼손이나 모욕은 모두 명예에 관한 죄로 사람의 각자가 가지는 드러난 명예를 지켜주고자 한다. 그러나 명예훼손죄는 사실을 이야기해 외적 명예를 훼손하는 것이지만, 후자는 단순 모욕해 외적 명예를 훼손하는 것으로, 형법상 적용 조문이 다르고, 처벌 수위도 상당한 차이가 난다.

명예훼손은 반의사불벌죄이므로 피해자가 아니더라도 제3자가 고발할 수 있으나, 모욕죄는 친고죄이므로 피해자만이 고소할 수 있다. 특히 친고죄인 모욕죄는 고소 기간에 제한이 있어 범인을 안 날로부터 6개월이 지나면 고소할 수 없다.

명예훼손과 모욕의 구분이 쉬울까?

대법원은 판단한 진술이 사실인가 또는 의견인가를 구별함에 있어서는 언어의 통상적 의미와 용법, 입증가능성, 문제 된 말이 사용된 문맥, 그 표현이 행하여진 사회적 상황 등 전체적 정황을 고려하여 판단하여야 하고(97도2956), 어떠한 표현이 사실을 적시하는 것인가 아니면 단순히 의견 또는 논평을 표명하는 것인가, 또는 의견 또는 논평을 표명하는 것이라면 그와 동시에 묵시적으로라도 그 전제가 되는 사실을 적시하고 있는 것인가 그렇지 아니한가의 구별은, 당해 표현의 객관적인 내용과 아울러 일반의 독자가 보통의 주의로 표현을 접하는 방법을 전제로 표현에 사용된 어휘의 통상적인 의미, 표현의 전체적인 흐름, 문구의 연결 방법 등을 기준으로 판단하여야 하고, 여기에다가 당해 표현이 게재된 보다 넓은 문맥이나 배경이 되는 사회적 흐름 등도 함께 고려하여야 한다고 한다(대법원 2007. 7. 13. 선고 2006도6322 판결).

너무 어렵다. 읽어도 어렵고 무슨 말인지 모르겠다. 표현이 다의적인지 여부, 구체적 내용, 일시, 장소, 목적, 방법 등이 특정되는지 여부, 핵심적 의미를 파악할 수 있는지 혹은 독자에 따라 달리 볼 여지가 있는지 여부 등을 기준으로 사실의 적시인지 혹은 의견 또는 평가의 표명인지를 판단해야 한다는 말에는 판사나 검사나 변호사나 모두 동의한다. 하지만 실제로 구체적인 사안에 들어가면 양자의 구분이 쉽지 않아 법원과 검찰, 판사마다 그 판단이 달라지는 경우가 상당히 많다.

사실의 적시란 무엇인가?

이 또한 참 어려운 문제다. 사실의 "적시"란, 말한 내용이 현실적으로 발생하고, 증명 즉 입증할 수 있는 것이어야 사실이고, 가치판단이나 평가를 내용으로 하는 의견 표현인 경우에 해당하면 사실이 아니므로 명예훼손이 아니라 모욕 해당성 여부를 살펴봐야 한다.

사실의 적시는 시간, 공간적으로 구체적인 과거, 현재의 사실관계에 관한 보고 내지 진술을 의미하는데, 그 표현 내용이 증거에 의해 증명 가능한 것, 좀 더 쉽게 설명하자면 O, X 판단이 가능한 것을 말한다(대법원 1998. 3. 24. 선고 97도2956 판결 참조). 공지의 사실적시[•]도 사실적시에 해당하고, 장래의 일을 적시하더라도 그것이 과거 또는 현재의 사실을 기초로 하거나 이에 대한 주장을 포함하는 경우에는 사실적시에 포함된다.

진정 사건이 혐의 인정되지 않아 내사종결 처리되었는데, "사건을 조사한 경찰관이 내일부로 검찰청에서 구속영장이 떨어진다"고 허위사실을 말한 것은 현재의 사실을 기초로 하거나 이에 대한 주장을 포함하여 장래의 일을 적시한 것이므로, 사실의 적시에 해당한다(대법원 2003. 5. 13. 2002도 7420).

또한, 직접 경험한 사실뿐 아니라 추측이나 소문에 의한 사실도 포함된다.

피해자가 처자식이 있는 남자와 살고 있다고 하다는데 아느냐고 한 피고인의 언동은 피해자의 사회적 평가를 저하시킬 가능성이 있는 불륜관계를 유포한 것이어서 구체성 있는 사실적시에 해당한다고 볼 수 있다(대법원 1985. 4. 23. 선고 85도431 판결).

배우 송혜교에 대해 스폰서 의혹을 제기하며 '새누리 할배들 스폰서로 둔 X는 좋아할 수 없지', '송탈세 뒤에 뭔가 있는 듯' 등 댓글 등에 대해서는 명예훼손죄가 인정되었다.

• 명예훼손죄가 성립하기 위해서는 반드시 숨겨진 사실을 적발하는 행위만에 한하지 아니하고, 이미 사회의 일부에 잘 알려진 사실이라고 하더라도 이를 적시하여 사람의 사회적 평가를 저하시킬 만한 행위를 한 때에는 명예훼손죄를 구성하는 것으로 봄(대법원 1994.4.12. 선고 93도3535)

"동성애자"와 같은 가치중립적 표현도 사실적시에 해당할 수 있다.

> A가 피해자가 동성애자라는 내용의 글을 인터넷사이트에 게시하면서 동성애자라는 가치중립적인 표현을 사용한 경우, 현재 우리 사회에서 자신이 스스로 동성애자라고 공개적으로 밝히는 경우 사회적으로 상당한 주목을 받는 등 사회 통념상 그로 인하여 특정인의 사회적 평가가 저하되었다고 판단되므로 명예훼손죄가 성립한다(대법원 2007. 10. 25. 선고 2007도5077 판결).

하지만 '박정희 대통령은 사실 사이보그로 개조되어 철권에 나온다'와 같이 누가 봐도 거짓임을 알 수 있을 정도로 허황된 경우에는 그로 인해 망인의 사회적 평가가 훼손되었다고 보기 어려우므로 명예훼손이 성립하지 않는다. 적시된 사실이 진실인지 허위인지에 따라, 전자의 경우에는 제307조 1항에 해당되고, 후자인 경우에는 제307조 제2항에 해당하는 명예훼손죄가 성립하게 된다.

다만, 소문의 유포자가 진실한 사실이라고 믿고 있었고 그럴 만한 충분한 근거가 있었던 경우에는, 객관적으로 허위의 사실이라고 하더라도 사실적시 명예훼손죄 성립이 문제된다(대법원 2017. 4. 26. 선고 2016도18024 판결).

모욕이란 무엇인가?

모욕은 앞서 사실을 적시하지 아니하고 사람의 사회적 평가를 저하시킬 만한 추상적 판단이나 경멸적 감정을 표현하는 것을 말한다(대법원 2021. 3. 25. 선고 2017도17643 판결 [모욕]).

모욕 역시 어떠한 표현이 상대방의 인격적 가치에 대한 사회적 평가를 저하시킬 만한 것이 아니라면 설령 그 표현이 다소 무례한 방법으로 표시되었다 하더라도 모욕죄로 처벌할 수 없다(대법원 2018. 11. 29. 선고 2017도2661 판결). 즉 모욕적이고 경멸적인 말이라도 개인의 인격가치를 저하시키지 않으면 처벌할 수 없다는 말이다. 그런데 모욕은 상당히 넓게 해석을 하기 때문에 욕설은 거의 모욕으로 처벌받는다. ㅁㅊㄴ도 모욕으로 처벌받았다.

체조선수 손연재를 '돈연재'라고 하며 '더 X되기 전에 은퇴코스 밟네'라고 한 댓글이나, 유명 웹툰 작가를 '한남충'이라고 쓴 댓글, '강용석=쓰레기'라는 댓글 등은 모욕죄가 인정된다.

명예에 관한 죄, 검찰은 명예훼손으로 기소, 하지만 법원은 모욕이라고 판단

앞서 설명한 것처럼 검사와 판사, 법원의 각 심급 간에도 어떤 표현이 명예훼손인지 모욕인지에 대해 의견이 갈리는 경우는 많다. 검찰이 명예훼손으로 기소했으나, 법원이 모욕이라며 무죄를 선고한 대표적인 사건들을 알아보자.

"늙은 화냥년의 간나, 너가 화냥질을 했잖아."

검찰은 위 발언을 명예훼손으로 기소하였지만, 법원은 피해자의 사회적 평가를 저하시킬 만한 구체적 사실의 적시라기보다는 피고인이 피해자의 도덕성에 관하여 경멸적인 감정표현을 과장되게 강조한 욕설에 불과한 것으로서 이를 명예훼손죄로 의율할 수는 없다고 판단(대법원 1987. 5. 12.

선고 87도739 판결).

"빨갱이 계집년" "만신(무당)" "첩년"

검찰이 위 표현에 대해 명예훼손으로 기소하였으나, 법원은 이는 단지 모멸적인 언사를 사용하여 타인의 사회적 평가를 경멸하는, 자기의 추상적 판단을 표시하는 것으로 사람을 모욕한 경우에 해당한다고 판단(대법원 1981. 11. 24. 선고 81도2280 판결).

"아무것도 아닌 똥꼬다리 같은 놈"

검찰은 위 표현도 명예훼손으로 기소하였으나, 법원은 이는 모욕적인 언사일 뿐 구체적인 사실의 적시라고 할 수 없다고 판단(대법원 1989. 3. 14. 선고 88도1397 판결).

"개 같은 잡년아, 시집을 열두 번을 간 년아, 자식도 못 낳는 창녀 같은 년"

검찰은 위 발언을 명예훼손으로 기소하였지만, 법원은 위 발언 내용은 그 자체가 피해자의 사회적 평가를 저하시킬 만한 구체적 사실이라기보다는 피해자의 도덕성에 관하여 가지고 있는 추상적 판단이나 경멸적인 감정표현을 과장되게 강조한 욕설에 지나지 아니하므로, 모욕에는 해당할지언정 명예훼손에 해당한다고 보기 어려움(대법원 1985. 10. 22. 선고 85도1629 판결).

"애꾸눈, 병신"

검찰은 위 발언을 명예훼손으로 기소하였으나, 법원은 위 발언 내용은 피고인이 피해자를 모욕하기 위하여 경멸적인 언사를 사용하면서 욕설을 한 것에 지나지 아니하고, 피해자의 사회적 가치나 평가를 저하시키기에 충분한 구체적 사실을 적시한 것이라고 보기는 어려움(대법원 1994. 10. 25. 선고 94도1770 판결).

"늙은 화냥년의 간나, 너가 화냥질을 했잖아아", "빨갱이 계집년", "만신(무당)", "첩년", "아무것도 아닌 똥꼬다리 같은 놈", "애꾸눈", "병신" 등과 같은 표현은 검찰은 명예훼손이 아니라 모욕으로 기소했다면 유죄가 선고되었을 표현들이다. 딱 읽어봐도 모욕은 분명히 되리라고 보여지는 경멸적인 단어이다. 한마디로 검찰이 잘못된 죄명으로 기소한 것이다.

이런 경우 법원이 검찰에 공소장변경을 요구해야 할까? 아니면 피고인의 이익을 위해 아무런 언급을 하지 않고 판결로만 말하면 될까?

우리 법은 '피고인의 이익으로'라며 피고인을 두둔하는 이론이 많다. 무죄추정의 원칙, 국선변호인 그리고 불이익변경의 원칙, 법률불소급의 원칙, 피고인의 이익 원칙 등 피해자 입장에서 고민해 보면 이리저리 왜 범죄자인 피고인을 두둔하고 보호하는지 모르겠다는 생각이 든다.

사실 열 사람을 놓쳐도 한 명의 무고한 사람을 구해야 한다는 이론이 공부할 당시에는 참 멋져 보였는데 내가 피해자가 되고 보니 욕이 나올 만큼 화가 나는 것은 내가 낸 세금으로 나를 모욕한 자가 국선변호인을 선임하여 그 변호인이 나를 증인으로 불러 모욕스런 질문을 할 때였다. 결국 입장 바꿔 보면 용서가 안 되는 일들을 사람들은 쉽게 용서하라고 하는 것을 스스로 겪어 보니 깨닫게 된다. 검찰의 실수로 피해자는 얼마나 눈물을 흘리게 되었을까? 법원에서 무죄라고 해서 다 무죄가 아니란 것을 깨닫게 되는 판례가 생각보다 많다는 것을 알게 된다.

명예훼손인지 모욕인지 법원도 헷갈리는 사례들

> 법원도 오락가락 사례: **"대머리"**[•]
>
> 온라인 채팅방에서 상대를 '촉빠거 대머리'라는 글을 올렸는데, '촉'은 A의 게임상 닉네임이고, '빠거'는 머리가 벗겨졌다는 뜻의 속어이다.
> 이에 화가 난 A가 명예가 훼손됐다며 고소했다.

1심 재판부는 명예훼손에 대해 무죄를 선고했다. A를 대머리라고 불렀다 하더라도 이는 신체적 특징을 묘사한 말일 뿐 객관적으로 피해자의 사회적 가치 내지 평가를 떨어뜨리는 사실이라고 보기 어렵고, 대머리는 표준어에 해당하므로 단어 자체에 어떤 경멸이나 비하의 뜻이 있다고 보기 어렵다고 판단했다.

그러나 항소심은 명예훼손에 대해 유죄를 선고했다. 현대의학에서는 대머리라는 것을 일종의 질병으로 보는 견해도 있고, 통상 일반인이 대머리라는 표현을 들었을 때 부정적인 의미로 받아들일 여지가 없지 않으므로 사회적 가치 평가를 저하시키는 표현에 해당한다고 보았다.

하지만 대법원은 명예훼손이 아니라 모욕이고, 모욕도 사회적 평가를 저해할 수준에 이르지 않았으므로 무죄라고 판단했다. 대머리라는 표현은 사실의 적시가 아니라 피해자에 대한 경멸적인 감정을

• 2019. 10. 21. SBS, [사실은] "이 대머리야" 악플 공격, 처벌 가능? 불가능? 기사

표현해서 모욕을 주기 위해 사용한 것으로 볼 수 있고, 객관적으로 그 표현 자체가 상대방의 사회적 가치나 평가를 저하시키는 것이라거나 그의 충분한 구체적 사실을 드러낸 것으로 보기는 어렵다. 대머리가 일종의 질병이라는 견해도 있고, 대머리인 남성은 정력이 강하다는 징표로 해석되어 오히려 자랑스럽게 생각하는 경우도 있지만, 신체적 정신적으로 상당히 열등감을 느끼는 사람들도 많다.

그래서 몸싸움 도중 '대머리'라고 모욕감을 주었다는 이유로 순간적으로 화가 나서 동료를 흉기로 찔러 살해하는 말도 안 되는 일이 발생하기도 했는데, 그 사람은 징역 13년을 선고받았다.** 참고로 영국에서는 탈모 남성을 '대머리'라고 부르면 성희롱에 해당한다는 판결이 선고되기도 했다.***

탈모 환자인 A는 공장장인 B가 2019년 7월 자신을 '대머리 망나니'라고 불렀다며 성희롱 혐의로 고소했고, 영국 법원은 탈모는 여성보다 남성에게 훨씬 더 많이 발생하기 때문에 누군가를 묘사하기 위해 대머리라는 말을 사용하는 것은 일종의 차별이고, 직장에서 남성의 대머리에 대해 언급하는 것은 여성의 가슴 크기를 언급하는 것과 동일하다고 판단했다.

영국 법원은 "남성뿐만이 아니라 여성들도 대머리인 사람이 많다"며 성희롱이 아니라는 주장에 대해, "가슴 크기를 언급하며 성

** 2019. 4. 12. 파이낸셜뉴스, "대머리" 놀림에 흉기로 동료 살해한 30대… '징역 13년' 기사
*** 2022. 5. 14. 머니투데이, "남자에게 '대머리'라고 놀리면 성희롱"…英법원 판결 화제 기사

희롱할 때 당하는 사람의 대부분은 여성일 가능성이 높고, 대머리 역시 여성보다는 남성에게 훨씬 더 만연해 있어 성희롱으로 볼 수 있다"며 그 주장을 배척했다.

그렇다면 대머리라는 표현은 최소한 상대방의 사회적 가치나 평가를 저하시키는 표현이라고 봐야 하지 않을까?

그러나 대한민국 국민은 "남성의 대머리"를 언급하는 것은 "여성의 가슴 크기"를 언급하는 것과 동일하다고 판단한 영국 법원의 판단에 동의할까? 대머리인데 대머리라고 하면 사실적시 명예훼손, 대머리가 아닌데 대머리라고 하면 허위사실 명예훼손 이게 정답 아닐까?

학교 다닐 때 일이 생각이 난다. 교수님이 어떤 여학생에게 "너는 이쁘니까 공부 안 해도 된다"라고 하시니 그 옆에 애가 "저는요?"라고 물으니 "넌 못생겼으니까 공부 열심히 하라"고 했다.

누가 더 모욕적이었을까? 그 교수님은 요즘 시대 살았으면 바로 고소당했을 것이다.

법원도 오락가락 사례:

"이혼한 사람이 부정 타게 왜 당산제에 왔는지 모르겠다"•

A씨는 2019년 1월 8일 주민자치위원 B씨와 주민자치위원 해촉 문제로 전화통화를 하던 중 이혼한 사람 등이 당산제 행사에 참여하면 부정 탄다

• 2022. 5. 30. 아시아경제, 대법 "'남편과 이혼한 사람이 왜 당산제에 왔는지 모르겠다'는 의견 표명"…"명예훼손죄 아냐" 기사

는 소문이 있다면서 B씨에게 "어제 열린 당산제 행사에 남편과 이혼한 C씨 도 참석을 해서 행사에 참여한 사람들 사이에 안 좋게 평가하는 말이 많았다"라고 말했다.
A씨는 다음날 과거 주민자치위원장을 맡았던 D씨 등 7~8명의 주민과 식사 모임을 갖던 중 "C씨는 이혼했다는 사람이 왜 당산제에 왔는지 모르겠다"는 취지로 얘기했다.

검찰은 A씨를 C씨에 대한 명예훼손 혐의로 기소했고, 1심 법원은 A씨에게 명예훼손죄가 성립한다며 벌금 100만 원을 선고했다.

이혼했다는 사실 자체만 언급했다면 명예훼손죄가 성립할 수 없지만 A씨의 발언에는 당산제에 참석한 이혼녀 C씨에 대한 비난이 담겨 있기 때문에 이혼한 사람의 사회적 가치 내지 평가를 침해할 수 있는 내용이어서 명예훼손에 충분히 해당한다고 보았기 때문이다.

그러나 대법원의 판단은 달랐다.

피고인이 이 사건 발언을 통해 피해자에 관해 적시하고 있는 사실은 '피해자가 이혼했다'는 사실과 '피해자가 당산제에 참여했다'는 것이다. 그런데 우리 사회의 발전과 가족생활의 변화에 따라 혼인 제도에 대한 사회일반의 인식도 변화해 이혼에 대한 부정적인 인식과 평가가 점차 사라지고 있으므로, 피고인이 피해자의 이혼 경위나 사유, 혼인관계 파탄의 책임 유무를 언급하지 않고 이혼 사실 자체만을 언급한 것은 피해자의 사회적 가치나 평가를 떨어뜨린다고 볼 수 없고, '피해자가 당산제에 참여했다'는 것 자체로는 가치중립적인 사실로서 피해자의 사회적 가치나 평가를 침해한다고 보기 어렵다.

"피고인은 주민 사이에 '이혼한 사람이 당산제에 참여하면 부정을 탄다'는 인식이 있음을 전제로 이 사건 발언을 한 것으로서, 이혼한 피해자가 당산제에 참여한 것에 대해 불만을 토로한 것이므로, 이는 피해자에 관한 과거의 구체적인 사실을 진술하기 위한 것이 아니라 당산제 참석과 관련해 피해자가 이혼한 사람이기 때문에 '부정적 영향'을 미칠 수 있음을 언급한 가치판단이나 평가로 보인다"라고 판결한 것이다. 그런데 이혼한 것을 알리고 싶지 않을 수 있고 부정 탄다는 말을 듣고 모욕적일 수도 있는데 피해자만 억울한 사건이 아닐까 싶다.

법원도 오락가락 사례: 문재인은 공산주의자?[*]

고영주 전 방송문화진흥회 이사장은 2013년 1월 4일 우파 시민단체 대표 등 500명이 모인 애국시민사회진영 신년하례회에서 "문재인은 공산주의자이고 대통령이 되면 우리나라가 적화될 것을 확신한다", "문재인은 부림사건[**]을 맡은 변호인이었고 부림사건은 민주화운동이 아니고 공산주의운동이었다"고 발언했다.

이에 문재인은 고 전 이사장이 허위사실을 적시해 명예를 훼손했다며 2015년 9월 1억 원의 손해배상청구 소송과 함께 형사고소를 하였다.

[*] 2022. 9. 16. 뉴스1, 고영주 "문재인은 공산주의자"…대법 "명예훼손 아냐" 파기환송 기사

[**] 부림사건은 1981년 교사와 학생, 회사원 등 20여 명이 국가보안법 · 반공법 위반 등 혐의로 기소된 사건으로 피해자들은 재심을 통해 2014년 무죄를 선고받고, 고 전 이사장은 부림사건의 수사검사였으며, 문 전 대통령은 재심 때 변호인이었음

1심[***]·2심[****]은 자신의 발언이 문 전 대통령에 대한 의견표명 또는 평가에 해당해 명예훼손이 성립하지 않는다는 고 전 이사장의 주장에도 불구하고 명예훼손에 대해 유죄를 선고했다.

그러나 대법원은 달랐다.

고 전 이사장의 발언은 고 전 이사장의 경험을 통한 문재인의 사상·이념에 대한 의견 또는 입장표명이고, 원고의 명예를 훼손할 만한 구체적인 사실의 적시라고도 보기 어려우며, 표현의 자유의 한계를 일탈한 위법한 행위라고 볼 수 없다고 판단했다. 어느 한 개인이 공산주의자인지 여부는 그 개념의 속성상 그가 가지고 있는 생각에 대한 평가일 수밖에 없고, 공산주의자로서의 객관적·구체적 징표가 존재하지도 않는다.

고 전 이사장의 발언은 공적 인물인 문재인의 정치적 이념에 대한 의견교환과 논쟁을 통한 검증과정의 일환이고, 문재인의 사회적 평가에 대한 부정적인 측면만을 부각해 표현의 자유의 한계를 일탈했다고 평가하는 것은 바람직하지 않다.

고 전 위원장의 위 발언과 비슷한 사건이 바로 전광훈 목사의 문재인 간첩발언 사건이다.

*** 1심은 "공산주의자 관련 발언은 원고에 대한 사회적 명성과 평판을 크게 손상하는 것으로 명예훼손 행위이자 인격권을 침해하는 불법행위"라고 판단

**** 2심은 "감정적이고 모멸적인 언사를 사용해 원고의 명예를 여러 사람 앞에서 훼손하고 인격권을 침해했고, 피고의 발언이 매체를 통해 널리 알려지면서 이후 많은 사람이 비슷한 취지의 발언을 하게 됐던 것으로 보여 파장이 가볍지 않다"고 하였음

전 목사는 21대 총선을 앞둔 2019년 12월 초부터 2020년 1월경까지 기도회와 집회 등에서 "문재인 대통령은 간첩", "대한민국을 공산화하려고 시도했다"는 발언을 해 문재인 전 대통령의 명예를 훼손한 혐의로 기소되었다.

1심과 항소심은 모두 "간첩"이라는 발언은 공적 인물인 대통령의 정치적 성향 내지 이념을 비판하는 취지의 의견 표명 내지 수사학적 과장이므로 사실적시라기보다 정치적 행보를 비판하는 과정에서의 과장으로 보아 무죄를 선고했다.*

정치적 이념의 경우 평가적인 요소가 수반될 수밖에 없어 증거에 의해 증명하는 것은 사실상 불가능하고, 표현의 자유는 좌우의 문제가 아니며, 논쟁 과정에서 과장이 있다고 하더라도 그것에 대해 법적인 책임을 지우는 것은 표현의 자유를 위축시킨다. 그래서 공론의 장에 나선 공적 인물 등에 대한 표현의 자유는 최대한 보장돼야 하므로, 고 전 이사장과 전 목사에 대한 위와 같은 판결은 너무나도 당연하다.

하지만 이와 달리 "문재인은 빨갱이"를 외쳤던 전직 교수에 대해서는 명예훼손으로 벌금형이 확정되었다.**

지난 19대 대선을 앞두고 문재인 당시 대선후보를 비방한 혐의

* 2022. 3. 17. 이데일리, "문재인은 간첩" 전광훈 목사, 공직선거법 위반 · 명예훼손 무죄 확정 기사
** 2022. 6. 1. 동아일보, "문재인은 빨갱이" 외쳤던 전직 교수…명예훼손으로 벌금형 확정 기사

를 받는 최우원 전 부산대 교수는 지난 2017년 2월부터 2달간 전국을 돌며 7차례 걸쳐 문재인 당시 후보를 향해 '빨갱이', '간첩 두목'이라는 표현을 썼는데, 법원은 모욕을 유죄로 인정했다.

빨갱이는 공산주의를 지칭하는 말이다. '문재인 공산주의자'는 괜찮은데, '문재인 빨갱이'는 안 된다는 법원의 판단이다. 그렇다면 이제 누구에게나 공산주의자라고 해도 되는 걸까? 근데 왜 빨갱이는 명예훼손이 된 걸까? 빨갱이는 빨간색의 빨갱이가 아니다. 파르티잔에서 나온 말이다. 아마 그래서 그런 거 아닐까 싶은데… 빨갱이의 뜻을 그대는 정확히 아는가?

법원도 오락가락 사례: **횡령범에게 사기꾼이라 한 경우**•••

같은 종친회 소속인 A씨와 B씨는 지난 2017년 11월경 경북 포항에서 열린 대구종친회 총회에서 회장직 선출 인사말을 하려던 C씨를 가리켜 "남의 재산을 탈취한 사기꾼이다. 사기꾼은 내려오라"고 말하였다.
C는 A, B,를 허위사실 명예훼손으로 고소하였고, 재판을 받게 되었다.

1심과 항소심은 명예훼손에 대해 유죄로 선고했다.

횡령죄로 처벌받은 전력이 있을 뿐 사기죄 전과가 없는데도 사기꾼이라고 한 것은 허위사실의 적시에 해당한다고 보았다. 또한, 그로 인해 피해자에 대해 훼손될 수 있는 명예의 침해 정도가 가볍

••• 2022. 2. 25. 연합뉴스, 횡령 전과 언급하며 '사기꾼' 지칭…대법 "명예훼손 아냐" 기사

지 않고, 해당 총회 자리에 수백 명의 종원들이 참석해 공표된 범위가 넓고, 회장직 선출 인사말을 하려는 피해자의 말을 가로막고 말한 점 등에 비춰 볼 때 오로지 공공의 이익에 관한 것이라고 보기도 어렵다는 이유로 유죄를 선고했다.

하지만 대법원은 판단은 달랐다. 무죄로 본 것이다.

피고인들의 주된 발언 취지는 피해자가 다른 사람의 재산을 탈취한 전력이 있다는 것으로 피해자에게 특가법위반(횡령)죄의 전과가 있는 이상 주요 부분에 있어 객관적 사실과 합치되는 것으로 볼 수 있다. 사기꾼이라는 표현도 피해자의 종친회 회장 출마에 반대하는 의견을 표명한 것이거나 다소 과장된 감정적 표현으로 이해할 수 있으므로 사실의 적시라고 보기 어렵다.

법률전문가가 아닌 일반인의 입장에서는 '횡령'과 '사기꾼'이라는 말로 해당 범죄를 평가할 수도 있는 일이니 단순히 허위사실로 보기 어렵고, 회장 출마에 반대하는 의견을 표명한 것이거나 다소 과장된 감정적 표현이므로 모욕은 될지 모르지만 명예훼손은 아니다. 또한, 범죄전력과 같은 개인적인 사항이라고 하더라도 피해자가 종친회 회장으로 출마함으로써 공공의 이익과 관련성이 발생했고, 종친회 회장으로서의 적격 여부는 종친회 구성원들 전체의 관심과 이익에 관한 사항에 해당하므로 형법 제310조를 적용해야 한다.

명예훼손이 인정된 사례들은 어떤 것이 있나?

부정행위했다고 '상간男女라는 메시지를 보냄'[•]

2020년 결혼한 A씨는 출산 직후이던 지난해 남편의 휴대전화를 우연히 봤다가 남편이 전 여자친구 B씨와 연락을 주고받은 사실을 알게 되었는데, B씨는 남편이 A씨를 만나기 전 사귄 여성이었다.

추궁에 나선 A씨는 남편으로부터 "반년 전쯤에 사회관계망서비스(SNS)를 통해 내가 먼저 연락해 카카오톡 메시지 등을 주고받았다"는 답변을 들었고, 남편의 휴대전화를 확인한 결과 B씨가 자신의 남편에게 수차례 전화해 통화한 사실을 확인했다.

A는 다시 남편을 추궁해 실제 만남이 있었는지 물었고, 남편은 "낮에 한 번 만난 적이 있고 밤에 B씨 집에 가서 잠을 잔 적이 있지만 결코 잠자리를 가진 적은 없다"고 말했다.

분노한 A씨는 B씨에게 욕설이 담긴 문자를 수차례 보냈고, B씨가 고소하겠다고 경고하자 "상간 소송을 제기할 테니 (일정을) 맞추자"는 답문을 보내기도 했다.

그리고, A씨는 B씨의 SNS 계정에 "상간녀"라는 댓글을 수차례 남겼고, 지역 SNS 커뮤니티 등에 "상간녀 소송 준비 중"이라는 내용과 함께 B씨의 직업 등 신상을 특정할 수 있는 정보들을 올리기도 했다.

상간녀라는 표현은 성관계를 가졌다는 의미이다. 그런데 성적 접촉의 증거가 없는 상황에서 상간남녀라고 쓴 글은 B 등이 성관계를 가졌다고 오인할 수 있으므로 명예훼손에 해당한다. A씨의 남

• 2022. 7. 21. 이데일리, 부정행위했다고 '상간男女'?…명예훼손 될 수도 [사랑과전쟁] 기사

편과 B씨가 부적절한 행위를 했다는 의심만으로 A씨가 B씨를 "상간녀" 운운한 메시지를 보낸 것은 죄가 된다.

의외로 문자를 보내거나 공개적으로 이야기를 해서 유죄가 된 경우도 많다. 그런데 이제는 문자를 자주 보내면 이것이 스토킹처벌법에도 해당하기 때문에 문자를 보내거나 찾아가고 말을 하는 것도 신중을 기해야 한다.

절도한 초등학생 CCTV 캡처 사진을 글과 함께 게시한 경우*

초등학교 1학년 학생이 한 편의점 비타500과 초콜릿 등을 절도한 적이 있는데, 해당 학생의 부모와 편의점 점주가 합의를 시도하였으나 실패하였다. 그러자 편의점 점주가 편의점 내로 출입하는 출입문 2개소에 A4용지에 '최근 도난 신상정보 공개'라는 제목으로 '○○초등학교 1학년'이라고 기재하고 이름란은 공란으로 둔 채 '지속적으로 3개월 이상 물건을 훔쳐감'이라고 적은 게시물과 함께 그 밑에 위 피해자가 물건을 가방에 넣는 장면과 얼굴이 촬영된 CCTV 화면을 캡처하여 출력한 사진 8장을 부착하고 그곳을 출입하는 동부초등학교 학생 및 일반인들이 볼 수 있도록 게시하였다.

법원은 초등학생이 범죄를 저지른 것이 사실이라 하더라도 어린 피해자의 명예를 훼손한 것이라며 벌금 400만 원을 선고했다. 그런데 만약 편의점 업주가 아무런 글을 쓰지 않고, 그 학생이 물건을 가방에 넣는 장면과 얼굴이 촬영된 CCTV 화면을 캡처하여 출력한

* 2018. 4. 16. 중앙일보, 초콜릿 훔친 7살 사진 초등학교 앞 편의점에 붙인 주인 기사

사진만을 부착하고 그곳을 출입하는 동부초등학교 학생 및 일반인들이 볼 수 있도록 게시한 경우에는 명예훼손죄가 될까?

명예훼손이나 모욕은 특정인에 대한 사회적 평가를 저해시키는 내용을 언어나 문자 등으로 표현한 것을 전제로 한다. 그러다 보니 그 학생이 물건을 가방에 넣는 장면과 얼굴이 촬영된 CCTV 화면을 캡처하여 출력한 사진 자체가 명예훼손죄나 모욕죄에 해당된다고 보기 어렵다.

이해가 안 갈 것이다. 그럼 단순히 사진만 붙이면 무죄일까?

혹시라도 정말인지 궁금해서 따라 하지 말길 바란다. 판례도 바뀌고 세상도 바뀌기 때문에 또 어떻게 바뀔지 모른다. 그런데 지금 법령대로 해석을 하면 문자나 언어로 표현한 것이니까 사진만 붙이면 안 된다? 그 아동과 부모는 속이 타지만 대응방법은 없을 것이다. 그런데 점주의 입장도 너무 화가 날 것 같다.

"넷째 부인" 혹은 "첩"

이 표현은 우리 사회의 일반 관념상 부도덕한 성적 관계를 암시하는 단어인데, A와 B가 위와 같은 부첩관계에 해당한다고 볼 만한 직접적인 증거가 없는데도 C가 위 발언을 반복하였다.

그 발언의 경위나 횟수, 표현의 구체적 방식과 정도 및 맥락, C의 의사를 전달하기 위하여 반드시 위와 같은 어휘를 선택할 필요성이 없는 점 등을 고려해 볼 때, 정당한 비판의 범위를 벗어나 A와 B가의 부정한 성적 관계를 암시함으로써 그들의 사회적 가치 내지 평가를 저하시키는 허위사실의 적시에 해당한다(대법원 2014. 9. 4. 선고 2012도13718 판결).

즉, 남의 이야기를 잘 알지도 못하면서 떠들면 반드시 책임을 진다. 그런데 왜 사람들은 남의 이야기를 하고 흉을 보려 할까? 결국 형사처벌을 받아 자신의 전과로 남게 된다.

명예훼손이 인정되지 않은 사례들은 어떤 것이 있을까?

> **박수현 전 청와대 대변인이**
> **“여자 문제로 대변인직을 사퇴했다”는 발언**•
>
> 강용석 변호사는 가로세로연구소 유튜브 방송에서 박수현 전 청와대 대변인이 “여자 문제로 대변인직을 사퇴했다”고 발언했다
> 검찰은 박수현 전 대변인이 여성 문제로 청와대 대변인직에서 사퇴한 것이 아니므로 허위사실유포에 해당한다고 보고 기소했다.

쟁점은 강 변호사 위 발언의 취지가 무엇인지이다. 박 전 대변인이 여자 문제로 충남지사직을 사퇴한 것은 사실로 보이고, 다만 대변인직 사퇴는 여자 문제와 상관없는데, 여자 문제로 대변인직을 사퇴했다고 한 것이므로 허위라는 것이다.

하지만 강 변호사는 여자 문제로 사퇴했다는 것을 말한 것이고, 여자 문제로 사퇴한 것에 의미를 둔 것이지 대변인직인지 충남지사직인지가 관심이 아니라고 주장했다. 전체적인 방송 내용을 보

• 2023. 5. 31. 더팩트, '선거법 위반' 강용석 1심 벌금 200만 원…명예훼손은 무죄 기사
2023. 5. 31. 중앙일보, 가세연 선거법 유죄…강용석 '박수현 여자 문제' 발언은 무죄 기사

면 강용석 등이 언급하고자 한 바는 박 전 대변인의 부패 및 불륜 의혹이고, 박 전 대변인이 어느 직에서 사퇴했는지는 중요한 부분이 아니다.

방송 당시 영상에서 참조화면으로 게시한 기사와 페이스북 글 등이 모두 충남도지사 예비후보 사퇴와 관련된 것이므로 방송을 본 시청자는 강 변호사의 발언에도 불구하고 충남도지사 예비후보 사퇴를 말하는 것을 충분히 알 수 있었다. 또한, 대변인직 사퇴 시점(2018년 2월 2일)과 도지사 후보 사퇴 시점(2018년 3월 14일)은 두 달 남짓으로 시간의 거리가 길지 않았으며, 피해자가 충남도지사 예비후보에서 사퇴한 건 여자 문제와 관련한 사정 때문이었다.

따라서 방송 내용이 허위사실이라고 보기도 어렵다는 이유로 강 변호사에게 무죄를 선고한 것은 당연하다. 방송을 하다 보면 정말 작은 실수로도 고소당할 수 있다. 그렇기 때문에 많은 유튜버들은 방송에서는 특히 조심해야 할 것이다.

이것이 모욕일까? 법원도 헷갈려

법원도 오락가락 사례: "6덕이네. 엉덩이 봐라. 와… 꼽고 싶다ㅜㅜ"••

A씨는 일베 게시판에 피트니스 여성 모델 C씨의 수영복 차림 사진을 올렸다. 그 사진을 본 B씨는 게시물에 이런 댓글을 달았다.

•• 2022. 9. 15. 오마이뉴스, 프리미엄 뒤집힌 판결 1화 '6덕 ○○싶다' 일베를 천당서 지옥으로 가게 한 판결 기사

"6덕이네, 엉덩이 봐라. 와… 꼽고 싶다ㅜㅜ"
C씨는 댓글을 단 B씨를 형사 고소했고, 검사는 모욕죄 혐의가 인정된다며 B씨를 재판에 넘겼다.

재판에서 쟁점이 된 표현은 '6덕'과 '꼽고 싶다'는 표현이었다. 1심은 사전적 의미에 주목해 무죄를 선고했다.

국립국어원 표준국어대사전에 따르면 '육덕'은 '몸에 살이 많아 덕스러운 모양'을 뜻하고, '꼽다'는 '수나 날짜를 세려고 손가락을 하나씩 헤아리다' 또는 '골라서 지목하다'는 의미이다. 특히, '육덕'에 대해 성적 매력이 있다는 의미로도 사용되는 것으로 보인다면서도 사회적 평가를 저하시킬 만한 표현에 해당한다고 볼 수 없다고 했다.

'꼽고 싶다'라는 표현도 '(C씨가) 피트니스 모델 중에 손에 꼽을 정도라는 의미'로 사용했다는 B씨의 주장을 받아들이면서 (B씨는) 서울 소재 대학교를 졸업한 사람으로 '꼽다'와 '꽂다'의 맞춤법을 혼동했을 것으로 보이지 않는 점 등에 비추어 볼 때, B씨가 성관계의 의미로 '꼽고 싶다'라는 표현을 사용했다고 단정할 수 없다고 했다. '꼽고 싶다'를 성관계의 의미로 사용했다고 가정하더라도 B씨의 심리상태를 언급한 것에 불과하여 모욕죄는 성립하기 어렵다고 판단했다.

하지만 항소심은 유죄를 선고했다.

'육덕, 꼽고 싶다' 등의 댓글을 게시한 행위는 C씨를 성적 욕구의 대상으로 치부함으로써 사회적 평가를 저하시킬 위험이 있는 모욕에 해당한다고 보았다. 항소심은 "C씨의 몸매를 최고로 손꼽는다는 의도로 댓글을 게시했다"는 B씨의 주장도 "댓글의 전체 문맥이나 B씨가 선정성을 강조한 신체 부위, 미실현의 아쉬움을 나타내는 이모티콘, 다른 이용자 댓글의 공통적 취지 등을 살펴보면 노골적인 성적 욕망의 대상으로 폄하하는 내용으로 보인다"며 그 주장을 배척했다. B씨는 2020년 항소심에서 모욕죄가 유죄로 인정돼 벌금형 판결을 받았고, 이 판결은 그대로 확정되었다.

여성이 일베 게시판에 수영복 차림 사진을 올렸는데, 누군가 "6덕이네, 엉덩이 봐라. 와… 꼽고 싶다ㅜㅜ"라고 글을 올린 경우 그 표현이 해당 여성에 대한 '다소 무례한 표현'에 불과하다고 생각하는 사람이 있을까?

그런데도 1심 판사는 사회적 평가를 저하시킬 만한 표현에 해당한다고 볼 수 없다며 무죄를 선고한 걸 보면 웃음이 절로 난다. 이처럼 판사들도 생각과 사상이 의심스러운 판결도 종종 본다. 그러니 국민들이 판결과 법원을 불신하고 AI 판사를 주장하는 것이 아닐까?

더 나아가서 왜 저런 글을 쓰고 다닐까 참 그 심리가 이해가 가지 않는다. 가끔 모욕으로 또는 명예훼손으로 고소를 당한 사람들과 대화를 해보면 답답할 때가 있다. 다들 "그 정도는 해도 되지 않나요? 그게 왜 문제가 되죠?"라는 말을 한다. 왜 남을 모욕하고 싶어 할까?

가만히 대화를 해보면 강해 보이고 싶은 욕망 또는 과시욕에서 그러는 경우도 많다는 것을 알 수 있었다. 여러분도 경찰 조사를 받고 재판을 받고 범죄자가 되는 것과 순간의 감정으로 그 글을 한 줄 쓰는 것이 과연 바꿀 만한 일인지 고민을 해보고 글을 게시하길 바란다.

법원도 오락가락 사례: '버스노조 악의 축' ●

A씨는 2018년 버스노조 간부 B씨와 C씨를 '버스노조 악의 축'이라고 한 글을 인터넷에 올린 혐의 등으로 재판에 넘겨졌다.

모욕 혐의에 대해 1심은 무죄로, 2심은 유죄로 판단했다.

A씨의 표현이 조합원들에게 아무런 근거 없이 노조 간부들이 범죄행위의 주범이라는 인식을 심어줄 수 있다는 이유 때문이다.

하지만 대법원의 생각은 달랐다.

노조원은 노조 의사형성 과정에 참여하고 내부 문제에 의견 개진을 비롯한 비판 활동을 할 권리가 있고, 자신의 입장과 의견을 강조하기 위한 의도로 '악의 축'을 사용했다. '악의 축'이라는 용어는 조지 W. 부시 미국 대통령이 북한 등을 일컬어 사용한 이후 널리 알려지면서 '자신과 의견이 다른 상대방 측 핵심 일원'이라는 비유적 표현으로 사용되고 있으므로 지나치게 모욕적·악의적이라고 보기 어렵다(대법원 2022. 10. 27. 선고 2019도14421) 그런데 대법원 판

● 2022. 11. 11. 한국경제, "노조간부는 악의 축" 표현…모욕죄 아니다 기사

사에게 "'당신은 악의 축'이라면 화가 많이 날 텐데…"라는 생각이 든다.

물론 판사가 판결을 할 때 자신의 감정에 너무 몰입해도 안 되지만 명예훼손에 관한 죄는 대부분 판사의 성향과도 판결이 연관이 되기 때문에 사실 재판부를 잘 만나야 한다는 말이 공감된다는 사람들이 많다.

이런 표현, 과연 모욕이 인정될까?

> **모욕, 단톡방에 쓴 'ㅂㅅ'은 무죄, 'ㅅㅅ'은 유죄?••**
>
> A씨는 지난 2020년 10월 시민단체 대표 B씨와 카카오톡 단체 채팅방에서 다퉜는데, 이 과정에서 'ㅂㅅ 같은 소리', 'ㅂㅅ아'라는 메시지를 보냈고, B씨는 A씨를 모욕으로 고소했다.

1심 재판부는 'ㅂㅅ'이라는 표현이 '병신'이라고 한 것과 동일하다고 판단해 A씨에게 모욕죄로 벌금 100만 원을 선고했다.

그러나 항소심은 무죄를 선고했다.

A씨가 ㅂ과 ㅅ이라는 한글 초성만 사용해 직접적인 욕설을 피한 것으로 판단되고, ㅂㅅ과 병신은 문언상 표현이 일치하지 않기 때문에 완전히 같다고 할 수 없다고 한다. 'ㅂㅅ'이라는 표현은 상대

•• 2023. 4. 27. 서울경제, 단톡방에 쓴 'ㅂㅅ' 때문에 모욕감? '명예훼손' 아닙니다 기사
2023. 5. 12. 파이낸셜뉴스, "'ㅅㅅ'은 '세수'다" 변명했지만 벌금형 선고받은 일베 누리꾼, 'ㅂㅅ'은 왜 무죄? 기사

방의 언행에 대응하면서 부정적 감정을 표현한 정도로서 피해자의 인격적 가치에 대한 사회적 평가를 훼손할 만한 모욕적 언사에 해당하지 않는다는 이유이다.

이 법원 판결을 보면 판사는 내심으로 'ㅂㅅ'으로 유추되는 '병신'이라는 표현은 모욕죄에 해당하지 않는다고 본 것 같다.

그러나 'ㅅㅅ'은 유죄가 선고되었다.

성적 대상화의 의미를 내포한 모욕적 표현

A씨는 2017년 12월 대구시 수성구 자신 집에서 온라인 커뮤니티 일간베스트(일베)에 접속해 '손XX의 아침스트레칭'이라는 글에서 "ㅅㅅ할 때 분명 저 자세로 하겠지? 아… 서버렸다"라는 댓글을 적어 재판에 넘겨졌다.

A씨는 재판에서 해당 댓글 'ㅅㅅ'은 세수를, '서버렸다'는 자리에서 일어났다는 의미라며 모욕적 표현에 해당하지 않는다고 주장했다. 하지만 재판부는 "게시물 내 사진, 일련의 댓글 및 A씨가 작성한 댓글을 종합해 보면 A씨가 작성한 댓글의 내용은 피해자에 대한 성적 비하 내지 성적 대상화의 의미를 내포하는 모욕적 표현으로 보기에 충분하다"며 A씨에게 벌금 100만 원을 선고했다.

한글 초성만 사용한 경우라도 전후 사정을 종합해 볼 때 욕설 등 모욕적 표현이라고 볼 수 있는 경우에는 처벌된다. ㅂㅅ이 왜 욕이 아닐까? 그런데 재밌는 것은 ㅁㅊㄴ은 욕으로 모욕이 인정된 판례가 많다. '초성으로 쓰면 괜찮겠지?'라고 생각하고 쓰면 절대 안 될 것이다.

어떤 초성도 다 문제 될 수 있으니 제발 욕은 속으로 하고 쓰지 말아야 한다. 그런데 ㅅㅅ을 세수라고 말하면 부끄럽지 않을까?

'조폭보다 못한 패륜아'●

지역 테니스 동호회 부회장인 A씨는 동호회의 임원회의 당시 B씨가 자신의 발언 기회를 빼앗았다고 생각하고 화가 나서 동호회 회원 150여 명에게 동호회 회장인 B씨를 지칭해 "조폭 집단보다 못한 패륜아 같은 자"라고 문자메시지를 보냈다.

재판부는 "조폭과 패륜아의 사전적 의미, A씨와 B씨와의 관계 등에 비춰보아 위와 같은 표현은 단순히 무례하고 예의에 벗어난 정도를 넘어서 피해자의 인격적 가치에 대한 사회적 평가를 저하시킬 만한 정도에 이르렀다"고 판단하여 모욕죄를 인정했다.

"조폭"과 "패륜아"를 분리해서 사전적 의미를 보면 위와 같은 결론을 내릴 수 있다. 더군다나 이를 합쳐서 "조폭보다 못한 패륜아"가 되면 무례하고 예의에 벗어난 정도를 넘어서 피해자의 인격적 가치에 대한 사회적 평가를 저하시켰다고 볼 수밖에 없다.

갑자기 궁금해진다. 왜 조폭보다 못한 패륜아라고 했을까? 그 두 단어를 조합한 것도 웃기지만 하나씩 쓰면 처벌을 안 받았을까? 궁금하다.

● 2023. 2. 8. 파이낸셜뉴스 '조폭보다 못한 패륜아'…특정인 공개 모욕한 70대 벌금형 기사

'안대 착용' 정경심 모욕 유튜버[•]

유튜버 A씨는 2020년 7월 서울중앙지법 서관 광장에서 차에서 내리는 정 전 교수에게 "안대 끼고 운전하지 맙시다. 안대 끼고 운전하는 건 살인 행위"라고 말하거나 정 전 교수가 법정에 출석하는 모습을 흉내 내며 눈에 안대를 찬 모습을 재연하였다.

1심, 항소심뿐만 아니라 대법원 모두 "피고인의 언행은 피해자의 사회적 평가를 저하시킬 만한 추상적 판단이나 경멸적 감정을 표현한 것에 해당하고, 장애를 재연하거나 그 모습을 따라 하는 것은 모욕감을 주는 행위"로 판단했다.

정 전 교수는 사고로 앞서 한쪽 눈을 실명했다. 재판부는 정 전 교수에게 안대를 언급한 발언을 "장애인에 대한 언어폭력"으로 보았다. 안대 퍼포먼스는 사실 불편했다. 보기에 민망했다. 굳이 저런 비아냥거리는 행동을 해야 할까? 멋지게 풍자하거나 비판을 할 수 있는 세상이 오길 바란다.

"지린다"는 표현이 모욕에 해당할까?

A씨는 2020년 8월 '30대 부부와 그들의 친구 등 3명이 단독주택을 지어 함께 산다'는 취지의 인터넷 언론 기사를 보고 "지린다…"라는 댓글을 달았는데, 검찰이 A씨를 모욕 혐의를 인정하면서 기소유예 처분을 하였다.

• 2023. 2. 2. 데일리안, '안대 착용' 정경심 모욕 유튜버, 벌금 200만 원 확정…"고의성 인정" 기사

기소유예는 피의사실이 인정되지만 검사가 형사소송법 제247조에 따라 피의자에 대한 공소를 제기하지 아니하는 불기소처분을 말한다. 간단히 말하면 죄는 인정되지만 처벌할 가치가 없어 기소하지 않는다는 것이다.

그런데 기소유예는 범죄행위가 인정되는 것이므로, 해당 형사사건과 관련 있는 징계처분, 민사소송, 행정소송 등에서 불리한 영향을 준다. 부당한 검사의 기소유예 처분에 대하여 헌법소원을 제기할 수 있는데, A씨는 "'지린다'는 표현은 인터넷상에서 '대단하다, 놀랍다'는 의미로 사용돼 부정적인 의미가 거의 없는데도 검사가 부당하게 기소유예 처분을 했다"며 헌재에 기소유예 처분을 취소해달라고 헌법소원을 했다.

'지린다'는 단어는 '용변을 참지 못하고 조금 싸다'는 사전적인 의미 외에 '어떤 사람이나 현상이 오줌을 쌀 정도로 대단하게 나타나다'라는 의미로도 쓰인다. 운동선수의 뛰어난 활약이나 영화배우의 훌륭한 연기에 대해 감탄하거나 호평하는 의미로 지린다는 표현을 사용하는 경우가 실제로 있고, 지린다는 어휘의 의미 변화는 비교적 젊은 세대를 중심으로 널리 확산되어 있다.

이에 헌법재판소는 검사의 기소유예 처분은 중대한 수사미진 또는 모욕에 대한 법리오해의 잘못이 있고, 그로 인해 A씨의 평등권과 행복추구권이 침해됐다고 판단해 A씨가 받은 모욕 혐의 기소유예 처분에 대해 헌법재판관 전원일치 의견으로 취소 결정을 했다.

어떤 모기업 아들이 페이스북에 돌아다니며 아무렇지도 않게 저 말을 쓰는 것을 보았다. 정말 모욕적이지 않은 단어일까? 왜 그 글을 보는 입장에서 나는 불쾌해 보이는 걸까?

출동한 경찰관에게 욕설을 한 경우는?

A가 택시를 타고 목적지까지 갔음에도 택시기사에게 택시요금을 주지 않자 택시기사가 경찰서 지구대 앞까지 운전하여 간 다음 112 신고를 하였다. 위 지구대 앞길에서 경찰관인 피해자를 포함한 경찰관들이 위 택시에 다가가 A에게 택시요금을 지불하라고 요청하자 A가 "야! 뭐야!"라고 소리를 쳐서 A를 택시에서 내리게 하였다.
피해자가 A에게 "손님, 요금을 지불하고 귀가하세요."라고 말하자 A가 피해자를 향해 "뭐야. 개새끼야.", "뭐 하는 거야. 새끼들아.", "씨팔놈들아. 개새끼야."라고 큰소리로 욕설하였다.

A의 발언 내용과 그 당시의 주변 상황, 경찰관이 현장에서 A에게 위와 같은 권유를 하게 된 경위 등을 종합해 보면, 당시 A에게 정당한 요금을 지불하게 하고 안전하게 귀가하게 하기 위하여 법집행을 하려는 경찰관 개인을 향해 경멸적 표현을 담은 욕설을 한 것은 경찰관 개인의 인격적 가치에 대한 평가를 저하시킬 위험이 있는 모욕행위에 해당한다. A의 발언 내용이 단순히 당시 상황에 대한 분노의 감정을 표출하거나 무례한 언동을 한 정도에 그친 것으로 보기 어렵다(대법원 2017. 4. 13. 선고 2016도15264 판결).

하지만 항상 모욕죄가 성립한다고 단정할 수는 없다.

상대방을 지칭하지 않은 욕설을 한 경우는?

A는 자신이 타고 온 택시의 택시기사와 요금 문제로 시비가 벌어져 112 신고를 하였다. 신고를 받고 출동한 경찰관인 피해자가 늦게 위 장소에 도착하였다.
A는 피해자에게 112 신고 당시 피고인의 위치를 구체적으로 알려 주었는데도 피해자가 위 장소를 빨리 찾지 못하고 늦게 도착한 데에 항의하였다. 이에 피해자가 A에게 도착이 지연된 경위에 대하여 설명을 하려고 하는데, A가 위 택시기사가 지켜보는 가운데 피해자에게 "아이 씨발!"이라고 말했다.

A의 위 "아이 씨발!"이라는 발언은 구체적으로 상대방을 지칭하지 않은 채 단순히 발언자 자신의 불만이나 분노한 감정을 표출한 것이다. 상대방을 불쾌하게 할 수 있는 무례하고 저속한 표현이기는 하지만 위와 같은 사정에 비추어 직접적으로 피해자를 특정하여 그의 인격적 가치에 대한 사회적 평가를 저하시킬 만한 경멸적 감정을 표현한 모욕적 언사에 해당한다고 단정하기 어렵다(대법원 2015. 12. 24. 선고 2015도6622 판결).

앞서 보았듯이 '욕을 할 때 시선을 하늘로 올리면 모욕이 아니구나'라고 생각하는 독자들이 많을 것 같다. 그런데 언제부터인가 판례에서 "씨발"을 자기가 그냥 하는 탄식 같은 의성어로 보기 시작한 것 같다. 하지만 사람이 눈앞에 있을 때 그 사람에게 그런 단어를 쓰면 안 된다는 것은 기본이 아닐까? 다들 불만 가득한 세상이 되어 가는 것 같다. 욕을 의성어로 입에 달고 지내다니 말이다.

15세 나이 많은 사람의 이름을 부른 경우

갑 회사는 노사분규로 노조와 사용자가 극심한 대립을 겪고 있고, 그러한 과정에서 사용자측의 부당노동행위가 사실로 확인되는 등 노사 간 갈등이 격화되었다.
노사교섭이 파행되고 있던 상황에서 을 등을 비롯한 관리자 40여 명이 시설관리권 행사 명목으로 노조가 설치한 미승인 게시물을 철거하기 위하여 모였고, 이를 제지하기 위해 노조 조합원 100여 명이 모여 서로 대치하였다.
갑 주식회사 해고자 신분으로 노동조합 사무장인 피고인은 사용자 측의 게시물 철거행위가 노조활동을 방해하고 노동운동에 대해 간섭하는 것으로 여겨 화가 나 노사 관계자 140여 명이 있는 가운데 큰 소리로 피고인보다 15세 연장자로서 갑 회사 부사장인 을을 향해 "야 ○○아, ○○이 여기 있네, 니 이름이 ○○이잖아, ○○아 나오니까 좋지?" 등으로 여러 차례 을의 이름을 불렀다.
검찰은 갑이 을을 모욕하였다는 내용으로 기소했다.

이에 대해 법원은 피고인과 을의 관계, 피고인이 위 발언을 하게 된 경위, 발언의 의미와 전체적인 맥락, 발언을 한 장소와 발언 전후의 정황을 종합하면, 피고인의 위 발언은 상대방을 불쾌하게 할 수 있는 무례하고 예의에 벗어난 표현이기는 하지만 객관적으로 을의 인격적 가치에 대한 사회적 평가를 저하시킬 만한 모욕적 언사에 해당한다고 보기 어렵다고 판단했다(대법원 2018. 11. 29. 선고 2017도2661 판결).

15살 어린 노조 관계자가 140여 명이 있는 앞에서 공개적으로 본인보다 15살 많은 회사 관계자의 이름을 부르면서 놀리는 행위가 기분이 나쁘지만, 이름 부르는 걸 형사처벌할 수는 없을 것이다. 이 글을 읽는 당신은 어떻게 생각하는가?

사실 우리나라 말처럼 경어가 많은 언어도 없을 것 같다. 가끔 백화점에서 물건을 살 때 너무 손님을 높여서 물건도 높이는 말을 할 때가 많다. 어린 사람이 나이가 한참 많은 사람의 이름을 부르면 솔직히 기분은 나쁘다. 그러나 형사처벌 대상은 아니다.

참고로, 대법원은 아파트 입주자대표회의 감사인 피고인이 관리소장 갑의 외부특별감사에 관한 업무처리에 항의하기 위해 관리소장실을 방문한 자리에서 갑과 언쟁을 하다가 "야, 이따위로 일할래", "나이 처먹은 게 무슨 자랑이냐"라고 말한 사안에서, 피고인과 갑의 관계, 피고인이 발언을 하게 된 경위와 발언의 횟수, 발언의 의미와 전체적인 맥락, 발언을 한 장소와 발언 전후의 정황 등에 비추어 볼 때, 피고인의 발언은 상대방을 불쾌하게 할 수 있는 무례하고 저속한 표현이기는 하지만 객관적으로 갑의 인격적 가치에 대한 사회적 평가를 저하시킬 만한 모욕적 언사에 해당하지 않는다고 판단했다(대법원 2015. 9. 10. 선고 2015도2229 판결).

모욕이 인정되는 욕설이나 경멸적인 표현, 어떤 것들이 있나?

사례1

동네 사람 4명과 구청 직원 2명 등이 있는 자리에서 피해자가 듣는 가운데 구청 직원에게 피해자를 가리키면서 '저 망할년 저기 오네'라고 피해자를 경멸하는 욕설 섞인 표현을 하였다면 피해자를 모욕하였다고 볼 수 있음(대법원 1990. 9. 25. 선고 90도873 판결 [모욕]).

사례2

피고인들이 소속 노동조합 위원장 갑을 '어용', '앞잡이' 등으로 지칭하여 표현한 현수막, 피켓 등을 장기간 반복하여 일반인의 왕래가 잦은 도로변 등에 게시한 사안에서, '어용'이란 자신의 이익을 위하여 권력자나 권력 기관에 영합하여 줏대 없이 행동하는 것을 낮잡아 이르는 말, '앞잡이'란 남의 사주를 받고 끄나풀 노릇을 하는 사람을 뜻하는 말로서 제반 사정에 비추어 피고인들의 위 행위는 갑에 대한 모욕적 표현으로서 사회상규에 위배되지 않는 행위로 보기 어려움(대법원 2021. 9. 9. 선고 2016도88 판결 [모욕]).

사례3

피고인이 게시한 글 중 듣보잡, 함량미달, 함량이 모자라도 창피한 줄 모를 정도로 멍청하게 충성할 사람, 싼 맛에 갖다 쓰는 거죠, 비욘 드보르잡, 개집 등이라고 한 부분은 피해자를 비하하여 사회적 평가를 저하시킬 만한 추상적 판단이나 경멸적 감정을 표현한 것으로서 모욕적인 언사에 해당함(대법원 2011. 12. 22. 선고 2010도10130 판결).

사례4

병원 1층 로비에서 병원 간호과장, 사무장, 간호사가 있는 장소에서 병원 간병인인 피해자에게 행정실장인 가해자가 "뚱뚱해서 돼지 같은 것이 자기 몸도 이기지 못한 것이 무슨 남을 돌보는가, 자기도 환자이면서 지도 치료를 받지 않으면 죽는다"고 말한 경우 모욕에 해당함(수원지법 2007. 1. 30. 선고 2006고정1777 판결).

사례5

"부모가 그런 식이니 자식도 그런 것이다"라는 표현은 상대방의 기분이 다소 상할 수 있다고 하더라도 그 내용이 너무나 막연하여 그것만으로 곧 상대방의 명예감정을 해하여 형법상 모욕죄를 구성한다고 보기는 어려움(대법원 2007. 2. 22. 선고 2006도8915 판결).

위 사례들을 보면 "저 망할년"과 같은 욕설, "어용", "앞잡이", "듣보잡", "함량미달", "비욘 드보르잡", "개집", "뚱뚱해서 돼지 같은 것", "자기 몸도 이기지 못한 것" 등과 같은 경멸적인 감정의 표현은 모욕죄가 인정된다. 하지만 "부모가 그런 식이니 자식도 그런 것이다"라는 표현은 그 내용이 너무나 막연해서 그것만으로는 모욕죄가 인정되지 않는다. 부모 닮아서 개새끼라고 하면 당연히 모욕이 된다.

강용석, 빨간 포르쉐 조민 명예훼손일까?*

2019년 8월 가로세로연구소 유튜브 방송에서 강용석 변호사 등은 조국 전 장관의 딸 조민 씨가 부산대학교 의학전문대학원을 다니며 빨간색 포르쉐 차량을 타고 다녔다고 주장했다. 검찰조사 결과

* 2023. 5. 16. 노컷뉴스, 검찰, '조민 명예훼손' 혐의 강용석에게 징역 1년 구형 기사

조 씨는 포르쉐 차량이 아닌 2013년식 파란색 아반떼 차량을 운행한 것으로 나타났고, 검찰은 이들을 명예훼손 혐의로 기소했다. 조 씨가 빨간색 포르쉐를 타고 다녔다는 발언 자체는 허위로 보인다.

강 변호사를 포함한 가세연 운영진들은 재판 과정에서 해당 포르쉐 발언이 전체 방송 중 극히 일부분에 불과하고, 또 공익 목적이었다고 주장하고 있지만, 가장 중요한 쟁점은 조 씨가 빨간색 포르쉐를 타고 다녔다는 발언으로 인해 조 씨의 사회적 평가가 저해되었다고 볼 수 있는지 여부이다.

요즘 같은 세상에서 조 씨가 승용차를 타고 의전원에 다녔다는 것이 조 씨의 사회적 평판을 훼손하지 않을 것이다. 그런데 타고난 금수저인 조 씨가 부모를 잘 만나 고급 차량을 타고 의전원에 다녔다고 해서 과연 그것으로 인해 조 씨의 사회적 평가가 훼손되었다고 볼 수 있을까?

실제로 주변에는 부모 잘 만나 고급 차를 타고 다니는 조 씨를 부러워하거나 멋있다고 하는 사람들도 있었다. 만약 강 변호사가 조 씨가 타는 차량이 빨간색이 아니라 파란색 포르쉐라고 했더라도 기소가 되었을까? 만약 포르쉐가 아니라 벤츠, BMW, 아우디라고 했다면? 만약 가격이 1억 원이 넘는 것도 있는 국산 차 제네시스라고 했다면 기소가 되었을까?

강 변호사가 조 씨에 대해 사실과 다른 방송을 한 것은 문제가 있다. 하지만 조 씨가 빨간 포르쉐를 타고 다녔다는 그 허위사실로 인해 과연 사회적 평가가 저해되었다고 보아 형사처벌까지 할 수 있는지는 의문이 든다는 주장도 있기는 하다.

1심은 어찌 되었을까? 무죄가 나왔다. 2심은 더 지켜봐야겠지만 조민의 명예를 훼손한 것이 없다는 것이다. 만약 조민이 포르쉐를 타는데 티코를 탄다고 했으면 어찌 될까? 1심은 무죄가 나왔지만 2심은 오락가락 판결이 될 수 있기에 조심스레 기다려본다.

명예훼손과 모욕, 사회적 평가를 저해했는지 어떻게 알 수 있을까?

;

명예훼손이나 모욕에서 사회적 평가를 판단하는 기준은 모호하게 보일 수 있다. 법원도 사실적시나 모욕적인 언행이 사회적 평가를 저해할지 여부에 대해 오락가락한 경우가 많다.

명예에 관한 죄가 성립하는지 파악하는 것이 어렵지만 첫 번째 고개인 공연성(전파가능성)을 넘고, 두 번째 고개인 명예훼손과 모욕의 구분을 넘으면, 세 번째 고개인 사회적 평가 저해에 대한 판단 문제를 만나게 된다. 책을 읽는 독자 입장에서는 그 말이 그 말 같고 판단 기준도 모호해 보일 것이다. 법원도 사실적시나 모욕적인 언행이 사회적 평가를 저해하지 여부에 대해 오락가락•한 경우가 있다.

법원도 오락가락 사례: 여성 불법촬영 후 지인에게 보여준 경우

A씨는 한 숙박업소에서 자신과 함께 있었던 20대 여성 B씨를 불법촬영했고, 이후 지인에게 해당 사진을 전송하고 직접 만나서 자기 휴대전화 속에 있는 사진을 보여주는 등 불법촬영물을 유포하여 B씨의 명예를 훼손한 혐의로 재판을 받게 되었다.

1심은 무죄를 선고했다. 사생활이 피해자의 의사에 반하여 드러났고 이로 인해 성적 수치심을 느끼게 된 것으로 보이지만, 적시된 사실은 '피해자가 A씨와 함께 모텔에 있었던 것'인데, A씨와 피해자 모두 20대 미혼인데 요즘 세상은 혼전순결이나 정숙 의무를 강요하던 시절이 아니고, 사회 통념상 모텔에 갔다고 하여 미혼 여성을 탓하는 것은 타당하지 않으므로, 사회적 평가를 침해할 만한 구체적 사실이라 볼 수 없다는 이유 때문이다.

• 2022. 7. 18. 로톡뉴스, 여성 불법촬영 후 지인에게 보여준 남성, 1심 명예훼손 '무죄' → 2심 명예훼손 '유죄' 기사

그러나 항소심은 유죄를 선고했다.

성관계는 개인의 사생활 중 가장 내밀한 영역으로 누구든 이 사실이 함부로 공개되길 원치 않는다. 그런데 성관계를 암시하는 사진이 유출될 경우 피해자의 사회적 평가가 손상될 가능성이 있고, 실제로 해당 사진을 본 이들 중 일부는 피해자를 조롱하는 언행을 하기도 한 것은 피해자의 사회적 가치나 평가를 침해한다.

요즘 같은 세상에 남녀가 모텔에 갔다는 사실이 드러나는 것이 미혼여성의 사회적 평가를 저해하지 않는다는 1심 판결과 모텔에 간 것이 성관계를 암시할 수 있으므로 사회적 평가를 저해한다는 항소심 판결 중 여러분은 어느 쪽 손을 들어주고 싶은가?

1심 판사의 얼굴 좀 보고 싶다. 그런 사진을 보여주는 것이 정상으로 보인다는 말일까? 참 사람들은 다양한 생각을 하고 사는 것 같다.

명예훼손에서 문제된 사회적 평가 침해 여부는?

선거법 위반으로 고소했다는 허위사실을 주변에 말한 경우

재개발추진위원회의 전 총무인 피해자는 위원장인 B를 선거법 위반으로 고발한 사실이 없음에도 A가 "피해자가 위원장 B를 선거법 위반으로 고발하였다."라는 말을 하고 다녔다.

우연히 A와 마주친 자리에서 피해자는 자신은 B를 고발한 사실이 없으니 그러지 말라는 취지로 A에게 경고하였다.

그럼에도 A는 피해자에 관해 위와 같은 허위 사실을 계속 말하고 다니자 피해자는 A를 허위사실유포로 고소하였다.

누구든지 범죄가 있다고 생각하는 때에는 고발할 수 있다. 그리고 A가 단지 피해자가 B를 선거법 위반으로 고발했다는 말만 하고 그 고발의 동기나 경위에 관해서는 언급을 하지 않았다.

따라서, A가 그와 같이 말한 것만으로는 피해자의 사회적 가치나 평가를 침해하기에 충분한 구체적인 사실이 적시되었다고 볼 수 없다(대법원 2009.9.24. 선고 2009도6687 판결).

그런데 이 판결을 입장 바꿔 생각해보면 유죄 같다는 생각이 든다. 고발을 안 했는데 자꾸 했다고 왜 떠들고 다닐까? 그 말을 들으면 사람들이 고발을 하는 사람으로 나쁘게 볼 수도 있지 않을까?

명예훼손에서 사회적 평가가 문제된 또 다른 사례들

사례1

"구원파는 '성경세미나'라는 모임을 통하여 대전시민에게 다가간다."라는 기재 부분 등은 공소외인의 사회적 가치 내지 평가를 침해할 수 있는 명예훼손적 표현에 해당하지 않음(대법원 2007. 10. 26. 선고 2006도5924 판결).

사례2

'(주)진로가 일본 아사히 맥주에 지분이 50% 넘어가 일본 기업이 됐다'라는 부분은 가치중립적인 표현으로서, 우리나라와 일본의 특수한 역사적 배경과 소주라는 상품의 특수성 때문에 '참이슬' 소주를 생산하는 피해자 회사의 대주주 내지 지배주주가 일본 회사라고 적시하는 경우 일부 소비자들이 '참이슬' 소주의 구매에 소극적이 될 여지가 있다 하더라도 이를 사회통념상 피해자 회사의 사회적 가치 내지 평가가 침해될 가능성이 있는 명예훼손적 표현이라고 볼 수 없음(대법원 2008.11.27. 선고 2008도6728 판결).

구원파 신도의 입장에서나 (주)진로의 입장에서는 위와 같은 표현들이 매우 불쾌한 표현이지만, 사회적 가치 내지 평가 침해 여부에 대한 판단은 신중해야 한다는 것을 보여주는 사례들이다.

법원도 오락가락 사례: 연예인 수지와 "국민호텔녀"가 모욕?•

2015년 인터넷 포털사이트 수지 관련 기사 밑에 A씨가 2차례에 걸쳐 댓글란에 다음과 같이 글을 올렸다.
"언플이 만든 거품, 그냥 국민호텔녀"
"영화 폭망 퇴물 수지를 왜 ○○한테 붙임? 제왑 언플 징하네"
검찰은 모욕으로 기소하였다.

댓글 중에서 문제가 된 표현은 ①거품 ②영화 폭망 ③퇴물 ④국민호텔녀인데, 1심은 ①~④ 표현 모두 "개인의 사회적 평가를 저하시킬 모욕적 언사이고, 고소인이 연예인인 점, 인터넷 댓글이라는 범행수단의 특수성" 등을 감안하더라도 사회통념상 용납할 수 없다고 보아 유죄를 선고했다.

하지만 항소심은 ①~④ 표현 모두 무죄를 선고했다.

공적 인물이나 연예인의 명예나 사생활도 마땅히 보호받아야 하

• 2023. 1. 12. 오마이뉴스, '국민OO녀'라니… 수지의 용기 있는 반격 기사

지만, "연예인 등 공적 인물에 대한 모욕죄 성부를 판단함에 있어, 비연예인에 대한 표현과 언제나 같은 기준을 적용할 수는 없으며, 헌법상 보장된 표현의 자유라는 기본권이 차지하는 위상, 댓글이라는 매체의 특성, 연예인이 대중의 관심을 받는 정도를 감안해야 하고, A씨 댓글의 횟수, 전체적인 의미와 맥락, 표현 방법 등을 고려하면 ①~④ 표현 모두 "사회상규에 위배되지 않는다"는 이유였다.

이에 대해 대법원은 ①거품 ②영화 폭망 ③퇴물은 다소 거칠지만, 공적인 영역에 대한 비판 범주에 들어간다고 보아 표현의 자유 영역에 해당하나 ④국민호텔녀에 대해서는 유죄를 선고했다.

A씨가 '호텔녀'의 이미지를 극대화하기 위하여 앞에 '국민'이라는 단어를 배치하고, '호텔'은 남자 연예인과의 스캔들을 연상시키도록 사용하여 "고소인의 청순한 이미지와 반대의 이미지를 암시하면서 피해자를 성적 대상화하는 방법으로 비하하는 것"이므로 모멸적인 표현으로 평가할 수 있고, 정당한 비판의 범위를 벗어난 것으로 보인다.

그런데 국민호텔녀는 당연히 유죄가 맞는 거 아닐까? 호텔녀를 말할 때 누구나 듣고 연상하는 것은 이미지를 나쁘게 만들려는 말한 사람의 의도가 들어있기 때문에, 즉 앞으로도 이 단어는 유죄가 되니 절대 조심해야 할 것이다.

모욕에서 문제된 사회적 평가 침해 여부

> **"실제로 보면 개못생겼다"**•
>
> A씨는 병장으로 복무하던 2021년 6월쯤 한 군부대 생활관에서 동료 병사들에게 같은 부대 장교이자 상관인 20대 여성 B씨를 모욕한 혐의로 재판에 넘겨졌다.
> A씨는 저녁 점호를 준비하던 도중 B씨를 지칭하며 "사진과 목소리는 이뻐서 기대했는데 실제로 보면 개못생겼다"고 말하였다.

검찰은 "'개'라는 단어의 용례나 피고인의 발언은 그 자체로 피해자에 대한 사회적 평가를 저하시킬 만한 경멸적인 감정 표현에 해당한다"며 모욕으로 기소했다.

하지만 법원은 "A씨의 발언은 일과시간 밖의 사적 대화로 볼 여지가 충분하므로 공연성(전파가능성)이 인정되기 어렵고, 객관적으로 피해자의 사회적 평가를 저하할 만한 추상적 판단이나 경멸적 감정을 표현한 것에 해당한다고 보기 어렵다"고 판단했다.

"개못생겼다"가 자신의 생각을 이야기한 것이고 평가하는 걸까? 동료 병사들에게 말했으면 이미 전파된 것이고, 여성인 피해자로서는 모욕적으로 받아들일 수밖에 없는 표현이 아닌가?

여러분은 어떻게 생각하는가?

• 2023. 6. 5. 조선일보, "실제로 보면 개못생겼다"…여성 장교 모욕한 병장 2심도 무죄 기사

개 사진에 사람 얼굴을 합성[**]

보험 정보 유튜버인 A씨는 지난 2018년부터 2019년까지 자신의 유튜브 채널 영상에서 다른 유튜버 C씨를 모욕한 혐의로 재판에 넘겨졌다. A씨는 해당 영상에서 C씨 얼굴 사진에는 개 얼굴 그림을 합성해 20여 차례 영상에 담았다.

1심은 "다른 모욕적 표현 없이 개 얼굴 그림으로 B씨 얼굴을 가린 것만으로는 피고인이 피해자의 사회적 가치 또는 평가를 저하한 것이라고 인정하기 부족하다"고 판시했다. 항소심도 "사회 일반에서 '개'라는 용어가 부정적으로 사용된다 하더라도 그런 사정만으로 해당 행위가 사회적 평가 저하를 저하할 만한 경멸적 감정을 표현한 것이라 단정할 수 없다"고 보았다. 대법원도 "해당 영상이 피해자를 불쾌하게 할 수는 있지만 객관적으로 피해자 인격적 가치에 대한 사회적 평가를 저하할 만한 모욕적 표현에 해당한다고 단정하기 어렵다"며 검사의 상소를 기각했다.

모처럼 1심부터 대법원까지 결론이 같다. '개'라는 용어가 부정적으로 사용되고, 그로 인해 피해자가 불쾌할 수는 있으나 객관적으로 피해자에 대한 사회적 평가를 저하할 만한 모욕적 표현에 해당하지 않는다고 다들 판시하고 있으니 미운 사람이 있으면 개 얼굴을 합성해서 놀리면 될까? 판례는 계속해서 바뀌는 것이고 그림의

[**] 2023. 2. 28. 아니뉴스24, 사람 얼굴에 개 합성했다면? 대법원 "모욕죄 아냐" 기사

합성이 주는 느낌이 다를 수 있기 때문에 누가 내게 물어 오면 나는 이렇게 말할 것이다.

"요즘 정말 명예훼손죄는 다양합니다. 그냥 아무것도 하지 마세요."

모욕에서 사회적 평가가 문제된 또 다른 사례들

사례1

입주민대표회의 회장과 다툼을 벌이다 피고인이"말도 안 되는 소리 씨부리고(지껄이고) 있네. 들고 차버릴라" 등 사투리 비속어 사용한 것이 피해자에게 다소 무례하거나 불손하게 느껴질 수 있기는 하지만, 객관적으로 피해자의 인격적 가치와 사회적 평가를 훼손할 만한 모욕적 언사라고 단정하기 어려움.*

사례2

피고인이 공소외인이 인터넷 포털 사이트 '○○'의 다른 카페에서 다른 회원을 강제탈퇴시킨 후 보여준 태도에 대하여 불만을 가지고 댓글을 게시하게 된 사실, 피고인이 게시한 댓글 내용은 '선무당이 사람 잡는다, 자승자박, 아전인수, 사필귀정, 자업자득, 자중지란, 공황장애ㅋ'라고 되어 있는 사실을 알 수 있는데, 위 사실관계에 나타난 피고인의 댓글 게시 경위, 댓글의 전체 내용과 표현 방식, 공황장애의 의미(뚜렷한 근거나 이유 없이 갑자기 심한 불안과 공포를 느끼는 공황 발작이 되풀이해서 일어나는 병) 등을 종합하면, 피고인이 댓글로 게시한 '공황장애ㅋ'라는 표현이 상대방을 불쾌하게 할 수 있는 무례한 표현이기는 하나, 상대방의 인격적 가치에 대한 사회적 평가를 저하시킬 만한 표현에 해당한다고 보기는 어려움(대법원 2018. 5. 30. 선고 2016도20890 판결 [모욕]).

* 2009. 11. 25. 경향신문, "사투리 막말 모욕죄 성립 안 돼"기사 참조

위 사례를 보면 사투리 비속어나 뚜렷한 근거나 이유 없이 갑자기 심한 불안과 공포를 느끼는 공황 발작이 되풀이해서 일어나는 병의 명칭인 "공황장애ㅋ" 등과 같은 표현은 상대방을 불쾌하게 할 수 있는 무례한 표현에 불과함을 알 수 있다.

명예에 관한 죄, 기수(범죄완성) 시기는 언제일까?

;

명예훼손이나 모욕죄는 추상적 위험범이므로,
피해자의 명예가 현실로 침해되었을 때가 아니라
피해자의 명예를 해할 우려가 있는 행위가 있으면 바로 범죄가 성립한다.

누군가 특정인을 명예훼손하거나 모욕한 경우 그 범죄는 언제 완성될까? 피해자인 특정인이 본인을 명예훼손이나 모욕한 내용을 알게 되었을 때 범죄가 완성될까?

그렇지 않다. 명예훼손이나 모욕죄는 추상적 위험범이므로, 피해자의 명예가 현실로 침해되었을 때가 아니라 피해자의 명예를 해할 우려가 있는 행위가 있으면 바로 범죄가 성립한다. 즉, 공연히 사실을 적시하여 불특정 또는 다수인이 인식할 수 있는 상태에 이르면 범죄는 완성되며, 피해자가 현실적으로 인식해야만 범죄가 완성되는 것은 아니다.

모욕죄는 공연히 사람을 모욕하는 경우에 성립하는 범죄로서(형법 제311조), 사람의 가치에 대한 사회적 평가를 의미하는 외부적 명예를 보호법익으로 하고, 여기에서 '모욕'이란 사실을 적시하지 아니하고 사람의 사회적 평가를 저하시킬 만한 추상적 판단이나 경멸적 감정을 표현하는 것을 의미한다. 그리고 모욕죄는 피해자의 외부적 명예를 저하시킬 만한 추상적 판단이나 경멸적 감정을 공연히 표시함으로써 성립하므로, 피해자의 외부적 명예가 현실적으로 침해되거나 구체적·현실적으로 침해될 위험이 발생하여야 하는 것도 아니다(대법원 2016. 10. 13. 선고 2016도9674 판결 [업무방해·폭행·모욕]).

명예에 관한 죄의 포인트, 고의

;

상당수 가해자가 허위인지 몰랐다는 변명을 하지만,
미필적 고의도 인정되므로 다른 사람이 작성한 내용을
사실 확인 없이 단순히 나르기만 했더라도 명예훼손죄의 고의가 인정될 수 있다.

고의란 무엇인가?

명예훼손이나 모욕죄가 성립하기 위해서는 타인의 명예를 훼손하는 사실을 적시하거나 모욕한다는 사실에 대한 고의가 있어야 한다.

형법은 범죄행위에 관해 '고의'를 요하며, 과실범은 특별한 규정이 있는 경우에만 처벌하고 있다. 고의가 인정되지 않고 과실범 처벌 규정이 없는 경우에는 죄형법정주의에 의해 처벌할 수 없다. 즉, 고의가 없어도 처벌하는 특수 경우 빼고는 고의성이 없으면 처벌할 수 없는 것이다.

> 형법 제13조(고의) 죄의 성립요소인 사실을 인식하지 못한 행위는 벌하지 아니한다. 다만, 법률에 특별한 규정이 있는 경우에는 예외로 한다.

여기서 말하는 고의란, 가해자가 특정인을 명예훼손하거나 모욕한 표현을 했음을 인식하는 것으로 충분하므로, 사실적시 명예훼손이나 모욕의 경우에는 고려할 만한 고의의 문제가 거의 발생하지 않는다.

명예에 관한 죄에서 고의에 관한 문제는 거의 대부분 허위적시 명예훼손에서 발생하는데, 본인의 표현이 허위라는 점을 알지 못한 경우에는 허위사실 적시 명예훼손으로 처벌되지 않게 된다. 이 경우 알고도 몰랐다고 우기면 되지 하고 가볍게 생각하는데 정황상 알 수밖에 없는 경우가 드러날 수도 있기 때문에 대충 거짓말로 넘어가려고 생각해서는 안 된다.

발달된 SNS로 인해 댓글로도 입증이 되기 때문에 고의 부분은 생각보다 쉽게 발각이 된다. 다만, 허위사실에 대한 고의가 없다 하더라도 제15조 제1항에 따라 제307조 제1항의 사실적시 명예훼손으로는 처벌될 수 있다.

> 제15조(사실의 착오) ① 특별히 중한 죄가 되는 사실을 인식하지 못한 행위는 중한 죄로 벌하지 아니한다.

대법원은, 노동조합 조합장이 전임 조합장의 업무처리 내용 중 근거자료가 불명확한 부분에 대하여 허위 내용의 대자보를 작성 부착한 행위에 대해 적시된 내용을 진실이라고 믿고 그렇게 믿은 데에 상당한 이유가 있다 하여 허위사실 적시 명예훼손으로 처벌할 수 없고, 공공의 이익을 위한 것이었으므로 위법성이 조각된다고 판결한 사례도 있다(대법원 1993. 6. 22. 선고 92도3160 판결).

여기서 말하는 허위사실에 대한 고의는 가해자가 피해자의 명예가 훼손되는 결과를 발생케 하는 사실을 인식하는 것으로 충분하며, 미필적 고의인 경우에도 인정된다.

고의 인정 여부, 법원도 판단이 어려운 사례는?

법원도 오락가락 사례: 성추행 사건 알고도 '보고받은 적 없다'[•]

2018년 10월 강원도 동해시의 작업장에서 한 장애인이 인지가 낮은 여성 동료를 성추행한 사건이 벌어졌다.
작업장의 직업훈련 교사였던 B씨는 시설장 A씨에게 이 사실을 보고했고, A씨는 가해 장애인의 부모를 불러 당시 팀장이었던 B씨가 함께 있는 자리에서 주의와 경고를 주고 보호자 확인서에 서명을 받았다.
하지만 A씨는 2019년 4월 작업장 회의실에서 직원 5명이 모인 가운데 B씨가 성추행 사건을 보고하지 않았다고 하면서, 보고받은 적 없는 사실을 수사기관에 신고하지 않았다는 이유로 과태료 처분을 받는 것은 억울하다고 주장했다.
검찰은 허위사실유포 명예훼손으로 A씨를 기소했다.

1심과 항소심은 "회의실에서 허위사실을 적시한 것이 충분히 인정되고, 직원 5명이 듣고 있는 가운데 허위사실을 말했으므로 공연성도 인정된다"고 판단했다.

하지만 대법원은 고의가 인정되지 않는다며 무죄를 선고했다.

명예훼손죄가 성립하려면 주관적 요소로서 타인의 명예를 훼손한다는 고의를 가지고 사람의 사회적 평가를 저하시키는 데 충분한 구체적 사실을 적시하는 행위를 해야 한다. 그런데 A씨가 상급자로부터 과태료 처분 책임을 추궁받자 대답 과정에서 B씨와 관련

• 2022. 5. 13., 뉴스펌, 성추행 사건 알고도 '보고받은 적 없다' 시설장…대법 "명예훼손 아냐" 기사

된 언급을 한 것이므로, B씨의 명예를 훼손하려는 고의를 가지고 발언을 했다기보다는 자신의 책임에 변명을 겸해 단순한 확인 취지의 답변을 소극적으로 하면서 주관적 심경과 감정을 표출했다고 보는 것이 합리적이라는 이유다.

이는 이재명이 1심에서 유죄가 선고되어 상고한 공직선거법 허위사실공표 사건에서 무죄를 선고한 것과 같은 맥락이다. 이재명은 2018년 지방선거를 앞두고 열린 TV 토론회에서 '친형을 강제입원 시키려고 한 적이 없다'는 취지의 허위 발언을 한 혐의(공직선거법상 허위사실 공표)로 기소되었다.

1심은 무죄를 선고했으나, 항소심은 공직선거법상 허위사실 공표 혐의에 대해 유죄로 보고, 이 지사에게 당선무효형에 해당하는 벌금 300만 원을 선고했다. 하지만 대법원은 "이 지사의 토론회 발언은 상대 후보자의 의혹 제기에 대한 답변·해명에 해당하며 이 과정에서 한 말은 허위사실 공표 행위에 해당하지 않는다"며 벌금 300만 원을 선고한 원심을 깨고 무죄 취지 판결을 내린 적이 있다.

법원도 오락가락 사례: 사실확인 질문에 답한 허위 발언[*]

한 기업의 노조 부위원장이던 A씨는 2018년 11월부터 이듬해 1월까지 조합원 등에게 "노조 위원장인 B씨가 회사 측과의 임금협상 교섭에서

[*] 2022. 1. 5. 대법 "사실확인 질문에 답한 발언은 명예훼손 성립 안 돼"기사

'1.5% 임금 인상이 정리되면 1%는 조합원에게 지급하고 0.5%는 자신에게 달라'고 했다는 말을 사측 대표인 C씨로부터 들었다"며 4차례에 걸쳐 허위사실을 말해 B씨의 명예를 훼손한 혐의로 기소됐다.

1심은 "A씨는 B씨가 임금 인상분 일부를 챙겨달라고 했다고 주장하면서도 회사 측 관계자와 B씨에게 사실관계를 확인하는 절차를 전혀 취하지 않았으므로 A씨가 허위사실을 적시한 사실이 인정되고, 허위성도 인식하고 있었다고 보는 것이 타당하다"고 판단했다.

항소심은 "A씨가 진실 여부를 확인하지 않은 잘못이 있지만, 이를 감안해도 그가 적시한 사실이 허위라는 것을 알았다는 점을 인정하기엔 부족하고, 다만 A씨의 행동은 사실적시에 의한 명예훼손에는 충분히 해당한다"고 판단했다. 하지만 대법원은 A씨가 B로부터 해명을 요구받으며 사실확인에 대한 질문을 받고 답변한 발언의 경우이므로 사실적시라고 보기 어렵다는 이유로 무죄를 선고했다.

허위사실인지 몰랐다고 주장하면 고의가 인정될까?

허위사실유포 명예훼손 사건에서 상당수의 가해자들이 그 내용이 허위인지 몰랐다고 변명하는 경우가 많다. 그러나 앞서 살펴본 것처럼 미필적 고의도 인정되므로, 다른 사람이 작성한 내용을 사실확인 없이 단순히 나르기만 했더라도 명예훼손죄의 고의가 인정될 수 있다.

수사기관이나 법원에서는 그 내용을 제대로 확인하지도 않았다고 변명하더라도 메시지나 카톡에서 수신자가 내용을 확인하고, 그 진위 여부에 대해 확인하려는 노력 없이 막연히 사실일 것이라 생각하고 이를 다시 제3자에게 넘겼다면 명예훼손죄나 모욕의 고의가 인정될 가능성이 크다.

> 피고인이 명백히 확인되지 아니한 위와 같은 사항에 관하여 그 진위 여부를 확인하여 보려는 진지한 노력 없이 마치 그것이 진실인 것처럼 단정적이고 반복적으로 강연하였다는 점에서 피고인에게는 위 사실이 허위인 점에 대한 인식이 있었다고 할 것이고, 그와 같이 믿는 데에 정당한 이유가 있었다고 보기도 어려움(대법원 2014. 9. 4. 선고 2012도13718 판결).

고의와 관련된 재미난 판결

기자에게 비보도를 전제로 이야기한 것이 기사화된 경우•

B 기자는 해당 공단의 문제점을 취재하다가 '직원들 사이에 고소 · 고발 사건이 있다'는 말을 듣고 취재를 시작해 A씨가 C씨로부터 고소당했다는 사실을 알고 A씨에게 전화를 걸었다.

당시 A씨는 B 기자와 통화하면서 "C씨에게 물어보지도 말고, 보도도 하지 말아 달라, 고소당했던 내용 전반에 대해 발설하지 말아 달라"며 비보도 전제로 C씨에 대해 얘기를 하면서 C가 '미성년자 성매매 이력이 있다'고 하는 등 허위 사실을 이야기하였다.

B 기자는 사실관계를 확인하지 않고 그대로 기사를 인터넷에 올렸다.

• 2022. 3. 4. 노컷뉴스, 기자에게 직장 동료 명예훼손 발언한 공단 직원 '무죄' 기사

전파가능성을 이유로 명예훼손죄의 공연성(다수인이 인식할 수 있는 상태)을 인정하려면 적어도 전파가능성에 대한 인식 등 미필적 고의가 있어야 한다. 이 사건에서 쟁점은 A가 B기자가 사실관계를 확인하지 않고 기사화할 것을 인식했는지 여부였다. 만약 A가 B기자에게 허위 내용을 기사화해 달라고 요구했고, B기자가 사실관계 확인 없이 기사화했다면 A에게 허위사실유포 명예훼손의 고의는 당연히 인정된다.

하지만 본건의 경우에는 A가 B기자에게 비보도를 전제로 허위 내용을 이야기했고, B기자가 비보도 약속을 지킬 것이라고 믿었다는 특별한 사정이 있다.

이에 대해 법원은 "A가 B기자에게 허위 내용의 말을 한 사실은 인정되지만, 사실 확인과 비보도를 전제로 말한 것이므로 B기자가 이를 확인도 하지 않고 기사화할 것임을 인식하지 못했다고 판단해 고의가 없다"고 봤다.

유시민 등이 노무현 재단 계좌추적 의혹 제기와 "허위의 인식"[••]

유시민은 2019년 12월 유튜브 채널 '알릴레오'에서 "검찰이 노무현재단 은행 계좌를 들여다본 것을 확인했고, 제 개인 계좌도 다 들여다봤을 것으로 짐작한다"면서 노무현재단 계좌추적 의혹을 제기했다.

2020년 7월 MBC '김종배의 시선집중' 인터뷰에서는 "윤석열 검찰총장이

•• 2023. 6. 2. 연합뉴스, '한동훈 명예훼손' 황희석 벌금 500만 원…"악의적 공격"(종합) 기사
2023. 5. 3. 뉴시스, '한동훈 명예훼손' 혐의 유시민, 18일 항소심 첫 재판 기사

나 한동훈 당시 반부패강력부장이 '조국 사태' 와중에 제가 (재단 유튜브인) 알릴레오를 진행했을 때, 대검에서 실시간으로 모니터링했다"며 "그래서 '얘 이대로 놔두면 안 될 것 같다. 뭔가를 찾자' 해서 노무현재단 계좌도 뒤진 것 같다"고 말하기도 했다.
이에 한동훈 장관은 노무현 재단이나 유 전 이사장의 계좌를 추적한 적이 없다며 유시민과 황 전 최고위원을 경찰에 고소했다.

유시민은 '채널A 사건' 관련 발언은 한 검사장과 채널A 이동재 기자의 위법한 수사와 취재를 비판한 것이 주된 내용이고, 재단 계좌 관련 내용은 굉장히 일부로서 구체적 사실 적시가 아닌 추측이나 의견이며, 설령 구체적 사실 적시였더라도 피고인은 이를 사실이라고 믿을 상당한 근거가 있었다며 무죄를 주장했다.

하지만 1심 재판부는 유시민의 고의를 인정하고 유죄를 선고했다.

유시민이 100만 명 이상 구독자를 보유한 인터넷 방송 진행자로서 여론 형성에 상당한 영향이 있고, 재단 계좌 관련 내용은 한 검사장과 채널A 이동재 기자의 위법한 수사와 취재를 비판한 내용과 별개의 사실이고, 검찰에서 수차례 해명했는데도 굽히지 않은 채 한 장관이 조국 전 장관과 가족 수사를 비판한 유 전 이사장의 계좌를 들여다봤다고 발언한 것이므로, 미필적 고의가 인정된다.

문제는 황의석 전 최고위원이 또다시 계좌추적과 관련한 허위 발언을 한 것이다.

노무현 재단 계좌추적 의혹에 대한 허위 발언

2021년 11월 TBS 유튜브 채널 '국회 앞 유정다방'에 출연해 "(검찰이) 2019년 9~10월 노무현재단 계좌추적으로 거래내역을 다 열어봤다. 그 과정에서 신라젠을 통해 유시민 전 재단 이사장을 잡으려고 채널A 기자와 정보를 공유해 소위 검언유착했다"고 발언했다.

하지만 유시민이 황 전 최고위원 발언 전인 2021년 1월 노무현재단 홈페이지에 사과문을 올리고 허위사실을 말했다고 인정하였고, 황 전 최고위원이 그 사실을 알았을 것이다. 황 전 최고위원은 기소가 되자 유시민과 동일하게 "발언 내용이 사실적시가 아닌 의견 표명이었고 허위라는 인식이 없었으며 비방 목적이 아니었다"는 취지로 주장했다.

그러나 재판부는 "발언 내용은 시간적으로나 공간적으로 구체적 사실을 포함하고 있고 한 장관이 계좌 거래내역을 들여다봤다는 부분에 대해 단정적 표현을 하거나 당연한 전제 사실인 듯 말하기도 했으므로 단순한 의견 표명이나 의혹 제기 발언이라고 보기 어렵다"고 판단했다.

2020년 이미 유시민이 해당 의혹을 제기해 검찰과 한 장관이 그런 사실이 없다고 밝혔고, 유 작가도 의혹을 입증하지 못했으며, 사실이 아니라는 사과문을 게시한 적이 있으므로 허위 인식은 인정된다고 본 것은 당연하다.

유시민은 선고 공판에 출석하면서 '한 장관에게 사과할 마음이 있냐'는 취재진의 질문에 "한동훈 씨가 저한테 사과를 먼저 해야죠. 이동재 기자의 비윤리적인 취재 행위에 대해서 그렇게 방조하는 듯한 행동을 한 것에 대해서 먼저 인간적으로 저한테"라고 말했다. 그리고 벌금 500만 원을 선고받고 법정에서 나오면서도 "저도 그렇고 한동훈 씨도 그렇고 오류를 저지를 수 있는데 그럴 때는 좀 부끄러워하는 마음이 있어야 한다", "제가 무죄가 나왔더라도 제가 상 받을 일을 한 게 아니듯이, 제가 부분 유죄가 나왔다고 해서 한동훈 씨가 검사로서 상 받을 일을 한 게 아니다"라고 말했다.

그런데 한 장관이 본인과 이 기자 간의 일에 대해 왜 유시민에게 사과해야 하는 것일까? 가해자인 유시민이 피해자인 한 장관에게 부끄러워하는 마음이 있어야 한다고 해도 되는 것인가? 지금도 유시민은 당당하다. 사과도 모르고 반성도 없다.

개구리 재판을 갔을 때 옆 법정에서 유시민의 재판이 열리고 있었다. 그런데 너무 당당해서 놀랐던 기억이 있다. 적어도 나라면 법정에서 재판을 받으면 많이 부끄러울 텐데. 많은 고소와 고발이 난무한 대한민국에서 형사재판을 받는 것도 부끄러워하지 않는 사람들이 많아진 것 같다. 법원을 무서워해야 명예훼손 범죄도 줄어들 텐데 걱정이 앞선다. 형사는 민사재판이 아닌데 다들 법원 문턱을 너무 만만히 보게 된 것 같다.

개구리들은 대한민국 곳곳에 있는 것 같다.

무관한 사람을 '일베 운영자'라고 지목한 경우•

A씨와 B씨는 2020년 "극우성향 사이트를 소유하고 있는 운영진의 실체가 드러났다"며 C, D, E씨가 극우성향 온라인 커뮤니티 '일간베스트'의 실질적 운영자라는 취지의 허위기사를 작성해 명예를 훼손한 혐의로 재판에 넘겨졌다.

재판 과정에서 A씨 등은 "제보자로부터 관련 자료를 받아 기사를 작성했다"고 주장했으나, 관련 자료는 제시하지 않았다. 이에 재판장이 A씨 등에게 비공개로 자료를 제시할 것을 요청했으나 두 사람은 비공개로도 자료를 제시하지 않았다. 재판부는 '피고인들은 기사 내용이 허위라는 사실을 인식했고 비방의 목적을 가지고 기사를 작성했다'고 보았다.

피해자들이 일간베스트 사이트의 실질적 운영진이 아니었고, 피해자들을 운영자로 볼 만한 객관적인 자료나 근거도 없으며, 그럼에도 불구하고 피고인들이 피해자들을 상대로 사실 확인을 위한 노력을 하지 않았기 때문이다. 당연히 유죄였다. 이 판결을 보니 우종창 전 조선일보 기자 사건이 떠오른다.

• 2022. 3. 23. 세계일보, 무관한 사람 '일베 운영자' 지목… 오보 기자 명예훼손 벌금형 기사

'조국 명예훼손' 유튜버 법정구속

2018년 3월 본인의 유튜브 채널에서 '조국 당시 청와대 민정수석이 최서원(개명 전 최순실) 씨 1심 선고 직전인 2018년 1월에서 2월 초 사이 국정농단 재판 주심 김세윤 부장판사를 청와대 인근 한식 음식점에서 만나 식사했다'는 제보를 받았다는 내용을 방송했다.
이에 조 전 장관은 "명백한 허위사실로 명예가 훼손됐다"며 이듬해 우 전 기자를 경찰에게 직접 고소했다.

우 전 기자는 실제로 위 내용으로 제보를 받았는데, 최강욱 전 청와대 공직기강비서관이 김 부장판사와 서울대 법대 86학번 동기이고, 최 전 비서관은 자신의 석사과정 지도교수이자 학과 선배인 조 전 장관과 가까운 관계이므로 제보가 신빙성이 있다고 생각했다고 주장했다. 또한 청와대, 서울중앙지검에 취재협조문을 보내는 등 사실확인을 위한 진지한 노력을 했다고 주장했다. 하지만 이 세 사람은 앞서 열린 재판에 증인으로 출석해 김 부장판사를 만난 사실이 없다고 증언했다.

1심 재판부는 "피고인은 방송 내용이 허위사실이 아니라는 소명자료를 제시해야 함에도 이런 자료를 전혀 제시하지 않았고 피고인에게 제보한 취재원의 신분에 대해서도 단지 본인의 유튜브 채널의 애청자로서 70대 점잖고 교양있는 어르신이라고 하면서 신원을 밝힐 수 없다고 하고 있다"며 지적했다. 또한 "방송 당일에 청와대에 취재협조문을 보내거나 방송이 이미 이뤄지고 나서 서울중앙지법에 취재협조문을 보낸 것은 사실확인을 위한 진지한 노력으로 평가하기 어렵다"고 판단했다.

1심 재판부는 우 전 기자가 박 전 대통령이 탄핵되고 형사재판을 받게 된 일련의 사태에 불만을 품고 추가적으로 이 사건 제보 내용을 공개한다면서 제보자 신원은 밝히지 않고 어떤 합리적 근거나 검증절차 없이 막연한 추측으로 허위사실을 방송한 것으로 보이므로, 공공의 이익을 위해 방송한 것으로 보기 어렵고 피해자에 대한 비방의 목적이 있었다고 판단하며 징역 8월을 선고하며 법정구속했다.

항소심에서도 1심 판결은 판단이 잘못됐다는 주장은 받아들이지 않으면서도, 방송 내용이 청와대 민정수석이라는 공적 인물의 직무 수행과 관련한 내용이라 '공적 사항'에 관한 것이고, 우 전 기자가 경제적인 이익을 얻거나 피해자에게 사적인 감정·이해관계 때문에 방송한 것으로 보이지는 않는다는 이유로 양형부당 주장을 받아들여 징역 6월, 집행유예 2년을 선고했다.

목사가 진위확인을 위해 교회 집사들에게 전임목사의 불미스런 소문에 관하여 물은 경우

A교회는 B가 목사로 근무하던 시절 그를 둘러싸고 찬반파가 갈려 내분이 격화되어 B는 교회를 떠나게 되었고 B를 지지했던 C도 전도사직을 사임하였다.

교회의 자체분쟁을 수습하기 위해 수습의원으로 위촉된 피고인 등이 수차례 회의를 하였는데, 영덕에서 영양으로 가는 차 중에서 피고인은 D로부터 B가 C 무릎을 베고 누웠고 B가 A 목사의 흰머리를 뽑고 있을 때 A의 부인이 들어오니 B가 목사님의 옛 애인이 들어온다고 하더라는 소문을 전해 들었다. 그 무렵 B와 C가 차례로 A 교회를 떠난 사실도 알게 되었다. 이후 A교회에서 E 등과 함께 대화하는 자리에서 우연히 B의 이야기가 나오게 되자 현직목사로서 그와 같은 소문의 진위를 알아보기 위해 그들에게 위와 같이 들은 소문이 맞는지를 확인하였다. 이후 E를 통하여 위와 같은 발설이 와전되어 다수인에게 전파되었다.

법원은 피고인이 부임 전부터 계속 들어온 풍문의 진위를 단순히 확인하고자 교회 집사들에게 이를 물어본 것에 지나지 않는다면 이는 경험칙상 충분히 있을 수 있는 일로서 명예훼손의 고의 없는 단순한 확인에 지나지 아니하여 사실의 적시라고 할 수 없다 할 것이므로 이 점에서 피고인에게 명예훼손의 고의 또는 미필적 고의가 있을 수 없다고 판단했다(대법원 1985. 5. 28. 선고 85도588 판결).

그런데 바꿔 말하면, "너도 들었니? 혹시 H가 ○○했다는 거?" 이런 식으로 물으면 죄가 안 된다는 것일까? 질문하다가 소문이 다 나겠다. 잘 생각해보면 법은 빠져나갈 허점이 너무 많아서 어쩌면 범죄를 더 키우는 것이 아닐까 싶다.

따끈따끈 최신판례 4

경찰 내부망서 동료 정보 알아내 고소, 개인정보보호법 위반으로 처벌?

경찰 내부 게시판(폴넷)에 등록된 경찰 내 성추행 사건 관련 게시글에 댓글을 단 경찰공무원들이 있었고, 피해자인 A씨는 이들의 휴대전화 번호를 내부 전산시스템을 통해 파악한 뒤 고소장에 기재하여 고소하였다.

그러자 고소를 당한 경찰관들이 A를 고소하였고, 검찰은 개인정보보호법 위반 혐의로 기소하였다.

이에 대해 1심 법원은 "A의 행동이 적절하다고는 보기 어렵지만, 수사기관에 고소하거나 소송 제기에 필요한 정보를 기재하는 행위까지 처벌 범위를 확대하면 실제로 억울한 당사자의 고소·고발과 소송제기 등 개인의 정당한 권리의 행사까지 제한하게 되므로, 일반적인 개인정보 누설 행위로서 처벌 대상이 된다고 볼 수는 없다"며 무죄를 선고했다.

항소심과 대법원도 1심과 같이 무죄를 유지하였다.

명예에 관한 죄에서 비방의 목적

;

누군가를 비방할 목적이 있는지 여부를 판단하는 명확한 기준은 없고,
구체적인 사안에 따라 판단할 수밖에 없다.
다만, 공익을 위한 명예훼손일 경우 비방의 목적을 인정하지 않고 있다.

명예훼손죄의 비방의 목적, 범죄구성요건인가?

아니면 위법성조각사유인가?

일반 명예훼손에서는 비방의 목적은 범죄구성요건이 아니다. 다만, 명예훼손의 특별 위법성조각사유인 공공의 이익을 위한 것인지를 판단하면서 비방의 목적이 있었는지 여부를 중요한 유죄 무죄의 판단 사유 중 하나로 보고 있다. 그리고 형법에서는 신문·잡지 또는 라디오, 기타 출판물에 의하여 사람의 명예를 훼손할 때 "비방할 목적"이 있는 경우에는 가중처벌(형법 제309조).하고 있는데, 이 경우에는 "비방할 목적"이고 범죄구성요건에 해당한다. 한편, "비방할 목적"으로 정보통신망을 이용해 사람의 명예를 훼손한 경우에는 정보통신망법에서 별도의 처벌 규정(정통망법 제70조)을 두고 일반 명예훼손보다 가중처벌하고 있다.

이와 같이 일반 명예훼손에 비해 가중처벌하는 이유는 명예를 훼손하는 방법이 신문·잡지·라디오·기타 출판물이나 정보통신망을 이용하므로 전파의 위험성이 크기 때문이다. 출판물에 의한 명예훼손은 공연성을 요건으로 명시하지 않고 있으나 신문·잡지 또는 라디오, 기타 출판물은 그 자체가 높은 전파의 가능성을 가지고 있으므로 굳이 공연성을 요건으로 할 필요성이 없기 때문이다.

이와 달리 정통망법상의 명예훼손은 '공연성'을 요구하는데, 이는 인터넷 자체가 전파성이 아주 강한 매체지만 개인적으로 보낸 메일이나 운영자만 열람할 수 있도록 해당 내용을 올린 경우 등과 같이 공연성이 당연히 있다고 보기 어려운 경우가 있기 때문이다.

법률상식 **명예에 관한 죄의 출판물**

출판물에 의한 명예훼손에서 기타 출판물은 등록·인쇄된 제본인쇄물이거나 제작물과 같은 정도의 효용과 기능을 가진 인쇄물에 이를 것을 요하고 단순히 프린트하거나 손으로 쓴 것은 여기에 해당하지 않다.

대법원은 ① 모조지 위에 사인펜으로 기재한 삽입광고문(대법원 1986.3.25 85도1143) ② 장수가 2장에 불과하고 제본방법도 조잡한 최고서 사본(대법원 1997.8.26 97도133) ③ 제호의 기재가 없는 낱장의 종이에 자기주장을 광고하는 문안이 인쇄되어 있는 인쇄물(대법원 1998.10.9 97도158) ④ 컴퓨터 워드프로세서로 작성되어 프린트된 A4용지 7쪽 분량의 인쇄물(대법원 2000.2.11 99도3048)은 출판물에 해당하지 않는다고 판시하였다.

비방의 목적이란?

'비방할 목적'이란 가해의 의사 내지 목적을 요하는 것인데, 사람을 비방할 목적이 있는지 여부를 판단하는 명확한 기준은 없고, 구체적인 사안에 따라 판단할 수밖에 없다.

대법원 판례에 의하면, 해당 적시 사실의 내용과 성질, 당해 사실의 공표가 이루어진 상대방의 범위, 그 표현의 방법 등 그 표현 자체에 관한 제반 사정을 감안함과 동시에 그 표현에 의하여 훼손되거나 훼손될 수 있는 명예의 침해 정도 등을 비교, 고려하여 결정하여야 한다(대법원 2003. 12. 26. 선고 2003도6036 판결, 대법원 2006. 8. 25. 선고 2006도648 판결 등).

또한, 대법원은 '피고인의 주요한 동기나 목적이 공공의 이익을 위한 것이라면 다른 사익적 목적이나 동기가 내포*되어 있더라도 그러한 사정만으로 피고인에게 비방할 목적이 있다고 보기는 어렵다'고 보고 있다(대법원 2012. 11. 29. 선고 2012도10392 판결).

사실 비방의 목적이 어디 항상 명확하겠는가? 그날그날의 기분 따라 한 경우도 많아서 당하는 사람은 충격이지만 가해자는 기억도 못 하고 "어머 제가 이런 글을 왜 썼을까?"라고 반문하여 오히려 어이없는 경우도 많았다.

비방의 목적과 공공의 이익 관계

대법원은 '비방의 목적'과 '공익의 이익'을 함께 존재하기 어려운 개념으로 보고 있다. 즉 공익을 위한 명예훼손일 경우 비방의 목적을 인정하지 않는다.

사람을 비방할 목적이 있는지 여부는 당해 적시 사실의 내용과 성질, 당해 사실의 공표가 이루어진 상대방의 범위, 그 표현의 방법 등 그 표현 자체에 관한 제반 사정을 감안함과 동시에 그 표현에 의해 훼손되거나 훼손될 수 있는 명예의 침해 정도 등을 비교, 고려하여 결정해야 한다.

그런데 공공의 이익을 위한 것과는 행위자의 주관적 의도의 방향에 있어 서로 상반되는 관계에 있으므로, 적시한 사실이 공공의 이익에 관한 것인 경우에는 특별한 사정이 없는 한 비방할 목적

• 대법원은 갑 운영의 산후조리원을 이용한 피고인이 인터넷 카페나 자신의 블로그 등에 자신이 직접 겪은 불편사항 등을 후기 형태로 게시하여 갑의 명예를 훼손하였다고 하여 정보통신망 이용촉진 및 정보보호 등에 관한 법률 위반으로 기소된 사안에서, 제반 사정에 비추어 볼 때 피고인에게 갑을 비방할 목적이 있었다고 보기 어려운데도, 이와 달리 보아 유죄를 인정한 원심판결에 '사람을 비방할 목적'에 관한 법리오해의 위법이 있다고 판단

은 부인된다(대법원 2009. 5. 28. 선고 2008도8812 판결). 따라서 형법 제310조의 공공의 이익에 관한 때에는 처벌하지 아니한다는 특별위법성조각사유 규정은 사람을 비방할 목적이 있어야 하는 형법 제309조 제1항 소정의 행위에 대해는 적용되지 않고, 그 목적을 필요로 하지 않는 형법 제307조 제1항의 행위에 한해 적용된다.

하지만 적시한 사실이 공공의 이익에 관한 것인 경우에는 특별한 사정이 없는 한 비방 목적은 부인되므로, 형법 제307조 제1항의 명예훼손죄를 판단하면서 형법 제310조에 의한 위법성 조각 여부가 문제로 되더라도 결국 비방의 목적이 인정되지 않으므로 310조의 공공의 이익이 인정되어 처벌할 수 없다(대법원 1998. 10. 9. 선고 97도158 판결 참조).

법원도 오락가락 사례: 성형외과에서 부작용이 있던 피해자가 지식검색 질문&답변 게시판에 그 부작용 내용을 적었다면?

A는 B가 운영하는 '○○'성형외과에서 턱부위 고주파시술을 받았으나 부작용이 발생하였다.

의사 B를 찾아가 항의를 하였으나 시술 전 부작용에 대하여 충분한 설명을 해 주었으니 자신은 아무런 잘못이 없다면서 별다른 조치를 취해주지 않은 것에 불만을 가졌다.

지식검색 질문&답변 게시판에 "아, B씨 가슴 전문이라 눈이랑 턱은 그렇게 망쳐놨구나. 몰랐네"라는 글을 게재하고 ② 같은 날 10:27경 위 지식검색 질문&답변 게시판에 "내 눈은 지방제거를 잘못했다고… 모양도 이상하다고 다른 병원에서 그러던데… 인생 망쳤음ㅠㅠ"라는 글을 게재하여 명예훼손으로 기소되었다.

1심과 항소심은 사실적시 명예훼손을 인정하면서 정당행위 주장도 받아들이지 않았다. 왜냐하면 일반적인 정당행위 법리가 사실적시 명예훼손에 그대로 적용됨을 전제로 ①성형외과에 대하여 질문하는 사람들에게 병원을 선택하는 데 있어 중요한 정보제공을 한다는 목적으로 행한 것이라고는 하나 그 수단이나 방법이 상당하다고 할 수 없고 ②적시 사실의 내용 및 그로 인한 피해자의 명예훼손의 정도 등에 비추어 피해자에 대한 법익침해도 크므로 정당행위에 해당한다고도 할 수 없다고 보았기 때문이다.

하지만 대법원의 생각은 달랐다.

정통망법상 '사람을 비방할 목적'이란 가해의 의사 내지 목적을 요하는데, 인터넷 포털사이트의 지식검색 질문·답변 게시판에 성형시술 결과가 만족스럽지 못하다는 주관적인 평가를 주된 내용으로 하는 한 줄의 댓글을 게시한 표현물은 전체적으로 보아 성형시술을 받을 것을 고려하고 있는 다수의 인터넷 사용자들의 의사결정에 도움이 되는 정보 및 의견의 제공이라는 공공의 이익에 관한 것이어서 비방할 목적이 있었다고 보기 어렵다고 판단했다(대법원 2009. 5. 28. 선고 2008도8812 판결).

요즘은 악의적으로 도배를 하는 경우도 많다. 그래서 고소 고발이 손님과 업주 또는 병원과 환자 사이에도 많이 발생한다. 간단하게 결론을 내릴 수 있는 문제는 아닌 것 같다.

비방의 목적과 관련된 재미있는 사건

"내 돈 갚으세요"[*]

A씨는 B씨에게 300만 원을 빌려줬으나, B씨는 A씨에게 돈을 갚는 대신 '1,000만 원을 투자하라'고 요구했고, 이후 A씨는 B씨와 연락이 닿지 않자 돈을 되돌려달라는 댓글을 남기게 되었다.
이에 A씨는 B씨가 운영하는 네이버 밴드에 접속, 38차례에 걸쳐 "사장님, 나한테 빌려 간 300만 원을 당장 송금해달라"는 댓글을 남긴 혐의로 기소됐다.

A씨가 올린 댓글은 객관적 사실이고, 해당 글에 피해자를 직접적으로 비방하거나 모욕하는 내용이 없었다. 법원은 A의 표현 방식도 비교적 절제돼 있고 이 사건 자체가 B씨가 채무를 지급하지 않고 피고인에게 욕설을 하며 투자를 강요한 것이 원인이 되었으며, A씨가 자신처럼 추가 피해자가 발생할 것을 우려해 게시판에 댓글을 단 것이므로 비방 목적이나 명예훼손의 고의가 있었다고 단정하기 어렵다고 판단했다.

잠깐! 그러나 이제는 스토킹처벌법이 있으므로 이 경우 스토킹범죄에 해당될 수 있다는 것을 명심하자.

[*] 2023. 5. 17. 뉴스1, "내 돈 갚으세요" 댓글 달아 명예훼손 고발당한 40대 女 무죄 기사

택시조합 전 이사장을 비판하는 문자를 보낸 경우[••]

A씨는 2021년 4월 자신의 택시회사 사무실에서 한때 조합 임원을 역임한 B씨에 대한 투서 형태의 문자메시지를 조합 회원 90명에게 보냈다.
발신 문자에는 '가짜 영수증', '결탁', '절차 없이 채용', '찬조금', '화해권고 조합 피해' 등의 내용이 담겼다.
B씨는 A씨 보다 앞서 '사장님들께'라고 시작하는 문자메시지를 회원들에게 보내 "집행부도 편 가르기, 패거리로 폭주와 독주를 멈추고 업권보호를 위해 총력을 기울일 때"라고 주장했다.

이에 대해 법원은 B씨가 조합의 임원뿐 아니라 공적인 영역의 선출직까지 역임하고 다시 조합에 영향력을 행사하려 하고 있으므로 이러한 지위에 있는 사람에 대한 비판은 널리 허용되어야 한다고 판단했다. 그리고 적시한 사실이 공공의 이익에 관한 것인 경우에는 특별한 사정이 없는 한 비방할 목적은 부인되는데 B씨가 보낸 문자메시지 내용은 사실에 부합하고, 해당 조합 회원들에게 필요한 정보를 제공하는 것으로서 공공의 이익에 관한 것이라고 평가할 수 있으므로 위법성이 인정되지 않는다고 판단했다.

치근덕대는 상사 "스토커"라고 단톡방서 폭로[•••]

봉사회 임원이던 A씨는 봉사회 회원들이 참가한 단체카톡방에서 회장인 B씨에 대해 "스토커 혐의로 회장직 물러서야 한다, 혼자인 여성들에게 추

•• 2023. 5. 213., 중도일보, 택시조합 전 이사장 비판 문자 임원 명예훼손 '무죄' 기사
••• 2023. 4. 17. 대전일보, 치근덕대는 상사 "스토커"라고 단톡방서 폭로…명예훼손일까 기사

악한 행동을 한다" 등의 폭로하는 글을 올리는 등 B씨의 명예를 훼손한 혐의로 약식 기소돼 재판에 넘겨졌다.

B씨는 A씨의 거부 의사에도 불구하고 이를 무시한 채 A씨가 운영하는 가게를 수시로 찾아왔고, A씨에게 "저녁 같이 먹을까", "이따 영화 보러 가자, 자기하고 같이 보고 싶어"라는 메시지를 보냈다. 이에 A씨는 "자기라고 하지 말고 혼자 봐라, 한 번 더 하면 인연 끊는다"며 불쾌함을 나타냈다.

이와 같이 A씨가 거절 의사를 드러냈음에도 B씨는 '사랑한다', '좋은 날 되세요', '행복하세요', '좋은 아침' 등의 글귀와 함께 배경 사진이나 그림이 포함된 메시지를 여러 차례 일방적으로 보내기도 했다.

법원은 A씨가 글을 쓴 목적에는 정신적 피해를 준 B씨를 비난하려는 목적도 포함됐다고 볼 수 있지만, 다른 회원에게 주의를 당부하거나 회장직을 수행하는 데 문제가 있다는 점을 지적하려는 목적이 포함돼 있다고 판단했다. 따라서 A씨 행위의 주요한 목적과 동기가 공공의 이익을 위한 것으로 볼 수 있고, B씨를 비방하려는 목적이 A씨에게 있다는 사실이 합리적 의심의 여지가 없을 정도로 충분히 증명되지 않았다며 A씨에 대해 무죄를 선고했다.

최강욱, 허위내용인 채널A 기자 발언 요지를 올린 경우•

최 의원은 2020년 4월 '채널A 사건' 의혹이 제기된 이후 본인의 SNS에 '편지와 녹취록상 채널A 기자 발언 요지'라는 글을 올렸는데, 이 전 기자가

• 2022. 10. 9. 노컷뉴스, [법정B컷]'검증'과 '비방' 사이…최강욱 명예훼손 무죄난 이유 기사

이철 전 밸류인베스트코리아 대표에게 "사실이 아니라도 좋다. 당신이 살려면 유시민에게 돈을 줬다고 해라"는 취지로 발언했다고 적었다.
검찰은 최 의원이 허위사실이 담긴 게시글을 썼다고 판단하고 기소하였다.

이에 대해 최 의원은 당시 적은 글이 실제 제보에 근거했고 이 전 기자 발언의 요지를 전달하며 논평한 것이므로 사실 적시에 해당하지 않는다고 주장했다. 이 전 기자가 해당 사건과 관련해 최 의원을 상대로 제기한 손해배상청구소송에서 1심은 최 의원이 이 전 기자에게 300만 원을 배상하라고 판결했고, 형사사건 재판부도 "글이 최 의원의 의견을 강조하기 위한 수단에 불과하다고 보기 어렵다"면서도 허위사실을 쓴 것임을 인정했다.

법원도 허위의 사실임을 인정했다. 하지만 최강욱의 발언은 공공의 이익을 위한 것이므로 이 사건 게시글 작성 당시 피해자 비방 목적이 있었다고 보기 어렵다는 이유로 무죄를 선고했다.

최 의원은 2020년 21대 총선 당시 글을 올렸고, 최 의원이 열린민주당 비례대표로 출마한 사람이었다. 따라서 선거를 앞둔 자신에 유리한 상황을 만들어 내는 것이 주된 목적이었으므로 공익성을 인정하지 않았어야 한다는 비판이 있다.

"조국 추정 ID, 누드사진 올린 의혹" 기자[•]

A씨는 지난 2020년 1월 30일 조 전 장관이 한 진보 성향 커뮤니티에 여성 나체사진 등을 올린 것으로 의심된다는 허위사실을 보도해 조 전 장관의 명예를 훼손했다는 혐의로 재판에 넘겨졌다. A씨는 커뮤니티 내에서 발생한 논란을 전하는 데 중점을 두어 보도했고, 기사 말미에 '해당 ID 소유자가 조 전 장관인지 확인되지 않았다'고 덧붙이기도 했다.

이 사건의 쟁점은 위 보도에 비방의 목적이 있었는지 여부, 공적 관심 사안에 해당하는지 여부였다. 원심과 항소심은 모두 무죄를 선고했다. 1심은 실제 조 전 장관 ID로 볼 여지가 있는 ID로 남성 잡지 표지 사진이 게시됐고, 이에 대한 논란이 있었던 사정에 비춰 보면 기사 내용 자체를 허위로 보기 어렵다고 판단했다.

항소심도 A가 제목과 내용에서 '조국 추정 아이디'라는 표현을 사용한 것은 일반 게시판에서 사용되던 걸 그대로 인용해 사용한 것이고, 익명의 다수 네티즌의 댓글 부분도 있는 사실 그대로 전달한 것이며, 해당 ID 소유자가 조 전 장관인지 확인되지 않았다고 덧붙이기도 했으므로, 피해자 비방 목적으로 기사를 게시했다고 인정하기 어렵다고 판단했다.

확인되지 않았다고 덧붙였는데 왜 기소가 되었을까? 혹시 조국이 아니고 일반인이었어도 기소가 되었을까?

• 2022. 4. 7. 뉴시스, "조국 추정 ID, 누드사진 올린 의혹" 기자, 2심도 명예훼손 무죄 기사

따끈따끈 최신판례 5

"백종원 탈법·편법 제왕" 비방, 벌금 VS 집행유예?

A씨는 2020년 6월 6일 새벽 인터넷 커뮤니티 게시판에 '우리나라 사람들이 선동에 취약한 걸 보여주는 대표적 케이스'라는 게시글과 댓글을 통해 백종원 더본코리아 대표를 겨냥해 '백 프렌차이즈 초기 이후에 들어갔다가 나온 사람들이나 법잘알이 보면 백종원은 탈법과 편법의 제왕', '백 대표가 실제 단가보다 낮은 가격으로 음식을 판매해 상권을 장악한 뒤 가격을 다시 올리는 방식으로 사업체를 운영했다', '백 대표는 사기와 선동으로 점철된 인간' 등과 같은 글을 올렸다. 이에 백종원 씨는 A씨를 명예훼손 및 모욕으로 고소하였고, 검찰이 이를 기소하여 재판을 받게 되었다.

A씨는 재판에서 "사회적 인식의 환기라는 공공 이익을 위한 것으로서 비방 목적이 없고 위법성이 조각된다"는 취지로 주장했다.

그러나 재판부는 백 대표가 저가 전략으로 상권을 장악한 후 가격을 올려 이윤을 확보하는 사업 방식을 사용했다고 보기 어렵고, 이에 반하는 A의 주장은 사실관계를 왜곡한 악의적인 비난이라고 보았다. 또한, "충분한 검증을 거친 객관적인 자료나 증거에 근거하지 않은 개인적인 의견으로 백 대표에 부정적인 인식을 불러일으키는 것에 불과하여 공공 이익을 위한 행위라고 보기는 어렵다"고 판단하며 벌금 300만 원을 선고하였다.

명예에 관한 죄, 최대의 난제

(위법성 인정 여부 판단)

;

표현의 자유 보장과 인격권 보호라는 두 법익이 충돌할 때는
표현의 자유로 얻어지는 가치와 인격권의 보호로 달성되는 가치를
비교형량하여 그 규제의 폭과 방법을 정해야 한다.

명예에 관한 죄에 대한 위법성 판단은 어떻게?

명예에 관한 죄가 성립하기 위해서는 구성요건에 해당하는 행위가 위법해야 하며, 위법성이 인정되지 않는 경우에는 형사처벌 받지 않았다. 명예훼손에 대해 형법상의 일반적 위법성조각사유인 정당행위가 적용될 수 있는데, 사실적시에 의한 명예훼손의 경우에는 우선적으로 형법 제310조의 특별 위법성조각사유가 적용되고 이후 정당행위 여부를 판단할 수 있는 데 비해, 허위사실 적시에 의한 명예훼손의 경우에는 형법 제310조는 적용될 수 없고 정당행위 여부만 판단할 수 있다.

하지만 앞서 살펴본 바와 같이 명예훼손의 경우 위법성 인정 여부는 사실상 비방의 목적이 있는지 여부가 가장 중요하다. 모욕죄의 경우 형법 제20조 정당행위에 해당하는지 여부, 즉 "사회상규에 위배되는지 여부"로 위법성 인정 여부를 판단한다.

명예훼손죄의 위법성 판단, 형법 제310조가 중요한 이유

제310조(위법성의 조각)는 "제307조 제1항의 행위가 진실한 사실로서 오로지 공공의 이익에 관한 때에는 처벌하지 아니한다"고 규정하고 있다. 현행 형법상 진실한 사실적시의 경우에도 명예훼손죄로 처벌되나, 이것이 표현의 자유, 비판의 자유를 침해할 수 있으므로 형법 제310조를 두어 공공의 이익을 위해 진실한 사실을 적시한 경우에는 처벌하지 않도록 양자의 조화를 꾀한 것이다.

공적인 사안이나 국민이 알아야 할 사안(알 권리)도 사실적시 명예훼손으로 처벌될 수 있으면 자유로운 비판이나 토론을 하지 못하게 되어 언론과 표현의 자유는 축소되고 비교형량의 비중은 명예보호 쪽에 치우치게 될 가능성이 크다(헌법재판소 1999. 6. 24. 선고 97헌마265 전원재판부 결정 등 참조). 그리고 진실성의 증명과 공공의 이익이라는 위법성의 조각 요건을 엄격하게 요구하게 되면 형사제재의 범위는 넓어지고 언론의 자유가 위축될 수 있다.

이런 우려를 고려하여 최근까지 대법원은 형법 제310조를 점진적으로 넓게 인정해왔고, 대법원은 2020. 11. 19. 선고 2020도5813 전원합의체 판결에서 형법 제310조의 위법성조각사유를 좀 더 폭넓게 인정했다. 대법원은 전파가능성을 유지하면서도 행위 등에 따른 공연성 판단 기준과 별도로 '발언 내용'에 따른 처벌 여부는 보다 엄격한 기준으로 판단할 필요가 있다고 보았다.

우리 형법은 진실한 사실을 적시한 경우에도 명예훼손죄로 처벌받는 것이 타인에 대한 공정한 비판마저 처벌함으로써 건전한 여론 형성이나 민주주의의 균형 잡힌 발전을 가로막는 것이어서는 안 된다고 본다. 그래서 위와 같은 독일 등 외국의 입법례나 유엔인권위원회의 권고 및 표현의 자유와의 조화를 고려하면, 진실한 사실적시의 경우에는 형법 제310조의 '공공의 이익'도 보다 더 넓게 인정되어야 한다.

특히 공공의 이익 관련성 개념이 시대에 따라 변화하고 공공의 관심사 역시 상황에 따라 쉴 새 없이 바뀌고 있다는 점을 고려하면, 공적인 인물, 제도 및 정책 등에 관한 것만을 공공의 이익 관련성으로 한정해서는 안 된다.

따라서 사실적시의 내용이 사회 일반의 일부 이익에만 관련된 사항이라도 다른 일반인과의 공동생활에 관계된 사항이라면 공익성을 지니고, 개인에 관한 사항이더라도 그것이 공공의 이익과 관련되어 있고 사회적인 관심을 획득한 경우라면 직접적으로 국가·사회 일반의 이익이나 특정한 사회집단에 관한 것이 아니라는 이유만으로 형법 제310조 적용을 배제해서는 안 된다. 또한 사인이라도 그가 관계하는 사회적 활동의 성질과 사회에 미칠 영향을 헤아려 공공의 이익에 관련되는지 판단해야 한다.

'진실한 사실'도 진실한 사실이 아니거나 진실한 사실이라는 증명이 없더라도 행위자가 그것을 진실이라고 믿을 상당한 이유가 있는 경우까지 포함된다(대법원 1962. 5. 17. 선고 4294형상12 판결, 대법원 1988. 10. 11. 선고 85다카29 판결 등 참조). 진실한 사실이란, 그 내용 전체의 취지를 살펴볼 때 중요한 부분이 객관적 사실과 합치되는 사실이라는 의미로서 세부에 있어 진실과 약간 차이가 나거나 다소 과장된 표현이 있더라도 무방하다(대법원 1998. 10. 9. 선고 97도158 판결).

형법 제310조의 문언상 '오로지 공공의 이익에 관한 때'에 한하여 위법성이 조각된다고 규정하고 있지만, 앞서 설명한 대법원 전원합의체 판결 취지에 따라 법문상 요건을 완화하여 널리 국가·사회 기타 일반 다수인의 이익에 관한 것뿐만 아니라 특정한 사회집단이나 그 구성원 전체의 관심과 이익에 관한 것도 포함된다고 보아야 한다.

행위자의 주요한 동기 내지 목적이 공공의 이익을 위한 것이라면 부수적으로 다른 사익적 목적이나 동기가 내포되어 있더라도 형법 제310조를 적용할 수 있다(대법원 1998. 10. 9. 선고 97도158 판결, 대법원 2002. 9. 24. 선고 2002도3570 판결 등 참조).

이 내용을 간단히 설명하자면, 행위자 자신이 '공익을 위해서', 본인은 진실인 줄 알고 있는 명예훼손의 가능성이 있는 이야기를 퍼트린 경우, 실제로 그 이야기가 진실이 아니어도 형법 제307조 제1항의 명예훼손죄가 적용되고, 공공의 이익에 관한 경우로 인정되면 위법성이 조각된다. 그리고 위법성이 인정되는지 여부는 사인이라도 그가 관계하는 사회적 활동의 성질과 사회에 미칠 영향을 헤아려 공공의 이익에 관련되는지 판단하여야 하고, 행위자의 주요한 동기 내지 목적이 공공의 이익을 위한 것이면 되고, 공공의 이익은 반드시 공적 관심 사항에 한정되지 않고 개인에 관한 사항이더라도 그것이 공공의 이익과 관련되어 있고 사회적인 관심을 획득할 만한 경우라면 위법성이 인정되지 않는다.

명예훼손죄에서 위법성조각사유와 공공의 이익의 관계

'공공의 이익'이란 국가, 사회 기타 일반 다수인의 이익에 관한 것뿐만 아니라 특정한 사회집단이나 그 구성원의 이익에 관한 것도 포함된다. 반드시 공적 생활에 관한 사실에 한하지 아니하고 사적 행동에 관한 사실이라도 그것이 공공의 이익이 되는 경우를 포함한다. 왜냐하면 개인의 사적 신상에 관한 사실도 그의 사회적 활동에 대한 비판 내지 평가의 자료가 될 수 있기 때문이다.

규정상으로는 오로지 공공의 이익에 관한 것이어야 한다고 규정하고 있지만 반드시 이를 유일한 동기로 하는 경우에만 한정되지 않고, 행위자의 주요한 동기 내지 목적이 공공의 이익을 위한 것이라면 부수적으로 다른 개인적인 목적 또는 동기가 내포되어 있거나 그 표현에 있어서 다소 모욕적인 표현이 들어있더라도 인정된다(대법원 2007. 1. 26. 선고 2004도1632 판결, 대법원 2007. 12. 13. 선고 2006도1239 판결 등).

공인이나 공적 기관의 공적 활동 혹은 정책에 대하여는 국민의 알 권리와 다양한 사상, 의견의 교환을 보장할 필요성이 있다. 특히 명예를 훼손당한 자가 공인인지, 그 표현이 공적 관심 사안에 관한 것으로 사회의 여론 형성에 기여하는 것인지, 피해자가 그와 같은 명예훼손적 표현의 위험을 자초한 것인지 여부 등의 사정도 적극 고려되어야 한다.

공적 관심 사안에 관하여 진실하거나 진실이라고 봄에 상당한 사실을 공표한 경우에는 그것이 악의적이거나 현저히 상당성을 잃은 공격에 해당하지 않는 한 원칙적으로 공공의 이익에 관한 것이라는 증명이 있는 것으로 보아야 한다(대법원 2007.1.26. 선고 2004도1632 판결).

공인이론, 공적 관심사란 무엇인가?

민주주의 국가에서는 여론의 자유로운 형성과 전달을 통하여 다수

의견을 집약시켜 민주적 정치질서를 생성·유지해 나가야 하므로 표현의 자유, 특히 공적 관심사에 대한 표현의 자유는 중요한 헌법상 권리로서 최대한 보장되어야 한다. 다만, 개인의 사적 법익도 보호되어야 하므로 표현의 자유 보장과 인격권 보호라는 두 법익이 충돌할 때에는 구체적인 경우에 표현의 자유로 얻어지는 가치와 인격권의 보호로 달성되는 가치를 비교형량하여 그 규제의 폭과 방법을 정해야 한다.

공개적인 발언으로 인한 명예훼손죄 성립 여부가 문제 되는 경우 발언으로 인한 피해자가 공적 인물인지 사적 인물인지, 발언이 공적인 관심 사안에 관한 것인지 순수한 사적인 영역에 속하는 사안에 관한 것인지, 발언이 객관적으로 국민이 알아야 할 공공성이나 사회성을 갖춘 사안에 관한 것으로 여론 형성이나 공개토론에 기여하는 것인지 아닌지 등을 따져보아 공적 인물에 대한 공적 관심 사안에 대해서는 사적인 영역에 속하는 사안과 다른 기준이 적용된 문제된 표현이 사적인 영역에 속하는 경우에는 표현의 자유보다 명예의 보호라는 인격권이 우선할 수 있으나, 공공적·사회적인 의미를 가진 경우에는 이와 달리 표현의 자유에 대한 제한이 완화되어야 한다.

공적 인물과 관련된 공적 관심사에 관해 의혹을 제기하는 형태의 표현행위에 대해서는 일반인에 대한 경우와 달리 사실의 적시로 평가하는 데 신중해야 한다. 또한, 사용된 표현뿐만 아니라 발언자와 그 상대방이 누구이고 어떤 지위에 있는지도 고려해야 한다.

공론의 장에 나선 공적 인물의 경우에는 비판을 감수해야 하고 그러한 비판에 대해서는 해명과 재반박을 통해서 극복해야 하며 공적 관심사에 대한 표현의 자유는 중요한 헌법상 권리로서 최대한 보장되어야 한다. 공적인 관심 사안은 그 사회적 영향력 등으로 인해 보다 광범위하게 공개·검증되고 문제 제기가 허용되어야 하므로, 그에 대한 비판적인 표현이 악의적이거나 현저히 상당성을 잃었다고 볼 정도에 이르지 않는 한, 이를 쉽게 불법행위에 해당한다거나 형사 책임을 져야 한다고 봐서는 안 된다.

예를 들자면, 국민의 대표자인 국회의원은 입법과 국정통제 등에 관한 광범위한 권한을 부여받고 나아가 그 직무를 적절히 수행할 수 있도록 면책특권을 보장받는 등으로 통상의 공직자 등과도 현격히 다른 발언의 자유를 누리고 있다. 따라서 국회의원의 공적 영역에서의 활동 등에 대한 비판도 더욱 폭넓게 인정되어야 한다(대법원 2014. 8. 20. 선고 2012다19734 판결 등 참조).

간단하게 네이버 인물 검색이 되면 공인이라고 보통 말을 하는데 거의 90% 그 말이 맞을 것 같다. 그런데 요즘 많은 유명 유튜버도 공인이고 공인의 지인도 함께 유명해져서 공인이 된 경우도 많아서 언론의 발달과 함께 공인의 범위도 넓어졌다.

공공의 이익이 인정되어 명예훼손으로 처벌받는지 법원도 헷갈리는 사례들

법원도 오락가락 사례:

퇴사하며 '유부남 팀장이 성폭력' 전체 이메일•

A씨는 2014년 10월 20일 팀장 B씨와 다른 동료 직원 3명 등 5명이 함께 술자리를 가졌다. 이 자리에서 A씨는 다른 동료들 모르게 테이블 아래에서 B씨에게 손을 잡히는 등 신체접촉이 있었다. 유부남인 B씨는 그날 밤 늦게 술자리를 전후해 3시간에 걸쳐 A씨에게 모두 12통의 문자메시지를 보내기도 했다.

'오늘 같이 가요', '맥줏집 가면 옆에 앉아요. 싫음 반대편', '집에 데려다줄게요', '왜 전화 안 하니', '남친이랑 있어 답 못 넣은 거니' 등의 내용이다. A씨는 답 문자를 보내지 않았다.

A씨는 사건 당시엔 회사에 문제 제기를 하지 않았으나, 2016년 본사에서 지역매장으로 전보 발령을 받은 뒤 회사에 사표를 내며 전국 200여 개 매장 대표와 본사 직원 80여 명의 회사 개인 메일로 '성희롱 피해 사례에 대한 공유 및 당부의 건'이라는 이메일을 보냈다.

A씨 이메일에서 는 "B씨에게 성적 수치심을 느꼈지만, B팀장이 성희롱 고충 상담 및 처리 담당자여서 불이익이 갈까 싶어 말하지 못했다"면서, "회사를 떠나게 됐고 회사의 발전을 위해 이런 일이 다시는 일어나지 않았으면 하는 마음으로 용기를 내 메일을 보낸다"고 적었다.

또한, A씨는 해당 메일에 B씨가 보낸 문자메시지 사진을 첨부하면서 "자신과 같은 일을 겪을 경우 B팀장이 있는 담당 부서가 아닌 각자 팀장이나 고용노동부, 국가인권위에 신고하라"고 덧붙였다.

• 2022. 1. 24. 대전일보, 퇴사하며 '유부남 팀장이 성폭력' 전체 이메일…대법원 "명예훼손 아냐" 기사

B씨는 A씨가 이메일을 뿌리는 바람에 자신의 명예를 훼손당했다며 정보통신망법상 명예훼손 혐의로 A씨를 고소했고, A씨는 재판에 넘겨졌다.

회사를 그만두면서 유부남 상사에게 성폭력 피해를 당했다고 직원들에게 단체 이메일을 보낸 경우 명예훼손에 해당할까?

이에 대해 1심은 "B씨의 행위는 당시 유부남인 B씨로서는 적절하지 않은 행동이었으나, 그 당시에 상응하는 조치를 취할 수 있었음에도 불구하고 팀 이동 인사발령을 받은 후에야 비로소 이를 문제 삼으며 대표이사에게 항의하고 전 직원에게 메일을 낸 것은 A씨가 B씨의 명예를 훼손하기 위해 메일을 작성한 것으로 볼 수밖에 없다"며 유죄를 선고했다.

윤리적으로 문제가 될 수 있는 B씨의 행동에 대해 A씨가 성적 수치심을 느꼈다면 당시 문제를 제기했어야 하고, 전보 발령 후 회사를 퇴사하며 메일을 보낸 것은 정당한 문제 제기로 볼 수 없으므로 B씨의 명예를 훼손하기 위한 목적이 인정된다는 것이다.

항소심도 "A씨에게 비방 목적이 있었다고 보고 명예훼손 혐의를 유죄로 판단한 것은 정당하다"며 1심 판결을 유지했다. 하지만 대법원은 "공공의 이익을 위해 메일을 보낸 것"이라며 원심 유죄 판결을 깨고 사건을 파기환송했다.

대법원은 ①해당 이메일은 과거 성추행과 성희롱적인 문자메시지를 받았다는 것이므로 이러한 문제는 회사조직 자체는 물론이고 그 구성원 전체의 관심과 이익의 관한 것으로써 순수한 사적 영역이라고 할 수 없고 ②B씨가 술자리에서 부하직원에게 부적절한 신체접촉을 하고 성희롱적인 내용이 포함된 문자메시지를 보내는 등 스스로 명예훼손 표현의 위험을 자초한 측면이 크고 ③A씨는 이메일에서 B씨를 비난하거나 모욕하는 등 인신공격적인 표현을 사용하지 않았고 ④A씨가 직장생활을 하는 동안 이를 문제 삼지 않다가 퇴사를 계기로 이메일을 보냈다는 사정을 들어 B씨에 대한 비방의 목적이 있었다고 추단하기 어렵고 ⑤우리 사회의 가해자 중심적 문화와 인식 등에 비춰볼 때 피해사례를 곧바로 알렸을 경우 직장 내 불이익과 부정적 반응 등 2차 피해에 대한 불안감을 가질 수 있는 점 등을 고려하면 부수적으로 A씨에게 전보인사에 대한 불만 등 다른 사익적 목적이 있었다고 하더라도, 그것만으로 B씨를 비방할 목적이 있다고 보기는 어렵다고 판단했다.

이와 유사한 사건으로, 대법원은 교장 갑이 여성 기간제교사 을에게 차 접대 요구와 부당한 대우를 했다는 인상을 주는 내용의 글을 게재한 교사 병의 명예훼손행위는 공공의 이익에 관한 것으로서 위법성이 조각된다고 판단했다(대법원 2008. 7. 10. 선고 2007도9885 판결).

그렇다면 공익신고의 의미로 밝히기 위해 알린다면 아마도 판결은 당신 편을 들 것이다. 그러나 경찰 조사부터 많은 문턱을 넘을 때 각각 다른 기준으로 재판까지 가서야 무죄를 받을 수 있고 판사의 성향에 따라 또 다르기에 참 조심스럽다. 이제 공익을 위해서 이야기하는 것도 조심스럽다. 하긴 1인 시위도 고소하는 세상이다.

법원도 오락가락 사례: 의료사고로 사망한 사람의 아들이 뿌린 전단지•

모 대학병원에서 무릎 인공관절 수술 치료를 받다가 사망한 환자의 아들 A씨가 병원 및 집도의 실명과 수술 경과 등이 첨부된 전단지를 들고 병원 정문 앞길에 서서 주변 사람들에게 나누어 주었다.
그 내용은 다음과 같다.
"잘못된 만행을 알리고자 한다! (중략) …의사 자기가 수술하다 죽은 게 '재수가 없어 죽었다' 이런 막말을 하고 있습니다. 어떻게 의사란 사람이 상식 밖의 말을 하는지 이 대학병원 관계자는 이런 사실을 알고 있는지 궁금하다!"
해당 병원 소속 정형외과 의사 B씨는 A씨를 고소했고, 명예훼손 혐의로 재판을 받게 되었다.

이 사건의 쟁점은 명예훼손 행위가 진실한 사실이면서 공공의 이익에 부합하는 것으로 볼 수 있는지 여부였다. 대법원은 "전단지 내용은 환자가 사망한 의료사고의 발생과 이에 대한 담당 의료인의 부적절한 대응으로 인한 의료소비자의 피해사례에 관한 것으로 볼 수 있다"면서 A씨가 전단지를 배포한 의도가 공공의 이익에 있다고 보았다. 즉, 전단지 내용은 피해자에게 의료행위를 받고자 하는 환자 등 의료소비자의 합리적인 선택권 행사에 도움이 될 수도 있는 정보이므로 공적인 관심과 이익에 관한 사안으로 인정했다.

• 2022. 9. 1. 법률칼럼 "재수 없어 죽었다" 뒤집힌 명예훼손 판결 의미

설령 피고인에게 부수적으로 피해자에 대한 원망이나 억울함 등 다른 개인적인 목적이나 동기가 내포되어 있었다고 하더라도 형법 제310조의 적용을 배제해서는 안 된다(대법원 2022. 7. 28. 선고 2020도 8421 판결 참조).

그런데 개인의 감정에 의해 뿌리는 전단지도 많기 때문에 결국 사실 여부는 양 당사자의 말을 들어봐야 할 때가 많다. 길고 지루한 재판은 누구나 힘들다. 억울함을 세상에 알리는 것도 힘들다. 이 책을 쓰다 보니 그냥 조용히 인터넷도 없는 세상에 살고 싶다는 생각이 자꾸 든다. 어쩌면 우리가 어린 시절 신문과 TV만 있던 세상이 더 편했나 싶기도 하다. 전파가 너무 빠른 무서운 세상이 되어간다.

법원도 오락가락 사례: 단톡방서 특정인 전과 사실 밝힌 경우•

A씨는 지난 2019년 1월 고등학교 동창 10여 명이 포함된 단체 채팅방에서 B씨에 대해 "내 돈을 갚지 못해 사기죄로 감방에서 몇 개월 살다가 나왔다"고 하면서 "집에서도 포기한 애, 너희도 조심하라"는 등의 글도 올려 기소되었다.

1·2심은 A씨 혐의를 유죄로 판단해 벌금 50만 원의 선고유예 판결을 내렸다. 그러나 대법원은 무죄 취지로 파기환송했다.

A씨가 만든 채팅방에 참여했던 상대방들은 A씨, 피해자와 같은

• 2022. 8. 19. 머니S, 단톡방서 특정인 전과 사실 밝혀도…대법 "명예훼손 아냐" 기사

고등학교 출신의 동창들로서 특정한 사회집단으로 볼 수 있다. 그리고 이 사건 게시글은 사실에 기초해 피해자와 교류 중인 다른 동창생들에게 주의를 당부하려는 목적이 포함돼 있고, 실제로 A씨가 이 사건 게시글의 말미에 그러한 목적을 표시했다. 따라서 A씨의 주요한 동기와 목적이 공공의 이익을 위한 것으로 볼 수 있다는 이유로 무죄 취지로 파기환송했다.

이와 유사한 사례에서 위법성이 인정되지 않는다는 이유로 무죄를 선고했다.

"소장 전과 있다" 말한 경비원, 명예훼손 무죄

A씨는 2021년 6월 B아파트 경비원을 그만두면서 B아파트 입주자대표회장과 회장의 아내에게 "소장 C씨가 사기 전과가 2회 있다"고 말했다.
소장 C씨는 실제로 2019년 보험사기방지특별법위반죄 등으로 인한 징역 10월에 집행유예 2년, 2019년 사기죄로 인한 벌금 400만 원의 처벌전력이 있다.
이에 C는 A를 사실적시 명예훼손으로 고소했다.

피고인이 한 위 발언 내용은 소장 C씨의 사회적 평가를 저하시키기에 충분한 표현으로 아파트 입주민들이 관심을 가질 수 있는 소재이고, 입주자대표회장 등이 피고인에게서 들은 말을 다른 사람에게 전파하지 않고 비밀로 유지할 정도로 C씨와 특별한 친분관계가 있다고 보이지는 않으므로 공연성은 인정된다. 하지만 피고인의 행위는 그 주요한 동기 내지 목적이 입주민 전체의 공공의 이익을 위한 것으로 볼 수 있다.

관리소장의 범죄전력은 아파트 입주민 전체의 관심과 이익에 관한 것으로 공적인 관심 사안에 해당하고, 공표의 상대방이 한정적이고 표현 방법을 보더라도 피고인은 객관적 사실만을 말했을 뿐 여기에 추가하여 C씨의 인격을 직접 비하하거나 비방하는 내용이나 표현을 포함하지 않았다.

피고인의 발언으로 훼손될 수 있는 C씨의 명예 침해 정도 등을 비교·형량해 보더라도 C씨의 명예 침해 정도가 아파트의 투명·안전한 관리라는 공공의 이익에 비해 더 크다고 보기 어려우므로 위법성이 인정되지 않는다(대법원 2005. 7. 15. 선고 2004도1388 판결).

앞서도 말했듯 사실적시 명예훼손으로 알고 있는 것을 말해도 고소당할 수 있고 괴롭힘을 당할 수 있다. 아니, 사실을 말해도 고소당하니 참 어이없는 세상이라고 말할 수도 있지만 설사 그것이 사실이라도 말을 안 하는 것이 어쩌면 맞을지도 모른다. 그런데 여기서 포인트는 공공의 이익을 생각할 때 꼭 해야 한다면 그것이 죄가 되지 않는다는 것이다.

예를 들면 "어머, 그 식당 내가 저번에 갔을 때 유통기한 지난 거 팔았어 가지 마"라고 했다면 무죄가 될 수 있을 것이다. 그런데 이 말을 해도 고소당할 수 있다. 나는 공공의 이익이라고 주장해도 "유통기한 지난 거 입증해봐"라고 수사관이 물으면 어떻게 입증을 할 것인가?

여러분도 점점 명예훼손에 관한 죄라는 것이 어렵다는 생각이 들 것이다.

법원도 오락가락 사례: 횡령 전력 종친회 회장에 '사기꾼'•

같은 종친회 소속인 A씨와 B씨는 지난 2017년 11월 경 경북 포항에서 열린 대구종친회 총회에서 회장직 선출 인사말을 하려던 C씨를 가리켜 "남의 재산을 탈취한 사기꾼이다. 사기꾼은 내려오라"고 말하였다.

C는 A, B를 허위사실 명예훼손으로 고소하였고, 재판을 받게 되었다.

1심과 항소심은 유죄를 선고했다. C가 횡령죄로 처벌받은 전력이 있을 뿐 사기죄 전과가 없는데도 사기꾼이라고 한 것은 허위사실의 적시에 해당한다고 보았다. 그리고 피해자에 대해 훼손될 수 있는 명예의 침해 정도가 가볍지 않은 점, 해당 총회 자리에 수백 명의 종원들이 참석해 공표된 범위가 넓은 점, 회장직 선출 인사말을 하려는 피해자의 말을 가로막고 말한 점 등에 비춰 볼 때 오로지 공공의 이익에 관한 것이라고 보기도 어렵다고 판단했다.

하지만 대법원은 무죄 취지로 파기환송했다. 피고인들의 주된 발언 취지는 피해자가 다른 사람의 재산을 탈취한 전력이 있다는 것으로 피해자에게 특가법위반(횡령)죄의 전과가 있는 이상 주요 부분에 있어 객관적 사실과 합치되는 것으로 볼 수 있다. 사기꾼이라는 표현도 피해자의 종친회 회장 출마에 반대하는 의견을 표명한 것이거나 다소 과장된 감정적 표현으로 이해할 수 있으므로 사실의 적시라고 보기 어렵다.

• 2022. 2. 25. 뉴스핌, 횡령 전력 종친회 회장에 '사기꾼' 발언…대법 "명예훼손 아냐" 기사

또한, 범죄전력과 같은 개인적인 사항이라고 하더라도 피해자가 종친회 회장으로 출마함으로써 공공의 이익과 관련성이 발생했고, 종친회 회장으로서의 적격 여부는 종친회 구성원들 전체의 관심과 이익에 관한 사항에 해당하므로 형법 제310조를 적용해야 한다.

공공의 이익이 인정되지 않아 명예훼손으로 처벌받은 사례

> **배드파더스 활동은 무죄?**[*]
>
> 배드파더스는 이혼 후 양육비를 지급하지 않는 부모에 접촉해 지급할 때까지 신상을 공개하는 사이트로 2018년부터 3년 동안 운영됐는데, 이 사이트에 개인정보가 공개된 일부 미지급자들이 명예훼손 혐의로 고소하였다. 검찰은 실명과 사진을 공개한 점 등을 문제 삼아 벌금 300만 원에 약식기소했으나, 법원이 정식 재판에 회부했다.

배드파더스는 양육비를 지급하라고 법원에서 판결을 했는데도 양육비를 지급하지 않는 아빠·엄마들의 신상을 공개한 뒤, 미지급된 양육비를 해결하면 신상공개된 것을 삭제하는 방식으로 양육비 미지급을 해결하고자 했고, 양육비 이행강화를 위한 법안제정을 촉구해왔다.

국민참여재판으로 진행된 1심에서 재판부는 무죄로 판단했다. 피고인이 양육비 미지급자에 대한 정보를 공개하는 활동을 하면

* 2023. 3. 22. 경인일보, "공익성 vs 명예훼손"…'배드파더스' 법조계 반응 팽팽 기사

서 대가를 받는 등 이익을 취한 적이 없고, 대상자를 비하하거나 악의적으로 공격한 사정이 없으며, 피고인의 활동은 양육비를 받지 못한 다수의 양육자가 고통받는 상황을 알리고 지급을 촉구하기 위한 목적이 있어 공공의 이익을 위한 것으로 볼 수 있다는 이유였다.

하지만 항소심 재판부는 벌금 100만 원에 형 선고유예를 내렸다. 항소심은 양육비 지급 문제가 단순한 개인 간의 채무 문제가 아닌 공적 관심 사안이라는 것은 인정하면서도, 배드파더스는 양육비 채무 이행 기간이 도달하지 않은 사람의 이름을 게시하기도 하고, 제대로 된 소명기회를 주지 않는 등 글 게시와 삭제 처리 기준이 일정하지 않다는 이유였다.

양육비를 주지 않는 부모들의 신상을 공개하는 '배드페어런츠Bad Parents(나쁜 부모들)' 사이트 운영자도 1심에서 무죄를 선고받았으나 항소심에서 유죄가 선고되기도 했다. 또한, '밀린 양육비를 지급하라'며 전 남편과 시부의 가게 앞에서 전 남편 및 동거녀의 사진과 18년간 미지급된 양육비 금액 1억 9,000만 원, 개인 채무금액을 기재한 피켓을 들고 1인 시위를 벌이거나 해당 내용이 담긴 유인물을 부착한 A씨가 명예훼손으로 형사처벌을 받은 사례[••]도 있다.

양육비 미지급자의 신상을 공개하는 '배드파더스' 활동에 대한 대법원 판단이 1년 넘도록 지연되고 있는데, 대법원의 판단이 주목

•• 2022. 5. 30. 뉴스1, "18년 밀린 양육비 달라"…1인 시위 40대 여성, 명예훼손 '집유' 기사

받는 이유는 여전히 사회에 양육비 미지급 사례가 많다는 현실 때문이다.

참고로 배드파더스 활동으로 인해 양육비 채권 이행의 중요성에 대해 국민적 관심이 촉발되어 양육비 미지급자의 운전면허를 정지시킬 수 있는 제도, 출국금지, 명단공개, 형사처벌 조항이 만들어졌다.

이왕 이렇게 민사의 형사화가 되는 시점에 명예훼손으로 손해배상청구를 했는데 손해배상금을 주지 않고 약 올리면 운전면허 정지 또는 명단공개 또는 출국금지를 하면 어떨까? 돈 없다고 배 째라며 모욕을 계속하는 사람들이 혼 좀 나게 말이다.

감봉 3개월 징계 공고•

한 회사의 인사 담당자 A는 특정 직원이 징계절차에 회부되자, 징계 사유 등이 담긴 문서를 해당 직원에게 등기 우편으로 발송했다.

징계 사유에는 "근무성적 또는 근무태도 불성실, 상급자의 업무상 지휘명령에 정당한 이유 없이 불복" 등 개략적인 내용이 적혀 있었다.

A는 징계가 최종 의결되기 전인데도 건물 관리소장을 시켜 해당 직원에게 발송된 문서를 대신 수령케 하고 그 문서를 건물과 관리사무실 등 여러 곳에 게시하라고 시켰다.

• 2022. 11. 13. 한국경제, '김 과장 감봉 3개월'…징계공고, 명예훼손죄 된다고? [곽용희의 인사노무노트]

원심은 징계 회부 사실은 사생활이 아닌 회사의 공적 절차이자 공적 관심의 대상이고, 문서의 내용도 '공공의 이익'에 관한 것이라고 무죄 판단했다.

하지만 대법원[••]은 유죄 취지로 파기환송했다. 징계 절차 자체에 대해서는 공적인 측면이 있더라도 징계 의결 전에 징계절차 '회부' 사실을 공지하는 것으로 공공의 이익이 달성될 수 있을지도 의문이다.

공지된 내용에 개략적인 징계사유가 기재되는 등 단순히 '절차에 관한 사항'을 공개했다고 보기 어렵고, 피해자 앞으로 보낸 문서를 대신 수령해 개봉하고 게시하도록 한 점은 업무상 절차를 적법하게 처리한 것이라고 보기 어렵다.

참고로 대법원은 인사위원회가 개최되지 않는 등 위법한 징계처분 결과를 게시판에 게시한 행위는 불법행위로 판단하고 있다. 따라서 확정되지 않은 징계를 공표해서는 안 되고, 확정된 징계를 공표하더라도 징계 대상자의 실명을 밝히는 것은 자제해야 하며, 외부 사람이 볼 수 있는 곳에 내거는 것도 방법상 부적절하다.

옛날 내가 학교 다닐 때 성적 순위를 프린트해서 나눠주고 공개하기도 했는데 요즘도 그렇게 하고 있나 궁금해졌다. 지금 생각해보면 그것도 명예훼손인데 사실적시일까? 아님 모욕일까?

공개된 성적표를 들고 집에 갈 때 학생들의 표정이 생각난다. 행복은

•• 대법원 2021도6416

성적순이 아니라고 말은 하지만 적어도 그날은 모두 그 종이 한 장에 울고 웃고 고개를 떨구며 걸어가곤 했다. 갑자기 그날이 생각나면서 웃음이 난다.

명예훼손죄에서 정당행위가 인정된 경우

> **법정에서의 사실적시 명예훼손**
>
> 피고인은 법정에서 방청객 여러 사람에게 "증인은 그 자리에 앉을 자격도 없다. A와 내연의 관계이기 때문에"라고 말하여 사실적시 명예훼손으로 기소되었다.

대부분의 경우 명예훼손에서의 위법성 인정 여부는 형법 제310조를 중심으로 논의가 된다. 하지만 그렇다고 형법 제20조의 정당행위 규정이 명예훼손에 적용되지 않는다고 단정해서는 안 된다.

피해자와 A는 수년간에 걸쳐 절친하게 지내면서 통상적인 수준을 넘어서는 정도로 경제적 도움을 주고받는 등 타인의 입장에서는 그들을 내연의 관계로 볼 수 있을 정도로 친밀한 관계를 유지해왔다.

A는 피고인과도 절친한 관계를 유지하다가 피고인과의 재산 분쟁으로 인하여 피고인을 상대로 서울지방법원 동부지원에 임금청구의 소를 제기하게 되었고, A는 위 소송에서 피해자를 증인으로 신청하여 피해자가 위 법정에서 증언을 하게 되었다. 피고인으로

서는 피해자가 A에게 일방적으로 유리한 진술을 하므로 위 법정에서 피해자의 진술을 믿을 수 없다고 말했는데 판사가 그 이유를 묻자 피해자가 A와 내연의 관계에 있기 때문이라고 대답했다. 그 후 피고인은 피해자의 법정진술의 신빙성을 탄핵하기 위한 자료로서 법원에 제출할 목적으로 피해자와 A와의 관계를 잘 알 만한 사람들을 대상으로 서명서에 날인을 받았다.

위와 같은 사실에 비추어 보면 피고인으로서는 A와의 재판 과정에서 A와 관계에 있는 피해자의 진술로 인하여 당해 재판부가 그릇된 사실인정을 하지 않을까 우려되어 피해자 진술의 신빙성을 탄핵하기 위해 위와 같이 말하고 서명서에 날인을 받은 것이고 피해자의 명예를 훼손하기 위한 의도는 미미했다고 봄이 상당하다고 보았다.

따라서 피고인의 위와 같은 행위들은 그 동기와 목적, 수단·방법, 피고인의 변론권과 피해자의 명예감정과의 이익형량 등을 고려할 때 사회상규에 위배되지 아니하는 행위로서 형법 제20조의 정당행위에 해당한다(서울지방법원 2001. 4. 13. 선고 2000노6341 판결). 즉, 법정에서 다소 모욕적으로 말을 해도 재판의 유불리를 위해 말을 한 것이라면 무죄라고 보는 것이다.

요즘은 피고인의 변호사가 피해자를 법정에서 모욕하는 것도 종종 보았기에 법정은 참 요지경의 세상이라는 생각이 든다. 뻔뻔한 피고인들이 너무 많다.

모욕죄의 사회상규 위반 판단 기준

'사회상규에 위배되지 않는 행위'라 함은 법질서 전체의 정신이나 그 배후에 놓여 있는 사회윤리 내지 사회통념에 비추어 용인될 수 있는 행위를 말한다. 쉽게 말하자면 도덕적으로 문제가 없고 누가 보아도 이해가 가는 이런 뜻으로 보면 될 것이다.

일반적으로 어떠한 행위가 사회상규에 위배되지 아니하는 정당한 행위로서 위법성이 조각되는 것인지는 구체적인 사정 아래서 합목적적, 합리적으로 고찰하여 개별적으로 판단되어야 하고, 정당행위가 인정되려면 첫째 그 행위의 동기나 목적의 정당성, 둘째 행위의 수단이나 방법의 상당성, 셋째 보호이익과 침해이익과의 법익 균형성, 넷째 긴급성, 다섯째 그 행위 외에 다른 수단이나 방법이 없다는 보충성 등의 요건을 갖추어야 한다.

하지만 대법원은 모욕에 관하여 정당행위를 인정한 사례들이 많이 있는데, 그 판례들의 사안을 살펴보면, 모욕죄는 위와 같은 일반적인 정당행위의 요건을 기준으로 하지 않고 있다. 만약 일반적인 정당행위 법리를 모욕죄에 적용하게 되면 긴급성이나 보충성이 인정되는 경우는 상상하기 어렵기 때문이다(당연하다. 무슨 욕을 하는 것에 긴급성이 있을까. 급히 욕을 해야 하고 어떤 말을 하는 데 보충하기 위해서 욕을 해야 한다면 말이 안 되는 것이다). 즉, 모욕죄의 경우 어떤 글이 특히 모욕적인 표현을 포함하는 판단 또는 의견의 표현을 담고 있는 경우에도 그 시대의 건전한 사회통념에 비추어 그 표현이 사회상규에 위배되지 않는 행위로 볼 수 있는 때에는 형법 제20조에 의하여 예외적으로 위법성이 조각된다.

어떤 문제된 표현이 모욕적 표현을 담고 있는 경우에도 사회상규 위반 여부를 판단할 때에는 ①피고인과 피해자의 지위와 그 관계 ②그 글을 게시하게 된 동기, 경위나 배경 ③전제된 사실의 논리적·객관적 타당성 ④표현의 전체적인 취지와 구체적인 표현방법 ⑤모욕적인 표현의 맥락 ⑥모욕적 표현이 그 글 전체에서 차지하는 비중과 전체적인 내용과의 연관성 등을 종합적으로 고려하여 판단해야 한다(대법원 2022. 12. 15. 선고 2017도19229 판결 등 참조). 또한, 그 내용이 객관적으로 타당성이 있는 사정에 기초하여 관련 사안에 대한 자신의 판단 내지 피해자의 태도 등이 합당한가 하는 데 대한 자신의 의견을 강조하거나 압축하여 표현한 것이라고 평가할 수 있고, 그 표현도 주로 피해자의 행위에 대한 것으로서 지나치게 악의적이지 않다면, 다른 특별한 사정이 없는 한 그 글을 작성한 행위는 사회상규에 위배되지 않는 행위로서 위법성이 조각된다고 보아야 한다(대법원 2021. 3. 25. 선고 2017도17643 판결).

법원도 판단이 어려운 모욕죄에서 정당행위 여부

> **법원도 오락가락 사례:**
>
> **"양두구육 표현, 정치영역서 썼다면 모욕죄 가능?"•**
>
> 송일준 전 사장은 2017년 7월 자신의 페이스북에 '철면피 파렴치 양두구육', '간첩조작질 공안검사 출신 변호사', '역시 극우부패세력에 대한 기대를 저버리지 않는다'라는 표현을 써가며 고영주 전 이사장을 모욕한 혐의로 기소됐다.

송 전 사장은 "공인이라면 비판 내용이 다소 불쾌하더라도 표현의 자유 차원에서 감수해야 한다"며 무죄를 주장했으나, 1심과 2심 모두 유죄로 판단해 벌금 50만 원 선고유예를 선고했다. 그러나 대법원은 송 전 사장 글이 모욕죄로 처벌할 만한 모욕적 표현이 아니라고 판단하고 무죄 취지로 파기환송했다.

대법원은 "사회상규에 위배되는지 여부는 피고인(송 전 사장)과 피해자(고 전 이사장)의 지위와 그 관계, 표현행위를 하게 된 동기, 경위나 배경, 표현의 전체적인 취지와 구체적인 표현방법, 모욕적인 표현의 맥락, 전체적인 내용과의 연관성 등을 종합적으로 고려해야 한다"고 밝혔다.

①피고인이 이 사건 표현 당시 MBC 경영진과 대립하는 관계에 있었는데, MBC를 감독하는 기관의 이사장인 피해자가 MBC 경영

• 2022. 8. 25. 경향신문, 대법 "양두구육 표현, 정치영역서 썼다면 모욕죄로 처벌할 수 없어" 기사

진을 비호한다는 등의 이유로 피해자에 대하여 비판적인 입장에 있었던 점 ②그런 상황에서 피고인은 피해자가 과거 사학분쟁조정위원회 위원으로 활동할 당시 관여했던 사안과 관련하여 사익을 추구했다는 이유로 고발을 당했다는 기사가 보도되자 이를 공유하면서 이 사건 표현이 포함된 글을 게시한 점 ③피고인이 게시한 글의 전체적인 내용은, 피해자가 또 고발당한 것을 보면 피해자는 '대한민국의 양심과 양식을 대표하는 인사가 맡아야 할 공영방송 MBC의 감독기관 이사장'의 자격이 없고, 피해자가 이사장 자리에 있는 것은 부당하다는 취지로 보이는 점 ④'파렴치', '철면피' 또는 '양두구육'은 상황에 따라 우리의 일상생활에서 '부끄러움을 모른다, 지나치게 뻔뻔하다' 또는 '겉 다르고 속 다른 이중성이 있다'는 뜻으로 특히 언론이나 정치 영역에서 상대방에 대한 비판적 입장을 표명할 때 흔히 비유적으로 사용되는 표현인 점 ⑤'극우부패세력'은 '부패'라는 범죄행위를 연상케 하는 용어가 포함되어 있기는 하지만 이념적 지형이 다른 상대방을 비판할 때 비유적으로 사용되기도 하는 점 ⑥피고인이 피해자가 공적 활동을 이용하여 사익을 추구했다는 혐의로 고발되었다는 기사를 통하여 피해자의 이사장으로서의 자격과 역할에 대한 비판적인 의견을 표현하는 과정에서 피해자에 대한 부정적인 평가를 강조하기 위하여 이 사건 표현을 사용한 것인 점 등을 종합적으로 고려하면 피해자의 행위와 관련된 이 사건 표현이 지나치게 모욕적이거나 악의적이라 보기도 어렵다고 판단했다.

송 전 사장이 고 전 이사장의 공적 활동과 관련한 의견을 페이스북을 통해 글로 쓰면서 일부 모욕적 표현을 사용한 것으로, 사회상규에 위배되지 않는 행위라고 본 것이다. 이는 말이나 글에 다소 모욕적인 표현이 포함돼 있더라도 자신의 판단과 의견이 타당함을 강조하는 과정에서 부분적으로 사용됐다거나, 사회상규에 위배되지 않는다면 위법성이 사라진다는 기존 대법원 판례의 취지에 따른 것으로 보인다.

흥미로운 점은 대법원은 여기서 한발 더 나아가 '양두구육, 철면피, 파렴치'는 정치 영역에서 사용할 수 있는 표현이고, 정치적 영역에서 공적 인물을 비판하기 위해 '양두구육(羊頭狗肉 · 양 머리를 걸고 뒤에선 개고기를 판다)', '철면피', '파렴치'와 같은 표현을 썼다면 형법상 모욕죄로 처벌할 수 없다는 취지[•]이다.

그렇다면 유력 대선후보인 A씨 아들이 국민적 관심사였던 유력 대선후보 B씨의 아들에 대한 한국고용정보원 입사특혜 의혹에 대해 직접 나와 해명하지 않고 개인 전시회에 참여하자, 대선 당시 C정당의 대변인 D씨가 기자들 앞에서 브리핑을 하면서 B씨 아들에게 입사특혜 의혹에 대한 직접 해명을 요구하면서 국민들에게 B씨 아들의 소재를 알려달라며 "국민지명수배"를 선언하고 제보자에게 C당 대선후보와의 프리허그를 내걸었다면, 과연 모욕에 해당할까?

솔직히 대통령의 아들이 공인이 아니면 누가 공인일까? 아무튼 정당

• 대법원 2022. 8. 25. 선고 2020도16897 판결 [모욕] 판결

의 대변인이 대선후보 아들의 공개지명수배 브리핑을 자의적이 아닌 당 대변인으로 영혼 없이 한 뒤 6년 넘게 그 대통령의 아들로부터 소송을 당하는 것을 보니 이 글을 보는 독자들에게 물어보고 싶다.

"여러분 대통령의 아들이 공인인가요, 아닌가요?"

공인도 아닌데 국민 세금으로 경호를 해주나? 그리고 공인이 아닌데 기자들이 페이스북이나 인스타를 보고 기사를 낼까? 손바닥으로 하늘을 가리고, 오리 얼굴을 잡고 닭이라고 우기라고 말해주고 싶다. 억울한 그 대변인은 사실 회의도 참석 안 해서 왜 그런 아이디어가 나오고 피켓이 만들어졌는지도 모르고 종이 들고 브리핑한 건데 불쌍하다. 대선후보 돕다가 6년간 고생이라니… 불쌍하다는 생각뿐이다.

법원도 오락가락 사례: "어떤 센 또라이", "변또라이"

변희재 대표는 고깃집에서 보수단체 회원 600여 명과 '보수대연합 발기인대회'를 열었는데, 당시 "서비스가 좋지 않았다"며 식사비 1,300만 원 중 1,000만 원만 지불해 '먹튀' 논란에 휘말렸다.

탁현민 교수는 '변리바바와 600인의 고기 도적'이라는 팟캐스트에 출연해 변 대표를 '어떤 센 또라이 하나가 있다', '변또라이, 권력을 손에 쥔 무척 아픈 아이' 등으로 표현하였다.

변 대표는 탁 교수를 모욕으로 고소했다.

1심 재판부는 "변 씨에 대한 조롱이나 경멸적 감정을 표현한 것으로 봐야 한다"며 벌금 50만 원을 선고했다. 그러나 항소심은 무죄를 선고했다.

변 대표가 공인의 지위에 있으므로 자신의 비판에 수반하는 다소의 경멸적 표현을 어느 정도 감내해야 하는 위치에 있고, 탁 교수가 언론 보도에 기초해 보수대연합이 우리 사회의 올바른 이념적 지향을 표방하면서도 정작 부적절한 이유로 식사비를 내지 않고 음식점 주인을 '종북'이라고 비난한 것으로 알고 이를 비판하기 위해 해당 발언을 한 것이므로 위법성이 인정되지 않는다는 이유였다.

이에 대해 탁 교수는 무죄 판결이 나온 이날 자신의 사회관계망 서비스 트위터에 "연관 검색어가 변희재라는 것에 심한 모욕감을 느끼지만 어쩔 수 없다. 그냥 내가 치워야 할 몫의 것을 치웠을 뿐"이라는 글을 올려 변 대표를 자극하기도 했다.

개인적 경험에 따르면 절대로 가해자들은 반성이 없다. 결국 변 대표는 두 번 당했다. 무죄가 되어 변 대표를 치웠다는 표현으로 또 한 번 모욕을 당했으니….

모욕죄에서 정당행위가 인정된 사례

> **"조장들 한심한 인간들임. 불쌍한 인간임"**
> 인터넷 사이트 내 공개된 카페의 '벌당벌금제도'라는 게시판에 '이상한 나라의 빅토리아'라는 제목으로 '재수 없으면 벌당 잡힘. 규칙도 없음. 아주 조심해야 됨. 부장이나 조장 마주치지 않게 피해서 다녀야 됨. 조장들 한심한 인간들임. 불쌍한 인간임. 잘못 걸리면 공개처형됨'이라는 내용의 글을 작성하여 골프클럽 조장이던 피해자를 공연히 모욕하였다고 기소되었다.

항소심은 위 게시글의 전체적인 내용은 '규칙이 없어 운이 나쁘면 벌당(징벌적 특근)이나 공개망신을 당할 수가 있으니 부장과 조장을 조심하라'는 취지이고, 그중 피해자를 '불쌍하고 한심하다'라고 표현한 부분은 '처지가 가엾고 애처로우며, 정도에 너무 지나치거나 모자라서 가엾고 딱하거나 기막히다'라는 의미에 불과하다고 판단했다. 따라서 위 게시글이 피고인의 의견 표현의 자유를 일탈하여 피해자에 대한 사회적 평가를 훼손한 모욕적 언사라고 보기 어렵다. 즉, 무죄라고 본 것이다.

대법원은 ①피고인이 근무했던 골프클럽에서 운영된 징벌적 근무제도의 불합리성 및 불공정성에 대한 불만을 토로하는 취지에서 작성된 점 ②그중 모욕적 표현은 한심하고 불쌍하다는 내용의 1회의 표현에 그쳤고 그 부분이 글 전체에서 차지하는 비중도 크지 아니한 점 ③그 표현이 내포하는 모욕의 정도도 비공개적인 상황에서는 일상적으로 사용되는 경미한 수준의 것으로서 전체적인 내용에서도 크게 벗어난 표현이라고는 보기 어려운 점 ④글의 게시장소도 골프클럽 경기보조원들 사이에서 각 골프클럽에 대한 정보교환을 통해 구직의 편의 등의 도모를 주된 목적으로 하는 사이트 내 회원 게시판으로 댓글을 보아도 이 글이 골프클럽 자체에 대한 불만의 표출 내지 비난으로 받아들여진 것으로 보이는 점 등의 사정에 비추어 볼 때, 이 사건 피고인의 표현은 골프클럽 경기보조원인 회원들 사이의 각 골프클럽에 대한 평가 내지 의견교환의 장소에서, 피고인이 개인적으로 실제 경험하였던 특정 골프클럽 제도운영의 불합리성을 비난하고 이를 강조하는 과정에서 그 비난의 대상인 제도의 담당자인 피해자에 대해서도 같은 맥락에서 일부 부적절한 표현을 사용하게 된 것이므로, 이러한 행위는 사회상규에 위배되지 않는다고 판단했다(대법원 2008. 7. 10. 선고 2008도1433 판결 [모욕]).

"이런 걸 기레기라고 하죠?"*

자동차 정보 관련 인터넷 신문사 소속 기자 갑이 작성한 기사가 인터넷 포털 사이트의 자동차 뉴스 '핫이슈' 난에 게재되자, 피고인이 "이런 걸 기레기라고 하죠?"라는 댓글을 게시함으로써 공연히 갑을 모욕하였다는 내용으로 기소된 사안에서,

'기레기'는 기자인 갑의 사회적 평가를 저하시킬 만한 추상적 판단이나 경멸적 감정을 표현한 모욕적 표현에 해당한다. 하지만 ①피고인은 기사를 본 독자들이 자신의 의견을 자유롭게 펼칠 수 있도록 마련된 '네티즌 댓글' 난에 위 댓글을 게시한 점 ②위 기사는 특정 제조사 자동차 부품의 안전성에 대한 논란이 많은 가운데 이를 옹호하는 제목으로 게시되었는데, 위 기사가 게재되기 직전 다른 언론사에서 이와 관련한 부정적인 내용을 방송하였고, 위 기사를 읽은 상당수의 독자는 위와 같은 방송 내용 등을 근거로 위 기사의 제목과 내용, 이를 작성한 갑의 행위나 태도를 비판하는 의

* 대법원 2021. 3. 25. 선고 2017도17643 판결 [모욕]

견이 담긴 댓글을 게시하였으므로 이러한 의견은 어느 정도 객관적으로 타당성 있는 사정에 기초한 것으로 볼 수 있는 점 ③위 댓글의 내용, 작성 시기와 위치, 위 댓글 전후로 게시된 다른 댓글의 내용과 흐름 등에 비추어 볼 때, 위 댓글은 그 전후에 게시된 다른 댓글들과 같은 견지에서 방송 내용 등을 근거로 위 기사의 제목과 내용, 이를 작성한 갑의 행위나 태도를 비판하는 의견을 강조하거나 압축하여 표현한 것이라고 평가할 수 있는 점 ④'기레기'는 기사 및 기자의 행태를 비판하는 글에서 비교적 폭넓게 사용되는 단어이며, 위 기사에 대한 다른 댓글들의 논조 및 내용과 비교할 때 댓글의 표현이 지나치게 악의적이라고 하기도 어려운 점 등을 종합하면, 위 댓글을 작성한 행위는 사회상규에 위배되지 않는 행위로서 형법 제20조에 의하여 위법성이 조각된다(대법원 2021. 3. 25. 선고 2017도17643 판결 [모욕]).

"그렇게 소중한 자식을 범법행위 변명의 방패로 쓰시다니"

피고인은 MBC 방송 '우리시대'라는 프로그램에서 피해자(교사)를 대상으로 하여 방영한 '엄마의 외로운 싸움'을 시청한 직후 위 프로그램이 위 피해자의 입장에서 편파적으로 방송하였다는 이유로 '우리시대' 프로그램 시청자 의견란에 "오 선생님 대단하십니다. 학교 선생님이 불법주차에 그렇게 소중한 자식을 두고 내리시다니… 그렇게 소중한 자식을 범법행위 변명의 방패로 쓰시다니 정말 대단하십니다. 한 가지 더 견인을 우려해 아이를 두고 내리신 건 아닌지…"라는 글을 작성하여 피해자를 모욕하였다는 혐의로 기소되었다.

피고인이 방송국 시사프로그램을 시청한 후 방송국 홈페이지의 시청자 의견란에 작성·게시한 글 중 특히, "그렇게 소중한 자식을 범법행위 변명의 방패로 쓰시다니 정말 대단하십니다"라는 등의 표현은 그 게시글 전체를 두고 보더라도, 그 출연자인 피해자에 대한 사회적 평가를 훼손할 만한 모욕적 언사에 해당한다.

그러나 피고인이 방송국 홈페이지의 시청자 의견란에 작성·게시한 글 중 일부의 표현은 ①이미 방송된 프로그램에 나타난 기본적인 사실을 전제로 하여 그 사실관계나 이를 둘러싼 문제에 관한 자신의 판단과 피해자가 취한 태도와 주장한 내용이 합당한가 하는 점에 대하여 자신의 의견을 개진한 점 ②피해자에게 자신의 의견에 대한 반박이나 반론을 구하면서 자신의 판단과 의견의 타당함을 강조하는 과정에서 부분적으로 그와 같은 표현을 사용한 점 ③모욕적인 언사가 그 글 전체에서 차지하는 비중이 크다고는 할 수 없고 그 글의 전체적인 내용에서 크게 벗어나 있는 표현이라고도 할 수 없는 점 등을 종합해보면 사회상규에 위배된다고 보기 어렵다(대법원 2003. 11. 28. 선고 2003도3972 판결).

소문대로 역시 젊은 여자분들을 너무 좋아하십니다

피고인은 C군의 텔레비전 광고를 본 후 C군 인터넷 홈페이지 게시판에 광고에 등장하는 일부 배경이 C군 서북부가 아닌 것 같고, 광고 찍는 비용을 기름유출로 피해 입은 C군 서북부를 위하여 사용하라는 취지의 의견을 개진하면서, 광고에 대해 'E군수는 여자 두 분을 끼고 여러분 C으로 오십시

오'라는 광고를 한다, '소문대로 역시 젊은 여자분들을 너무 좋아하십니다' 라는 글을 게시하여 모욕으로 기소되었다.

피고인은 광고의 한 장면으로 군수인 피해자의 양옆에 젊은 여성이 한 명씩, 뒤에 두 명의 젊은 남성이 서 있는 장면을 들어 '소문대로 역시 젊은 여자분들을 너무 좋아하십니다'와 같은 표현을 사용했다.

대법원은 ①글이 전제한 객관적 사실관계는 이미 방송된 C군의 텔레비전 광고 내용에 기초한 점 ②문제된 표현은 글 전체에서 차지하는 비중이 크다고 할 수는 없는 점 ③글 전체의 내용에 비추어 볼 때 이는 피고인이 위 광고에 관한 자신의 의견을 밝히고 그 의견이 타당함을 강조하는 과정에서 부분적으로 모욕적인 표현이 사용된 것에 불과한 점 등을 고려할 때 피고인의 행위는 사회상규에 위배되지 않는 행위로서 형법 제20조에 의하여 위법성이 조각된다 (대법원 2012. 2. 23. 선고 2010도6462 판결).

"뒷구멍 기사 삭제 사건", "몰상식의 표본", "제대로 된 언론탄압의 전형" 등

피고인이 칼럼에 "뒷구멍 기사 삭제 사건", "편집책임자를 왕따시키고 기사를 삭제한 E 사장의 행위는 몰상식의 표본으로 기록될 만하다", "제대로 된 언론탄압의 전형을 오랜만에 보여준 E 사장님께 감사드려야 할 것 같습니다" 등의 표현을 사용하여 모욕으로 기소가 되었다.

피고인이 이 사건 각 칼럼을 게재하게 된 동기나 경위는 피고인이 피해자의 기사 삭제 행위를 언론매체 등을 통하여 접하고, 시사저널의 기자들에게 사실 확인을 한 후 피해자가 삼성 고위층과의 친분으로 인하여 편집국장 몰래 기사를 삭제했다는 사실을 진실한 것으로 믿고 이와 같은 언론사의 편집인 또는 경영진의 편집권 침해는 시정되어야 함을 일반 국민에게 알리고자 한 것이다.

하지만 이와 같은 표현은 언론사 편집인인 피해자에 대한 사회적 평가를 훼손할 만한 모욕적 언사에 해당한다. 다만, ①이 사건 각 칼럼의 주요 내용은 피고인이 언론매체 및 시사저널 기자들로부터 확인한 사실관계를 전제로 언론사의 편집인 또는 경영진인 피해자가 편집국장 몰래 특정 기사를 삭제한 행위가 정당한 것인가에 대한 피고인의 판단 내지 피해자가 피고인의 표현을 문제 삼아 피고인을 상대로 민사소송을 제기하고 형사고소를 한 것에 대한 피고인의 의견인 점 ②문제되는 모욕적 표현들이 이 사건 각 칼럼 전체에서 차지하는 비중이 크지 않고, 그 글의 전체적인 내용에서 크게 벗어나 있는 표현이라고 보이지도 않는 점 등에 비추어 볼 때, 피고인은 이 사건 각 칼럼을 통하여 객관적으로 확인된 피해자의 행위에 대한 자신의 판단과 의견을 개진하고 그 타당성을 강조하는 과정에서 부분적으로 다소 모욕적인 표현들을 사용한 데 불과하다고 보이므로, 이러한 피고인의 행위는 사회상규에 위배되지 않는다고 봄이 상당하다(대법원 2008. 2. 28. 선고 2007도9411 판결). 무죄였다.

"사기꾼"

입주민 A씨는 2020년 7월 중순경 전 입대의 회장 B씨의 공지문에 대해 '사기꾼'이라고 표현한 글을 게시했다가 기소되었다.

'사기꾼'이라는 표현이 모욕적 표현에는 해당한다. 하지만 A씨가 게시글을 게시한 밴드는 A씨를 지지하는 입주민 등을 주된 회원으로 하는 곳이다. 입주민 A씨가 입대의 회장의 공지문에 대해 대응, 반박하는 과정에서 자신의 입장을 피력하며 부분적으로 사용된 표현에 불과하다.

또한, 이 게시글의 주된 취지는 A씨에 대한 지지와 동참을 호소하기 위한 것이고 이를 강조하면서 B씨의 형태를 비판한 것이며, 이 게시글의 전체적인 내용도 B씨를 일방적이고 악의적으로 비난하는 내용이 아니므로 사회상규에 위배되지 않는다고 판단했다•.

복장 불량 직원에게 '이 새끼야'••

인천 모처에 있는 A 제조업체는 2020년 11월 설비 점검을 진행했고, 현장 책임자 B씨는 수칙에 따라 작업을 진행하고자 직원의 작업 상태를 점검했다. 이 과정에서 작업자 C씨가 안전복을 안 입고 현장에 출근한 것을 발견했다.

예전에도 작업 복장이 불량해 지적을 받았던 직원이었다. B씨는 C씨를 작업장에서 퇴장 조처했고, 그러자 C씨는 작업복을 착용하고 다시 현장에

• 2023. 3. 27. 아파트관리신문, '사기꾼' 표현 사회상규 위배되지 않아, 모욕죄 항소심 무죄 기사

•• 2023. 1. 3. 이데일리, 복장 불량 직원에게 '이 새끼야'는 무죄 기사

나타나 자체적으로 작업을 시도했다.
이미 회사는 안전수칙 위반을 들어 C씨의 현장 작업을 중단시킨 상황에서 책임자 B씨가 C씨의 작업을 중단시키면서 둘 사이에 다툼이 생기며 오가는 언행은 거칠어졌고, B가 C에게 "웃기는 소리 하고 있네, 이 새끼가"라고 말하였다.
결국 B씨가 C씨의 멱살을 잡아끌어 현장에서 퇴장시키면서 상황이 종료되었는데, B씨는 모욕과 폭행 혐의로 고소당해 재판에 넘겨졌다.

B씨의 발언은 정당한 관리감독 과정에서 나온 것이고, 현장 목격자도 당시 지시가 정당했다고 진술하고 있다. 법원은 피고인이 C씨에게 불쾌하고 무례한 말을 했지만 사회적 평가를 저하시킬 만한 언사라고 보기는 어렵다고 판단했다. 또한, 설령 모욕적인 발언에 해당하더라도 정당한 퇴소 조치를 따르지 않은 당시 상황을 고려하면 경위와 정도가 위법성을 조각한다고 판단했다. C는 이에 불복하여 항소했으나, 항소심도 "피고인이 C씨를 제재하는 과정에서 나온 언행은 정당행위"라며 무죄를 유지했다.

모욕죄에서 정당행위가 인정되지 않은 사례*

디스곡으로 욕설

래퍼 라이노는 온라인 음원공유 플랫폼 '사운드클라우드'에 올린 디스곡

* 2022. 6. 18. 서울신문, 래퍼 디스전…"정당행위"vs"명예훼손" 법원 판단은 기사

으로 래퍼 모아이와 여자친구 A씨를 욕설 등으로 모욕한 혐의로 기소되었다.

라이노는 "피고인을 모욕하고 명예를 훼손한 음원 창작자 및 기획자들에 대해 그들이 원하는 방법대로 대응을 한 것"이라며 "'디스전'을 정당행위로 인정해달라"고 주장했다. 그러나 재판부는 "이 사건 음원은 모아이뿐만 아니라 A씨에 대한 경멸적 표현을 담고 있고 라이노가 이 가사를 게시할 수밖에 없었다고 볼 수 없다"며 정당행위를 인정하지 않았다. 다만, 원심이 징역 4개월에 집행유예 2년을 선고했으나, 항소심은 벌금 70만 원에 집행유예 1년을 선고했다.

참고로 대법원은 자작곡 가사와 무대 공연에서 다른 여자 가수를 성적으로 모욕한 혐의로 기소된 래퍼 블랙넛에 대해 힙합에서 상대를 공격하는 '디스' 행위도 형사처벌 대상이 될 수 있다고 판단했다.

예술의 자유가 타인의 인격권을 침해하는 경우까지 무제한으로 보호될 수는 없는데, 가사에 피해자를 적시하며 성적 비하의 의미를 내포하는 단어로 구성되어 있는 경우까지 허용될 수 없고, 다른 문화예술 행위와 다르게 힙합이라는 장르에서만 특별히 그런 표현을 정당행위라고 볼 만한 합리적 이유가 없다. 노래를 해도 예술을 해도 누군가를 모욕해서는 안 된다는 판례이다.

위법성이 인정되지 않는다는 입증책임은 가해자에게

범죄 구성요건에 대해서는 검사가 입증책임을 가진다. 즉 잘못이 있다는 것을 검사가 밝혀야 한다. 그리고 검사가 범죄구성요건을 입증하면 위법하지 않다는 주장 및 이에 대한 입증책임은 피고인에게 있다. 창과 방패의 느낌인데, 범죄가 된다고 말하며 증거를 대는 검사와 잘못이 아니라고 주장하는 피고인과의 싸움이 바로 형사재판인 것이다.

따라서 명예에 관한 죄의 경우 위법성을 인정받으려면, 그것이 진실한 사실이거나 진실한 사실이라고 알 만한 충분한 이유가 있었고, 비방의 목적이 아니라 공공의 이익을 위한 것임을 피고인이 검사를 상대로 입증해야 한다(자신의 무죄를 주장하려면).

하지만 일반인이 법전문가인 검사를 상대로 위법성조각사유가 있음을 입증한다는 것은 결코 쉽지 않다. 다만, 입증의 정도는 엄격한 증명이 아닌 자유로운 증명으로 충분하므로, 증거능력이 인정되지 않는 전문증거(들었다는 증거) 등으로 입증이 가능하다고 한다.

형법 제310조의 법적 성격을 거증책임의 전환규정이라고 보는 견해에 의하면 적시사실의 진실성 및 공익 관련성의 존부에 대한 거증책임은 '피고인'에게 있다. 즉 적시된 사실이 진실한 사실로서 오로지 공공의 이익에 관한 때에 해당된다는 점을 행위자가 증명하여야 하는 것이나, 그 증명은 유죄의 인정에 있어 요구되는 것과 같이 법관으로 하여금 의심할 여지가 없을 정도의 확신을 가지게 하는 증명력을 가진 엄격한 증거에 의하여야 하는 것은 아님(대판 1996. 10. 25 , 95도1473; 대판 1997. 2. 14, 96도2234).

따끈따끈 최신판례 6

내연남 아내에게 불륜 알리고 문자 보낸 여성, 벌금 VS 집행유예?

A씨는 4년간 유부남 B씨와 내연관계를 유지하다가 다툼이 생겨 헤어질 상황에 처하자 B씨의 부부관계를 파탄내기로 마음먹고 B씨의 아내에게 연락해 불륜 사실을 알렸다. 하지만, A의 의도와 달리 B씨의 아내는 불륜 사실을 알고도 혼인관계를 유지하기로 했고, B씨 부부는 A씨에게 더 이상 연락하지 말아달라고 요청했다.

그러자, A는 B씨에게 한 달간 13회에 걸쳐 '내가 가지고 있는 자료들을 공개할 것', '오늘 아들 생일이라며? 내가 너희 부부에게 특별한 날 선물한다고 했잖아' 등과 같은 문자와 카카오톡 메시지 350여 건을 보내 내연관계를 주변에 알리겠다고 하고, B씨 아내에게도 11회에 걸쳐 510건의 문자와 카카오톡 메시지를 발송했다.

이에 대해 재판부는 A씨가 지속적 반복적으로 메시지 등을 보내는 방법으로 피해자들을 협박하고 스토킹했고, 이로 인해 피해자들이 상당한 불안과 공포를 느꼈으므로 스토킹범죄로 인정되고, 사안이 가볍지 아니하다는 이유로 벌금형이 아닌 징역형을 선택하였다.

다만, A씨가 잘못을 인정하고 반성하고, 범행에 이르게 된 경위에 참작할 사정이 있는 점 등을 고려하여 실형을 선고하지 않고 집행유예를 선고했다.

명예에 관한 죄는 형벌이 아니라 민사로 해결하자는 논란

(형사처벌 폐지론)

;

오늘날 명예훼손적 표현의 전파속도와 파급효과는 광범위해지고 있고,
일단 훼손되면 완전한 회복이 어려우므로 명예훼손적 표현행위를
제한해야 할 필요성은 더욱 커졌다.

표현의 자유를 중시하는 미국이나 서유럽 각국에서는 명예훼손이나 모욕을 형사처벌의 대상으로 보지 않고 민사상의 불법행위 책임으로 해결한다. 독일과 일본은 명예훼손죄와 모욕죄를 형법에 규정하고 있으나, 대한민국 형법이 명예훼손죄를 반의사불벌죄로 하고 있는 데 반해 두 나라는 모욕죄와 함께 명예훼손죄도 친고죄로 하고 있고, 독일에서는 표현의 자유가 위축되는 것을 우려하여 명예훼손죄와 모욕죄를 비범죄화하려는 방안이 구체적으로 논의되고 있다.

대한민국에서도 명예훼손죄에 대해 명예훼손죄를 완전폐지하자는 주장에서부터 사실적시 명예훼손은 처벌 대상에서 제외하거나 차별금지법이나 증오발언금지법 등으로 대체하자는 주장 등이 다양하게 나오고 있는데, 주로 사실적시에 의한 명예훼손과 관련하여 논의되고 있다. 그리고 모욕죄의 경우에도 모욕에 해당하는지에 대한 구체적인 기준이 모호하여 자의적인 판단이 가능하고, 부정적·비판적 내용이 담긴 판단과 감정 표현까지 규제할 수 있어 처벌 범위가 확대되어 표현의 자유를 훼손할 수 있다는 우려가 있다. 기획고소로 인한 사회적 폐단, 상당수 국가에서 모욕죄가 부분적으로 폐지되거나 실질적으로 사문화된 점 등도 모욕죄에 대한 위헌 논의에 불을 지피고 있다.

그런데 당한 사람 입장에서는 말도 안 되는 이야기일 것이다. 막상 당해보니 반드시 처벌해야 된다는 생각이 들고 민사손해배상은 사실상 의미가 없다는 걸 알게 되었다. 이론적으로 공부할 때는 나 역시 폐지론자

였지만 피해자가 되어 보니 '돈이 없으니 맘껏 조롱해도 된다'며 조롱하는 것을 보는 것이 더 화가 났다. 합의금을 낼 형편도 안 되면서 합의금 장사를 한다고 조롱을 하고, 손해배상청구소송을 패소해도 절대 주지 않고 버티는 것을 보니 그냥 속시원하게 형벌을 받게 하는 게 좋겠다는 생각도 들었다.

생각은 또 바뀔 수 있지만 적어도 피해자가 되어 보니 화가 많이 나더라.

사실적시 명예훼손죄를 처벌해야 하나?

2011년 3월 유엔인권위원회는 한국에 '사실적시 명예훼손죄' 폐지를 권고했고, 2015년 11월에는 유엔 산하 시민·정치적 권리에 관한 국제규약위원회(ICCPR)에서 동일한 권고를 해왔다.

'유엔 자유권규약위원회'의 입장문

① 사실적시에 의한 명예훼손은 범죄로 처벌하여서는 아니 된다.

② 허위의 사실 적시에 의한 명예훼손의 경우에도 고의가 아닌 과실에 의한 것이라면 형벌로 처벌하여서는 아니 된다.

③ 정부에 대한 비판 또는 의견표명을 한 개인을 명예훼손죄로 처벌하여서는 아니 된다.

④ 사실적시 여부를 떠나 모든 형태의 명예훼손에 대한 범죄화는 바람직하지 않다.

현재 대한민국은 위 ① 내지 ④항 중 ①, ④항이 현실화되지 않고 있는 실정이다. 피해자에게 사실적시에 의한 피해가 있다면 다른 선진국처럼 민사소송을 통하여 피해를 구제받도록 해도 되며 굳이 이를 형사처벌의 대상으로 삼을 필요성이 있는지 의문이라는 폐지론자들의 주장에 대해 어떻게 생각하는가?

진실한 사실은 사람의 사회적 평가를 형성하는 데 기초가 되는 사실이고, 그 사실도 평가의 일부가 되어야 한다. 그로 인해 외적 명예가 저해되는 것을 부당한 결과로 보기 어렵고, 오히려 진실한 사실이 가려진 채 형성된 허위·과장된 명예가 표현의 자유에 대한 위축 효과를 야기하면서까지 보호해야 할 법익인지 의문이다.

오늘날 명예훼손적 표현의 전파속도와 파급효과는 광범위해지고 있고, 일단 훼손되면 완전한 회복이 어려우므로 명예훼손적 표현행위를 제한해야 할 필요성은 더 커졌다. '징벌적 손해배상'이 인정되지 않는 우리나라의 민사적 구제방법만으로는 형벌과 같은 예방 효과를 확보하기 어렵고, 표현의 자유와 인격권의 우열은 쉽게 단정할 수 없는데 표현의 자유에 대한 위축 효과를 내세워 사실적시 명예훼손을 전부 위헌으로 결정한다면 외적 명예가 침해되는 것을 방치하게 되고, 진실에 부합하더라도 개인이 숨기고 싶은 병력·성적 지향·가정사 등 사생활의 비밀이 침해될 수 있다.

다만, 사실적시 명예훼손죄를 친고죄가 아닌 반의사불벌죄로 규정하고 있고, 각종 비리나 부도덕한 행위를 저지른 자들이 그 폭로를 막기 위해 사실적시 명예훼손 처벌 규정을 악용해서 피해자들을 고소하는 일종의 '전략적 봉쇄소송(SLAPP*)'으로 인해 피해자의 가해자로 인한 피해의 진실을 말할 수 없게 억압하는 수단으로 악용하는 경우도 적지 않아 우려된다.

폐지론자들은 피해자가 정정보도 또는 반론보도 청구, 민사상 손해배상 청구와 명예회복에 적당한 처분을 통해 구제받을 수 있는 제도적인 장치들이 있으므로, 반드시 이를 형사처벌의 대상으로 삼아야 하는지도 의문이라고 한다. 만만치 않다.

재산이 없는 가해자가 피해자를 상습적, 지속적으로 비방한 후 본인은 돈이 한 푼도 없다며 놀리는 경우가 있는데, 그 상황은 피해자를 더 열받게 한다. 표현의 자유의 중요한 가치는 공적 인물에 대한 감시와 비판인데, 감시와 비판의 객체가 되어야 할 공적 인물이 진실한 사실적시 표현행위에 대한 형사처벌을 요구하는 주체가 될 경우 국민의 감시와 비판은 위축될 수밖에 없다는 주장도 있다.

하지만 이에 대해서는 법원도 공인과 공적 관심사항 등 이론을 매개로 폭넓게 위법성을 인정하지 않고 있다. 다만, 형법 제310조를 통하여 공익을 목적으로 한 사실적시 명예훼손은 처벌되지 않는다고 하지만 "오로지 공익을 목적으로"라는 문구로 인하여 법원의 판례를 통해 상식에 맞도록 이를 넓게 해석하는 것도 한계가 있다.

공익에 해당하는지 여부가 구체적인 기준을 제시하기 어렵고, 본인이 명예훼손의 상황을 야기한 책임이 있거나 타인으로부터 부당

* Strategic Lawsuit Against Public Participation

한 피해를 받았다는 이유로 민·형사상 절차에 따르지 아니한 채사적 제재수단으로 명예훼손을 악용하는 경우를 공익에 포함시킬 수 있는지 의문이다.

무엇보다도 형법 제310조로 인해 사회상규상 허용될 수 있는 정당행위 인정을 어렵게 하고 있어 헌법의 또 다른 중요한 가치인 표현의 자유를 위축시키는 결과를 가져오고 있다. 사실적시 명예훼손죄를 폐지하는 것만이 능사가 아니다.

하지만 형법 제310조 위법성 조각사유를 판례의 해석을 통해 넓히려는 방법보다는 오히려 기존의 판례 취지를 적극적으로 반영하여 위법성조각사유를 폭넓게 인정할 수 있는 방향으로 법을 개정하는 것이 낫다. 그리고 반의사불벌죄를 친고죄로 변경할 필요성도 있다.

사실적시 명예훼손죄, 위헌인가?

> **표현의 자유와 사실적시 명예훼손**
>
> 반려견을 과잉 수술하는 의료사고를 낸 수의사를 상대로 SNS상에서 비판하려다 해당 조항 탓에 표현의 자유가 침해된다고 한 네티즌과 사실적시 명예훼손 혐의로 부산지법에서 벌금 50만 원 형을 선고받은 사람이 대법원 상고까지 하며 위헌법률심판 제청을 하였으나 기각되자 헌법소원을 냈다.

헌법재판소는 2021년 2월 25일 사실적시 명예훼손죄의 위헌 여부에 대해 합헌 5, 위헌 4로 결국 합헌 결정([2021. 2. 25. 전원재판부 2017헌마1113, 2018.헌바330(병합)])을 했다. 그 이전에도 헌법재판소는 과잉금지원칙에 위반하여 표현의 자유를 침해하지 않는다고 판단했고, 과거 결정과 달리 판단할 만한 사정변경이나 필요성이 있다고 보기 어렵다고 보았다.

모욕죄는 위헌인가?

> **'듣보잡' 모욕죄 진중권 위헌주장에 헌재는 합헌**
>
> 문화평론가 진중권은 2009년 6~8월 문화평론가 변희재에 대해 '듣보잡(듣지도 보지도 못한 잡놈이라는 뜻의 인터넷 속어)'이라고 칭하는 내용의 글 14개를 인터넷 포털 '다음'에 올렸다가 모욕죄로 기소되었다.
>
> 진중권은 1~3심에서 모두 유죄 판결을 받았는데, 재판 과정에서 "해당 법조항은 명확성 원칙에 위반되고 표현의 자유를 침해하는 규정"이라며 위헌법률심판제청을 신청했으나 기각되자 헌법소원(2012헌바37)을 냈다.

주된 쟁점은 ①모욕 의미가 불명확하다고 볼 수 있는지 여부 ②표현의 자유를 침해하는지 여부 ③형사처벌의 대상으로 해야 하는지 여부 등이 있다.

2011년 UN 인권위원회는 표현의 자유에 대한 일반논평 34호에서 사실적 주장이 아닌 단순한 견해나 감정표현에 대한 형사처벌은 폐지할 것을 규약 당사국들에게 권고한 바 있다. 하지만 헌법재판소는 또다시 합헌 결정을 했다.

'모욕'이란 사실을 적시하지 아니하고 단순히 사람의 사회적 평가를 저하시킬 만한 추상적 판단이나 경멸적 감정을 표현하는 것이다. 모욕죄의 보호법익과 그 입법목적, 취지 등을 종합할 때, 건전한 상식과 통상적인 법 감정을 가진 일반인이라면 금지되는 행위가 무엇인지를 예측하는 것이 현저히 곤란하다고 보기 어렵고, 법 집행기관이 이를 자의적으로 해석할 염려도 없으므로 명확성원칙에 위배되지 아니한다.

사람의 인격을 경멸하는 표현이 공연히 이루어진다면 그 사람의 사회적 가치는 침해되고 그로 인하여 사회구성원으로서 생활하고 발전해 나갈 가능성도 침해받지 않을 수 없으므로, 모욕적 표현으로 사람의 명예를 훼손하는 행위는 분명 이를 금지시킬 필요성이 있다.

모욕죄는 친고죄이고 법정형이 비교적 낮은 점, 개별 사안에서 형법 제20조의 정당행위 규정을 적정하게 적용함으로써 표현의 자유와 명예보호 사이에 적절한 조화를 도모하고 있는 점 등을 고려할 때, 심판대상조항이 표현의 자유를 침해한다고 볼 수 없다.

사이버 망명, 어떻게 볼 것인가?

대한민국의 경우 사실적시 명예훼손과 모욕까지 형사처벌의 대상이므로 서버를 기반으로 두는 서비스를 법적 규제가 없는 국가로 옮겨가는 속칭 '사이버 망명'이 발생하고 있다. 말은 그럴싸하지만 아주 비열하다. '사이버 망명'은 이메일이나 블로그 등을 규제의 적용이 불가능한 해외 것을 사용하는 것부터 해외 서버로 홈페이지를 옮기기는 경우도 포함한다.

나무위키도 운영회사를 아순시온에 위치한 파라과이 국적의 웹사이트로 만드는 등 해외에 홈페이지를 구축한 경우가 대표적인 사이버 망명이라 할 수 있다. 나무위키의 실제 이용자가 한국인인 경우 속인주의 원칙상 사용자는 한국법에 따라 명예훼손이나 모욕으로 처벌받을 수 있다.

그러나 대한민국에서 사용자를 형사처벌하기 위해서 범인을 특정하려면 나무위키의 도움을 받아야 하는데 나무위키는 약관에 표현의 자유에 대한 방어권을 명시하고 있으므로, 명예훼손과 모욕죄 문제에 대해서 압수수색 영장, 법원 요구 등이 없다면 이용자의 개인정보를 제공하지 않을 것이다. 또한, 대한민국 경찰이 파라과이 경찰 당국의 협조를 받아야 하는데, 대한민국과 달리 파라과이는 모욕죄와 명예훼손죄가 형사처벌 대상이 아니므로 제대로 된 협조를 받기 어렵다.

결국, 고소하더라도 한국경찰은 공권력의 한계로 내사종결 혹은 혐의없음, 수사중지 등으로 사건을 종결할 가능성이 매우 크다. 오히려 이러한 사이버 망명의 상황을 악용해 일부러 가계정을 만든 후 그 가계정을 통하여 상대방을 비방하며 "나 잡아봐라"라고 하는 악질 개구리들도 등장하고 있다. "가계정을 외국에서 만들어서 난 못 잡을 거야"라고 대담하게 떠들어댄다.

이에 대응할 좋은 방법이 있을까? SNS에 특정인에 대한 비방 글을 지속적 반복적으로 올리는 경우도 스토킹범죄로 처벌하게 하고, 법원의 영장 또는 통신허가를 받아 인적사항을 확인하면 오히려 더 쉽게 가계정 사용자를 잡을 수 있다. 그리고 국제공조가 이제 손쉽게 이루어질 것이다.

스토킹처벌은 오히려 우리나라보다 외국이 더 강화되어 있기 때문에 여러 번 반복하여 글을 게시하며 방심하고 있을 때 스토킹처벌법에 의해 국제공조로 딱 잡혀 오기 좋을 것 같다. 조심 또 조심해야 하며 혹시 피해자인 경우에는 당당히 국제공조를 요청하자.

3부

명예훼손과 모욕이 스토킹범죄와 보복범죄로 이어질 때

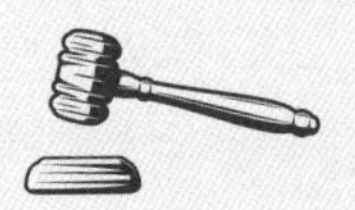

점차 늘어나는 추세의 스토킹범죄

;

스토킹처벌법이 정한 내용에 포함되지 않는 경우에는 스토킹처벌법상의
스토킹행위로 인정되지 않는다. 그리고 '스토킹범죄'란
'지속적 또는 반복적'으로 이와 같은 스토킹행위를 하는 것을 말한다.

2023년 6월 책을 쓰고 있는 중 스토킹 피해자가 가해자의 처벌을 원하지 않더라도 가해자를 처벌할 수 있도록 하는 법안이 21일 국회 본회의를 통과했다. 유죄가 확정되기 전에도 법원이 필요성을 인정하면 스토킹 가해자에 대해 위치추적 전자장치(전자발찌)를 부착할 수 있게 됐다. 지난해 9월 '신당역 스토킹 살인 사건'이 발생한 지 9개월 만이다.

'스토킹범죄의 처벌 등에 관한 법률 일부 개정법률안'을 재석 246명 중 찬성 246명의 만장일치로 가결했다. 개정안은 윤석열 대통령의 공약이었던 스토킹범죄에 적용되던 '반의사불벌죄' 조항을 삭제해 스토킹범죄는 피해자가 가해자의 처벌을 원치 않는다는 의사를 표시해도 처벌받게 된 것이다.

또한 '온라인 스토킹' 규정 범위도 확대되었는데, 정보통신망을 이용해 음성·문자·사진·영상 메시지 등을 전송하는 행위를 스토킹범죄의 유형으로 새롭게 규정하고 상대방의 개인정보·위치정보를 제3자에게 제공하는 행위, 상대방 정보를 이용해 그를 사칭하는 행위도 스토킹범죄 유형으로 명문화했다.

이전에는 정보통신망을 이용하여 물건 등을 도달하게 하는 행위만 스토킹행위로 보았으나, 이 경우 도달의 개념을 제한적으로 해석할 수밖에 없어 페이스북 등에 특정인을 지속적 반복적으로 비방하는 글을 올리는 경우를 스토킹범죄로 처벌할 수 없었다. 하지만 이번 개정으로 정보통신망을 이용해 물건 등을 전송하는 행위를 스토킹범죄로 처벌할 수 있게 되었다. 그렇기 때문에 이제는 페이스북 등에 글을 쓰는 것도 모두 해당이 된다.

또한 스토킹 가해자가 피해자의 가족·동거인에게 접근하는 것을 방지하기 위해 접근금지 등 긴급응급조치·잠정조치 보호 대상에 피해자 이외에 피해자의 가족, 동거인도 포함했다. 특히 개정안에서 눈여겨볼 것은 법원이 원활한 조사·심리 진행, 피해자 보호 등을 위해 필요하다고 인정할 경우에는 법원의 판결 전이더라도 스토킹 가해자에게 전자발찌를 부착하는 '잠정조치'도 취할 수 있게 됐다. 스토킹처벌법 시행 과정에서 드러난 문제점들을 어느 정도 보완했으나, 가해자가 법에 나열된 행위만을 하지는 않으므로 포괄적인 정의 규정이 필요하다는 의견도 있다.

스토킹행위, 스토킹범죄란?

스토킹은 은밀히 다가서다stalk에서 파생되어 명사화stalking된 일종의 신종 사회 범죄로 상대방의 의사와 관계없이 남을 괴롭히는 행위를 말한다. 하지만 법률상 '스토킹행위'란 상대방의 의사에 반(反)하여 정당한 이유 없이 상대방에게 불안감 또는 공포심을 일으키는 행위를 의미한다.

스토킹범죄의 처벌 등에 관한 법률에서는 "정당한 이유 없이 상대방에게 불안감 또는 공포심을 일으키는 행위"를 구체적으로 정하고 있다. 즉, 상대방 또는 그의 동거인, 가족에 대하여 ①접근하거나 따라다니거나 진로를 막아서는 행위 ②주거, 직장, 학교, 그 밖에 일상적으로 생활하는 장소(이하 "주거 등"이라 한다) 또는 그 부근에서 기다리거나 지켜보는 행위 ③우편·전화·팩스 또는 정보통신망 이용촉진 및 정보보호 등에 관한 법률 제2조 제1항 제1호의 정보통신망을 이용하여 물건이나 글·말·부호·음향·그림·영상·화상(이하 "물건 등"이라 한다)을 도달하게 하는 행위 ④직접 또는 제3자를 통하여 물건 등을 도달하게 하거나 주거 등 또는 그 부근에 물건 등을 두는 행위 ⑤주거 등 또는 그 부근에 놓여 있는 물건 등을 훼손하는 행위로 규정하고 있다.

스토킹처벌법이 정한 위 내용에 포함되지 않는 경우 스토킹처벌법상의 스토킹행위로 인정되지 않는다. 그리고 '스토킹범죄'란 '지속적 또는 반복적'으로 이와 같은 스토킹행위를 하는 것을 말한다.

**스토킹처벌법 이전에는 경범죄처벌법으로 최대 벌금 10만 원?
지금은 징역 3년!**

경범죄처벌법 제3조 제1항에 의하면 정당한 이유 없이 다른 사람에게 전화·문자메시지·편지·전자우편·전자문서 등을 여러 차례 되풀이하여 괴롭힌 사람(40호, 장난 전화 등)이나 상대방의 명시적 의사에 반하여 지속적으로 접근을 시도해 면회 또는 교제를 요구하거나 지켜보기, 따라다니기, 잠복하여 기다리기 등의 행위를 반복하는 사람(41호, 지속적 괴롭힘)에 대해 10만 원 이하의 벌금, 구류 또는 과료의 형으로 처벌하도록 되어 있다.

스토킹처벌법은 1999년 처음 발의됐으나 지속적으로 국회 문턱을 넘지 못하다가 스토킹이 살인 등 강력범죄로 이어지자, 2021년 3월 스토킹범죄처벌법이 통과되고 10월 21일부터 시행되게 되었다. 그래서 과거에는 최대 벌금 10만 원이었던 스토킹범죄에 대해 최대 징역 3년을 선고할 수 있게 되었고, 흉기 또는 그 밖의 위험한 물건을 휴대하거나 이용하여 스토킹범죄를 저지른 사람은 5년 이하의 징역 또는 5천만 원 이하의 벌금에 처해지도록 그 처벌이 강화되었다.

스토킹범죄를 저지른 사람에 대하여 200시간의 범위에서 재범 예방에 필요한 수강명령 또는 스토킹 치료프로그램의 이수명령을 병과할 수 있고, 집행유예기간 내에서 보호관찰 또는 사회봉사 중 하나 이상의 처분도 병과할 수 있도록 하고 있다. 그리고 사법경찰관리는 진행 중인 스토킹행위에 대하여 신고를 받은 경우 즉시 현장에 나가 필요한 응급조치•를 해야 하고, 긴급한 경우에는 스토킹행위의 상대방이나 그 주거 등으로부터 100미터 이내의 접근금지와 스토킹행위의 상대방에 대한 전기통신기본법 제2조 제1호의 전기통신을 이용한 접근금지 등의 조치를 취할 수 있는 등 진행 중 혹은 진행 직후의 스토킹행위에 대응할 수 있는 방안이 제도적으로 마련되었다. 다만, 스토킹범죄는 반의사불벌죄이므로, 피해자가 처벌불원의사를 밝히면 처벌할 수 없었는데 자꾸 피해자에게 합의

• 1. 스토킹행위의 제지, 향후 스토킹행위의 중단 통보 및 스토킹행위를 지속적 또는 반복적으로 할 경우 처벌 경고, 2. 스토킹행위자와 피해자 등의 분리 및 범죄수사, 3. 피해자 등에 대한 긴급응급조치 및 잠정조치 요청의 절차 등 안내, 4. 스토킹 피해 관련 상담소 또는 보호시설로의 피해자 등 인도

를 종용하는 일이 빈번해지자 이번에 개정을 통해 반의사불벌죄를 삭제했다.

스토킹처벌법의 남용 가능성을 방지할 수단은 "정당한 이유"

스토킹처벌법이 긍정적인 효과도 크지만 오남용될 수 있다는 우려도 있다. 층간소음 갈등의 경우 층간소음 피해자가 가해자에게 여러 번 전화하거나 가해자의 집을 찾아갔을 때 가해자가 스토킹으로 경찰에 신고해버리면 피해자가 가해자로 바뀔 수 있다. 채무 문제의 경우에도 채권자가 채무자에게 여러 번 연락하거나 집을 찾아가서 돈을 갚을 것을 요구하는 경우, 채무자가 경찰에 스토킹으로 신고해버리는 경우가 발생할 수 있다. 따라서 혹시라도 스토킹처벌법이 잘못 남용되지 않기 위해서는 '정당한 이유'를 합리적으로 판단할 필요성이 있다.

그런데 정당한 이유라도 사람을 괴롭히며 찾아가는 것은 문제의 소지가 있다. 아마도 이제 스토킹처벌법으로 많은 논란이 생길 것이다. 스토킹처벌법이 생긴다면 누가 제일 웃을까? 옛날 조상들이 "열 번 찍어 안 넘어가는 나무 없다"고 했는데 이 속담은 무색해지고 여러 번 따라다니며 구애를 하면 이제 신고당할 걱정을 해야 할 것이다. 시대가 바뀌니 연애의 방식도 바뀌게 되는 것 같다.

스토킹범죄가 유죄로 인정된 사례

> **"나 기다려 달라" 교도소서 전 연인에 수차례 편지한 경우***
>
> A씨는 대전교도소에서 수감생활을 하던 중 전 연인 B(24)씨에게 탈옥 등을 언급하면서 '오빠 싫어하지 말고 기다려 달라', '얼굴 보면서 하고 싶은 말이 있다', '못 볼 것 같으면 죽을까 고민하고 있다' 등의 내용이 담긴 편지를 보냈다가 스토킹처벌법 위반으로 기소되었다.

재판부는 유죄를 선고하면서, 피고인이 범행을 인정하고 반성하고 있으나, 피해자로부터 더 이상 연락하지 말라는 취지의 말을 듣고도 계속해서 연락하고, 검찰에 피해자나 검사를 비난하는 내용의 편지를 보내는 등 범행 이후의 정황도 좋지 않다는 이유로 징역 10월, 집행유예 2년을 선고했다.

> **합의할 생각 없는데 "기회 달라" 매달려… 법원 "스토킹 맞다"****
>
> A씨는 B씨에게 성적 수치심과 혐오감을 유발하는 인스타그램 다이렉트 메시지(DM)를 전송해 수사를 받아왔는데, 성폭력범죄의 처벌 등에 관한 특례법 위반(통신매체이용음란)죄로 약식기소되었다.
> A씨는 약식기소 후 B씨 의사에 반해 10차례에 걸쳐 메시지를 보내 불안감, 공포감을 조성한 혐의로 기소됐다.

* 2023. 6. 13.대전일보, "나 기다려 달라" 교도소서 전 연인에 수차례 편지 한 남성 기사

** 2023. 1. 19. 부산일보, 합의할 생각 없는데 "기회 달라" 매달려… 법원 "스토킹 맞다" 기사

수사를 받던 A씨는 B씨에게 "더러운 말을 해놓고 비겁하게도 안 걸릴 줄 알고 지금껏 숨어 있었다. 정말 죄송하다"며 장문의 DM을 보냈다. 이에 B씨는 국선변호인을 통해 "합의 의사가 없다"고 전했지만, A씨는 "용서나 합의가 없으면 제가 아무리 반성해도 답이 없기에 미칠 것 같다"며 기회를 달라는 메시지를 수차례 더 보냈다.

이에 대해 법원은 합의할 생각이 없는데 기회를 달라고 매달리는 것은 스토킹행위에 해당하고, A씨의 스토킹행위로 인해 피해자의 정신적 충격이 상당했을 것으로 판단해 스토킹처벌법 위반으로 유죄를 인정했다.

헤어진 연인에게 보낸 선물, 스토킹으로 처벌 받을 수 있어•••

A씨는 지난해 5월부터 약 1개월간 헤어진 연인 B씨의 직장에 꽃을 보내거나 "새사람이 되겠다"는 등 다시 만나자는 취지의 메시지를 25회 보낸 혐의로 재판에 넘겨졌다.

조사 결과 A씨는 B씨가 이별을 통보하면서 연락과 선물을 거절했음에도 B씨 부모 거주지에까지 스마트워치나 마사지팩, 편지 등을 수차례 보냈다. 이와 같은 A씨의 행위는 헤어진 연인 B씨의 의사에 반하여 정당한 이유 없이 B씨에게 물건 등을 도달하게 하는 스토킹행위를 지속적으로 하여 B씨에게 불안감을 일으킨 행위에 해당한다.

••• 2023. 5. 18. 더파워뉴스, 헤어진 연인에게 보낸 선물, 스토킹처벌법 처벌 받을 수 있어 기사

'꽃을 보냈으니 괜찮겠지'라고 생각할 수 있는데 외국에서는 꽃을 보내도 스토킹이며 먹을 것, 돈, 모든 것을 상대의 의사에 관계 없이 보내면 스토킹으로 보고 있다. 심지어 금반지를 매일 보낸 사례도 스토킹이었다. 싫으면 뭘 해도 싫은 것이다. 상대방이 싫다는 것은 절대 하지 말아야 한다. 아니면 범죄자가 된다!

거부 의사에도 100회 넘게 SNS 친구 신청한 여성, 스토킹 처벌*

A씨는 자신이 다니던 운동센터 강사 B씨로부터 연락하지 말라는 요구를 받고서도 "기회를 달라"는 등의 메시지를 22회에 걸쳐 보내고 140회 넘게 SNS 팔로우를 신청하였다가 기소되었다.

A씨가 B씨의 거부 의사를 무시하고 집요하게 메시지를 보내고 SNS 친구 신청을 한 것은 우편·전화·팩스 또는 정보통신망 이용촉진 및 정보보호 등에 관한 법률 제2조 제1항 제1호의 정보통신망을 이용하여 물건이나 글·말·부호·음향·그림·영상·화상("물건 등"이라 함)을 도달하게 하여 B씨에게 불안감을 일으키는 행위다. 그리고 횟수 및 문자의 내용 등을 보면 지속성, 반복성이 인정되므로 스토킹범죄에 해당한다는 이유로 법원은 벌금 700만 원을 선고했다.

페이스북 메신저를 보내도 해당이 되고 카톡을 보내도 해당이 된다. 찾아가서 벨을 눌러도 해당이 되고 길에서 붙들고 이야기를 해도 해당

* 2023. 4. 18. TJH, 거부 의사에도 100회 넘게 SNS 친추한 여성, 스토킹 처벌 기사

이 된다. 그럼 몇 번까지 괜찮냐고? 경범죄처벌법에서는 3번이었지만 지금은 사례마다 다르다.

성병 옮기고 잠수 탄 남성 집 두 번 찾아간 것이 스토킹범죄?[••]

여성 A씨는 직장인 익명 커뮤니티 앱을 통해 남성 B씨와 만난 뒤 수차례 성관계를 가졌는데, 성병 진단을 받고 이로 인해 신체적·정신적 고통을 겪었다.

A씨는 성병에 걸린 사실을 B씨에게 알렸고, B씨는 처음 A씨에게 미안한 마음을 표시하거나 위로를 건넸으나 중간에 갑자기 메신저를 차단하고 전화도 받지 않으며 연락을 피했다.

A씨는 3개월 후 B씨와 다시 연락할 수 있었는데, B씨는 직장인 익명 커뮤니티 앱에서 만난 다수 여성과 성관계를 해왔던 사실을 실토했고, B씨의 말을 들은 A씨는 성병 감염이 B씨 탓이라 여겼고, 따지기 위해 두 차례 B씨 주거지를 찾아 엘리베이터 앞 복도에서 기다렸다.

A씨는 B씨에게 사과받을 것으로 기대했지만 B씨SMS 경찰에 A씨를 스토킹으로 신고했고, 검찰이 약식기소했다. A씨는 이에 불복해 정식재판을 청구했다.

A씨는 법정에서 "B씨를 찾아간 것은 성병 감염으로 인한 고통을 호소하고 무책임한 태도를 추궁해 치료비 등 보상을 요구하기 위해서였다"며 "스토킹이 아니다"라고 주장했다. 법원은 스토킹처벌법에 해당하지 않는다고 무죄를 선고했다.

•• 2023. 5. 17. 세계일보, 성병 옮기고 잠수 탄 남성 집 두 번 찾았다 되레 '스토킹' 고소당한 女… 결국 '무죄' 확정 기사

A씨가 B씨를 찾아간 것은 성병과 관련해 보상 요구와 추궁을 위한 것이었고, 연락에 적극 응하지 않는 B씨에게 의사를 전달할 마땅한 다른 방법을 찾기 어려웠다. 따라서 A씨가 B씨 주거지를 찾아간 '정당한 이유'가 있었고, B씨 주거지에 찾아간 것은 단 2회에 그쳤으므로 '지속적 또는 반복적'인 스토킹행위의 정도에 이르렀다고 보기 어렵다(2회 이상이면 유죄가 될 수도 있다).

"부재중 전화도 스토킹?"[•]

헤어진 여성 B에게 약 3개월간 수십 차례에 걸쳐 전화를 걸어댄 50대 남성 A씨. 이러한 스토킹행위로 인해 법원으로부터 잠정조치 처분도 받았다. 피해자 100m 이내는 물론 휴대전화 등을 이용한 전기통신 접근도 해선 안 된다는 취지였다.

그러나 A씨는 전화를 멈추지 않았고, 결국 스토킹범죄의 처벌 등에 관한 법률(스토킹처벌법) 위반 등 혐의로 재판에 넘겨졌다. B는 전화를 받지 않았다.

반복적인 '부재중 전화'를 스토킹범죄로 볼 수 있을까? 스토킹처벌법 시행 이후에도 '부재중 전화는 스토킹행위가 아니다'고 판단하는 재판부가 많았다.

헤어진 여성에게 약 3개월간 수십 차례에 걸쳐 전화를 걸어댄 50대 남성 A씨도 '무죄'를 선고받았다. 헤어진 남자친구에게 51차례 전화를 걸었고, 새벽 1시 23분부터 저녁 6시 43분까지 39차례 전

• 2023. 5. 15. 중앙일보, "부재중 전화도 스토킹" 판결 늘었다… 국어사전 꺼낸 판사들 기사

화를 걸기도 했으며, 전화를 받지 않자 피해자의 집에 찾아가기도 한 사안에 대해서도 무죄를 선고했다.

그 이유는 대법원이 2005년 2월 정보통신망법위반으로 기소된 사건에 대해 "상대방에게 전화를 걸 때 상대방 전화기에서 울리는 벨소리는 정보통신망을 통하여 상대방에게 송신된 음향이 아니므로 정보통신망법 위반이 아니다"라고 판단[••]했기 때문이다.

정보통신망법엔 '정보통신망을 통하여 공포심이나 불안감을 유발하는 부호·문언·음향을 반복적으로 상대방에게 도달하게 하는 행위'를 하면 안 된다고 돼 있지만, 스토킹처벌법은 '전화 또는 정보통신망을 이용하여 음향·글·말·부호 등을 도달하게 하는 행위'를 범죄로 보고 있다.

'통하다'는 어떤 곳에 무엇이 지나간다는 뜻이고, '이용하다'는 필요에 따라 쓴다는 뜻으로 양자가 다르고, 전화를 이용하기 위해 반드시 그 전화와 연결된 정보통신망에 음향이 지나가야 하는 것은 아니다.

이와 같은 입장에서는 A씨가 B씨와 동거하다가 헤어진 뒤 "연락하거나 찾아오지 말라"는 요청을 받고도 전 동거녀 B씨에게 29차례 전화를 걸고 33차례 문자메시지를 보내 스토킹을 한 혐의 등으로 구속기소되었는데, 법원은 B씨가 받지 않은 부재중 전화 12회와 수신 차단 89회 전화도 모두 A씨의 스토킹행위로 판단했다.

•• 당시엔 스토킹처벌법이 없었고, 전화 스토킹에 대해 정보통신망법 위반을 적용했음

피해자의 휴대전화기 통화 수신음 모드가 무음으로 설정되어 실제로 벨소리가 울리지 않은 경우에는 죄가 안 된다는 견해도 있으나, 사회평균인의 관점에서 볼 때 지속적·반복적 전화 발신으로 인한 전화기 벨소리뿐만 아니라 부재 중 전화 표시 등을 인식한 것만으로도 불안감 또는 공포심을 느끼기에 충분한 상태에 이르렀다고 볼 수도 있다. 피해자의 휴대전화에서 울린 벨소리나 '부재중 전화' 표시 자체는 가해자가 보낸 것은 아니므로 부재중 전화를 스토킹범죄로 볼 수 없다고 보는 판사들도 있다.

하지만 가해자가 피해자의 휴대전화로 전화를 걸어 피해자가 그 전화 사실을 바로 접할 수 있는 상태에 이르렀다면 피해자의 전화기에 나타난 표시는 피고인이 피해자의 전화를 이용하여 피해자에게 도달하게 한 글 또는 부호라고 볼 수 있다. 부재중 전화에 대한 스토킹처벌법 성립 여부에 대해 하급심의 판례가 서로 달랐으므로 결국은 대법원 판결을 통해 해결할 수밖에 없는데, 대법원은 어떤 결론을 내렸을까?

통화가 이뤄진 것은 단 1번, 그래도 스토킹처벌법 위반

피고인은 알고 지내던 A씨에게 돈을 빌려달라고 했지만 거절당하자 다른 사람 핸드폰을 이용하여 A씨에게 집요하게 전화했다.

피고인이 전화를 건 것은 총 29차례로 이 중 실제 통화가 이뤄진 것은 단 1번이었는데, 피고인은 스토킹처벌법 위반 혐의로 기소되었다.

1심은 A씨가 보낸 문자와 전화 모두 스토킹행위라고 보아 유죄를 선고했다. 전화를 받지 않아 부재중 전화 기록으로 남았더라도 피해자가 불안감과 공포심을 느꼈을 것이라 판단했기 때문이다.

하지만 항소심은 부재중 전화는 정보통신망을 통해 전송한 음향·글·부호에 해당하지 않고, 피고인과 피해자 사이 전화통화의 내용이 불안감 내지 공포심을 일으키는 것이었음이 밝혀지지 않았다는 이유로 무죄를 선고했다.

그러나 대법원은 유죄 취지로 파기환송했다(유죄로 본다는 뜻). 스토킹처벌법은 스토킹행위로 인하여 정상적 일상생활이 어려울 만큼 정신적·신체적 피해를 입는 사례가 증가하고, 초기에 스토킹행위를 제지·억제하고 피해자를 보호하는 조치가 적절히 이뤄지지 아니하여 신체 또는 생명을 위협하는 강력범죄로 이어지는 사건들이 빈번히 발생하는 사회 문제를 해결하기 위해 만들어진 법률이다.

피고인이 피해자의 의사에 반해 정당한 이유없이 반복적으로 전화를 걸 경우 피해자에게 유발되는 불안감 또는 공포심은 일상생활에 지장을 줄 정도로 심각하고 이는 피해자가 전화를 받지 않았더라도 마찬가지이다. 피고인이 전화를 걸어 피해자 핸드폰에 벨소리가 울리게 하거나 부재중 전화 표시가 뜨게 했음에도 피해자가 전화를 수신하지 않았단 이유만으로 스토킹행위에서 배제하는 것은 우연한 사정에 의해 처벌 여부가 좌우되도록 하고 처벌 범위도 지나치게 축소시켜 부당하다.

정보통신망법은 정보통신망을 '통하여' 피해자에게 송신되는 음향 자체가 공포심이나 불안감을 유발하는 내용일 것을 요구하지만, 스토킹처벌법상 스토킹행위는 정보통신망 등을 '이용해' 말·음향·글 등을 도달하게 하면 충분하다. 그리고 피고인이 피해자와 전화통화를 원한다는 내용의 정보가 벨 소리, 발신번호 표시, 부재중 전화 문구 표시로 변형돼 피해자의 휴대전화에 나타났다면 음향(벨 소리), 글(발신 번호·부재중 전화 문구)을 도달하게 한 것으로 평가할 수 있다.

또한, 전달되는 음향이나 글 등이 (그 자체로) 피해자에게 불안감이나 공포심을 유발하는 내용일 것을 요구하지 않으므로, 피고인이 피해자의 의사에 반하여 정당한 이유 없이 전화를 걸어 피해자와 전화통화를 하여 말을 도달하게 한 행위는 그 전화통화 내용이 불안감이나 공포심을 일으키는 것이었음이 밝혀지지 않는다고 하더라도 피고인과 피해자의 관계, 지위, 성향, 행위 전후의 여러 사정을 종합하여 그 통화 행위가 피해자의 불안감 또는 공포심을 일으키는 것으로 평가되면 스토킹행위에 해당하게 된다.

층간소음과 관련한 분쟁도 스토킹처벌법에 해당할 수 있다. 하지만 층간소음에 대해 법원은 유죄를 인정하는 경우도 있지만, 비슷한 사안에서 무죄를 선고하기도 한다.

층간소음 복수했다가 스토킹 처벌?[*]

A씨는 지난해 9월 대전 유성구의 한 아파트에서 층간소음을 일으킨다는 이유로 윗집에 사는 50대 부부를 2차례 찾아가 협박하고 현관문을 파손한 혐의로 재판에 넘겨졌다.

재판부는 "정당한 이유 없이 반복적으로 피해자에게 접근해 불안감과 공포심을 일으키는 스토킹을 한 것이 인정된다"며 징역 1년, 집행유예 1년을 선고하고, 40시간의 스토킹 치료프로그램 이수를 명했다.

천장에 스피커 설치도 스토킹범죄

B씨와 C씨는 2021 11월 12일부터 이듬해 1월 1일까지 대전 유성구 한 아파트에서 천장에 우퍼 스피커를 설치한 뒤 '층간소음 복수 음악'을 검색해 복수용 음향을 송출한 혐의로 재판에 넘겨졌다.

B씨와 C씨는 부부인데, 윗집에 거주하는 D씨가 층간소음을 발생한다고 생각해 우퍼 스피커를 설치했다고 한다. 법원은 부부에게 각 벌금 700만 원을 선고하고, 스토킹 치료프로그램 이수 40시간을 명령했다. 하지만 층간소음에 항의하고자 윗집을 두 차례 찾아가고, 초인종을 누르고, 현관에 욕설이 담긴 메모를 붙인 사람에

* 2023. 6. 9. TV조선, 층간소음 욱했다간 되레 스토킹 처벌… 판결 분석해보니 기사

게 무죄를 선고한 경우도 있다.

한동훈 장관의 스토킹처벌법 고소 VS 취재행위 차단 언론플레이•

한동훈 법무부 장관 측이 퇴근길에 미행을 당했다며 '시민언론 더탐사' 취재진을 스토킹처벌법 위반 혐의로 고소했다. 한편, 서울수서경찰서는 더탐사 측에 1개월간 100m 이내 접근금지, 전기통신을 이용한 접근금지 등 긴급 응급조치를 통보했다.

이에 대해 언론에서는 취재진이 취재원을 뒤쫓는 행위는 향후 모두 불법으로 간주될 가능성이 높아 언론 취재의 자유를 침해한다고 주장한다. 구체적으로 한동훈 장관은 "약점을 잡아보려고 밤에 미행한 것 같은데, 이 나라가 미운 사람 약점 잡으려고 밤에 차량으로 반복해서 미행해도 되는 나라여선 안 된다"고 입장을 밝혔다.

이에 대해 더탐사 측은 "도이치모터스 주가조작 사건이나 이재명 더불어민주당 대표와 관련된 민감한 사건을 수사하는 검사와 법무부 장관이 퇴근 후 사적인 만남을 갖는다면 매우 부적절한 행위라고 판단해 추적했다"고 하면서, "법무부 장관으로부터 스토킹범죄 일당으로 매도당하고 있는데, 스토킹처벌법 고소는 언론의 권력 감시 자체를 차단하려는 꼼수"라고 비판하고 있다.

• 2022. 10. 6. 미디어오늘, 한동훈 장관 측 스토킹처벌법 고소에 "취재행위 차단 언론플레이" 반발 기사

스토킹범죄가 또 다른 스토킹범죄나 보복범죄로 이어질 가능성이 큰 이유

스토킹범죄는 반의사불벌죄이므로, 피해자가 처벌불원의사를 밝히면 처벌할 수 없다. 그래서 스토킹으로 고소되어 수사를 받게 된 사람이 처벌을 면하기 위해 피해자에게 합의를 종용할 목적으로 다시 연락을 취하고, 합의를 안 해주면 죽어버리거나 자해하겠다고 겁을 주는 경우도 발생한다.

하지만 앞서 살펴본 바와 같이 법원은 합의할 생각이 없는데 합의 기회를 달라면서 매달리는 경우 스토킹범죄가 인정된다고 하고 있고, 합의를 안 해주면 자살한다거나 자해한다는 것 역시 협박에 해당할 수 있어 특가법상의 보복범죄로 처벌받을 가능성이 있다.

스토킹범죄가 보복범죄로 이어진 대표적인 경우가 바로 신당역 살인사건••, 노원구 세 모녀 살해 사건••• 등이다. 따라서 가해자가 피해자와 합의시도를 할 경우 감정이 앞서 추가적인 보복범죄 등이 발생하지 않도록 직접 나서지 말고 반드시 변호사를 통하는 것이 바람직하다.

•• 가해자는 피해자인 여성 역무원이 본인을 스토킹으로 고소하자 줄기차게 합의를 요구했고 받아들여지지 않자 결국 살해한 사건인데, 스토킹범죄의 '반의사불벌죄' 조항이 피해를 키웠다는 지적이 많았음

••• 20대 남성 A씨는 온라인 게임을 통해 알게 된 20대 여성 B씨와 메신저를 주고받다가 우연찮게 B씨의 주소를 알아냈고, 이후 PC방에서 만나 함께 게임을 한 두 사람은 게임을 통해 알게 된 다른 지인들과 식사를 하던 중 말다툼을 하게 되자 B씨는 A씨에게 더 이상 만나고 싶지 않다며 A씨와의 모든 연락을 끊어 버렸으나, B씨에게 호감을 가지고 있던 A씨는 B씨 집 주변을 맴돌며 계속해서 B씨를 기다렸고, B씨에게 연락을 시도하는 등 끊임없이 B씨를 '스토킹' 했으며, 끝내 자신을 만나주지 않는 B씨에게 배신감을 느낀 A씨는 기회를 엿보다 B씨 집에 침입해 B씨와 그녀의 여동생은 물론, 그 어머니까지 살해한 사건임

그럼 보복범죄란 뭘까?

2017년부터 지난해까지 보복범죄 혐의로 입건된 피의자는 모두 1,258명인데, 이 가운데 91.6%(1152명)가 남성이고, 보복살인 피의자는 모두 남성이었다*.

보복범죄는 2017년 228명에서 2019년 244명, 2021년 349명으로 꾸준히 증가세를 보이고 있는데, 주된 피해자는 여성이 58.5%(701건)로 지난해 발생한 전체 범죄사건 가운데 피해자가 여성인 사건이 28.4%였다는 점과 비교해보면 보복범죄서 여성 피해자 비율이 월등히 높다. 보복범죄 유형으로는 협박(56.7%)이 가장 높고, 폭행(24.8%), 상해(16.1%)가 뒤를 이었으며, 보복살인 범죄도 해마다 발생하고 있다.

특정범죄 가중처벌 등에 관한 법률 제5조의9(보복범죄의 가중처벌 등) 제2항은 자기 또는 타인의 형사사건의 수사 또는 재판과 관련하여 고소·고발 등 수사단서의 제공, 진술, 증언 또는 자료제출에 대한 보복의 목적으로 형법 제283조 제1항의 죄를 범한 사람은 1년 이상의 유기징역에 처하도록 되어 있다.

일반협박죄가 반의사불벌죄인데 비해, 보복범죄는 피해자가 범죄행위로 피해를 당하고도 보복이 두려워 신고를 하지 못하거나 신고 후의 피해자를 보호하기 위하여 협박죄의 구성요건에 형사사건의 재판 또는 수사와 관련된 특정한 목적이라는 주관적 요소를

* 2022. 9. 22. 한겨레, '보복범죄' 피의자 91%가 남성… 피해자는 절반 이상이 여성 기사

추가하고 그 법정형을 협박죄보다 무겁게 규정한 것이다. 따라서 협박에 의한 보복범죄는 반의사불벌죄가 아니다. 합의를 해도 무조건 처벌받는 것이다.

피고인에게 보복의 목적이 인정된다면 가해행위의 직접적인 피해자는 반드시 수사단서 등을 제공하거나 피해 진술을 한 본인에 한하지 않고 그 본인에게 영향을 줄 수 있는 본인의 친족 등도 그 객체가 될 수 있다(대법원 2005. 1. 13. 선고 2004도6864 판결). 112에 신고하지 못하게 욕설을 하며 스마트폰을 빼앗고 피해자의 손목을 잡아 비틀고 피해자를 폭행한 경우(부산지방법원 2018. 8. 17. 선고 2018고합82), 피해자에게 전화하여 경찰에 신고하면 가만두지 않겠다고 한 경우(인천지방법원 2008. 7. 24. 선고 2008고합304 판결)에는 보복범죄가 인정된다.

협박죄는 죄질이 아무리 나빠도 법정형이 3년 이하의 징역에 불과하지만, 보복협박은 법정형이 최소 징역 1년이고, 죄질이 나쁜 경우 징역 30년까지 선고될 수 있다.

스토킹범죄와 보복범죄의 관련성

보복범죄의 발생 원인은 다양하나, 스토킹처벌법 위반으로 재판을 받고 있는 피고인이나 형을 선고받은 피고인이 피해자를 상대로 보복범죄를 하는 경우가 의외로 많다. 신당역 사건이 대표적이지만, 그 외에도 스토킹이 원인이 된 보복범죄 사례들이 언론에 보도되었다.

합의 안 해준다며 보복살인한 50대 '징역 20년'

A씨는 총 85회에 걸쳐 피해자에게 접근하는 스토킹행위를 하고 흉기로 협박한 혐의 등으로 기소되었다.
그러자 A씨는 피해자가 스토킹 사건 관련 합의를 해주지 않는다는 이유로 수회 폭행한 후 흉기로 얼굴 등을 수십 회에 걸쳐 찌르고 예기로도 수회 찔러 피해자가 그 자리에서 사망에 이르게 하여 보복의 목적으로 살해한 혐의로 재판에 넘겨졌다.

재판부는 A의 범행이 비인간적, 반사회적 범행일 뿐만 아니라 지인을 잔혹하게 살해한 범행으로 사회에 크나큰 충격과 슬픔을 주었는데, 형사사건과 관련해 합의해 주지 않는 것에 대해 분노와 억울함을 느끼고 보복목적으로 살해한 것이 인정되고, 유족들에게 용서받지 못했고 엄벌을 탄원하는 점 등을 고려하여 A의 자수, 유족들을 위한 현금공탁에도 불구하고 징역 20년을 선고• 했다.

구속수감 중에도 편지로 스토킹한 사례

A씨는 2021년 11월 B씨에게 '당신 없이는 못 살아요', '나를 떠나지 말아요' 등의 내용을 담은 인스타그램 메시지를 보내는 등 B씨와 가족에게 6개월간 총 995회 글·사진을 전송하고, B씨가 운영하는 치과를 찾아가 B씨가 나오기를 기다리거나 병원 입구를 촬영해 B씨에게 보내기도 했으며, 조직을 동원해 B씨와 가족을 위협하겠다고 협박하고 허위사실을 유포해 명예

• 2023. 6. 9. 뉴시스, 스토킹 합의 안 해주자 보복살인한 50대 女, 징역 20년 기사

를 훼손하였다.
법원은 A씨에 대해 징역 1년을 선고하고 스토킹 치료프로그램 40시간 이수를 명령했다. A씨는 구속수감 중 B씨에게 편지를 보내 B씨의 가족 등을 언급하며 해를 끼치겠다고 협박하면서 "내년 5월이면 나간다. 막아봐라. 어차피 다 죽일 것"이라고 했다.

A씨가 B씨를 스토킹한 혐의 등으로 구속이 되자 편지를 보내 B씨의 가족에 대한 해악을 고지한 것은 특정범죄 가중처벌 등에 관한 법률이 정한 보복범죄에 해당[••]한다. 참 이상한 것은 명예훼손죄나 모욕죄 등으로 인터넷상에서 시작했다가 고소를 하면 합의를 강요하며 스토킹범죄를 하거나 또는 보복범죄로 이어지는 경우가 많다. 범죄가 범죄를 낳고 범죄가 범죄를 불러오는 전형적인 예가 아닐까 싶다.

보복범죄가 두려워 민사소송을 주저한다

피해자는 가해자를 상대로 형사고소와 별도로 민사손해배상청구소송을 제기할 수 있다. 그런데 민사소송법 제162조에 따라 피고인 가해자는 소송기록을 열람·복사할 수 있고, 그 과정에서 이름, 주소, 주민번호 앞자리 등이 공개된다. 그러다 보니 성폭력 범죄나 스토킹범죄의 피해자 등은 가해자를 상대로 민사소송을 제기하면 본

•• 2023. 4. 17. 국민일보, "내년 5월 나가면…" 女 치과의사가 받은 옥중 편지 기사

인의 개인정보가 가해자에게 노출되고, 가해자는 민사소송 과정에서 알게 된 피해자의 개인정보를 악용하여 피해자에 대한 보복범죄를 계획하고 실제로 실행하는 경우가 자주 발생한다.

나 역시 모욕범에게 민사소송을 청구했더니 나의 주소를 페이스북에 올리고 "주소를 알아냈다. 이제 너희 다 죽었쓰"라고 협박을 당했었다. 사실 이런 일을 당해보지 않으면 도저히 이해가 가지 않는다. 말도 안 된다고 생각하지만 실제 그런 일을 나도 겪었다. 그렇기 때문에 민사소송 제도도 개정을 할 필요가 있고 신상공개 부분도 변화가 필요할 것 같다.

스토킹범죄의 전조현상, 명예훼손이나 모욕으로 시작된다

각고의 노력 끝에 목표를 이루는 것을 보고 '열 번 찍어 안 넘어가는 나무 없다'는 표현을 쓴다. 그러나 본인이 좋아하는 여성은 나무가 아닌데, 열 번 찍어 안 넘어가는 나무 없다면서 싫다고 하는데도 계속 구애를 하면 이는 상대 여성에 대한 스토킹행위가 된다. 나무는 감정이 없지만, 그 여성은 감정이 있고 선택의 권리가 있는 사람이기 때문이다.

스토킹범죄자들은 상대방에 대해 병적인 소유욕과 집착을 보인다. 상대방 의사나 감정은 고려하지 않으며, 본인의 감정 표출이나 집착 모두 일방적이고 공격적인 모습으로 보이게 된다. '노원구 세 모녀 살인사건'의 범인도 피해자가 거부의사를 표현하는데도 계속해서 연락하고 집 주소를 알아내 찾아가는 등 피해자에 강한 집착을 보였다. 그리고 상대방이 거절의사를 표하면 이를 긍정적 메시지로 곡해하는 등 집착이 점점 강해지면 '망상장애'에 이르게 되고, 상대방이 강력히 거절의사를 표시해도 스토킹을 멈추지 않고 지속하게 된다.

스토킹범죄자들은 가정, 또는 인간관계에서 발생한 감정 결핍이 피해의식으로 이어지면서 이를 잘못된 방법으로 보완·보상하려는 심리가 작용하면서 병적 집착이 생기게 된다고 한다. 그리고 본인의 병적 집착이 계속적으로 거부되는 현실을 인정하지 못하면서 상대방에 대한 분노와 비방으로 표출된다.

언론에서 보도되는 내용들은 스토킹범죄자들이 최종적으로 행한 범행을 중심으로 하지만, 거의 예외 없이 병적 집착을 하던 스토커들이 본인의 분노를 추스르지 못하고 피해자에 대한 비방과 모욕을 시작하고, 자해를 하겠다며 협박을 하는 등의 과정을 거쳐 결국 스토킹범죄로 연결된다.

'노원 세 모녀 살인사건' 이후 스토킹범죄자 처벌을 강화해야 한다는 목소리가 높아지고 있고, 처벌 강화뿐 아니라, 스토킹행위에 대한 예방 차원의 조치가 필요하다. 그러기 위해서는 스토킹처벌법에서 규정하고 있는 스토킹행위를 좀 더 넓게 규정하고, 피해자에 대한 폭행, 협박뿐만 아니라 명예훼손과 모욕 등과 같은 범행을 하는 경우도 스토킹행위에 포함시킬 필요성이 있다.

모욕범들이 글을 쓰는 것을 보면 나중에 거의 확신범 수준으로 글을 쓴다. 특히 허위사실유포를 하면서 명예훼손을 하는 경우 거짓을 말하면서 너무나 당당하게 자기만의 확신에 차 있는 것을 느끼게 된다. 미친 것은 아닌 것 같고 거의 병적인 수준이다. 스토킹하는 사람들도 무서울 정도로 그들만의 확신이 있다.

명예훼손, 모욕이 스토킹범죄로 연결된 사례

A는 B 등을 상대로 지속적으로 명예훼손, 모욕, 허위내용을 고소한 명의로 기소되어 70개 공소사실에 대해 재판을 받게 되었다. 그러자 A의 어머니가 B에게 문자메시지를 보내 A를 그만 용서해줄 것을 요구하면서, 재판받고 있는 사건에 대해 고소를 취소하지 않으면 B가 지방선거에서 공동선대위원장을 맡게 된 C 예비후보 선거사무실에 사람들을 시켜 전화를 해서 C 후보의 진로에 걸림이 되도록 하여 B의 향후 정치 진로에도 악영향이 있도록 할 것이라는 취지의 메시지 등을 30여 회에 걸쳐 보냈다. 이에 B는 A를 스토킹처벌법 위반 등으로 고소했다.

처음에 경찰은 B가 A로부터 전송받은 문자메시지 내용이 협박이라며 경찰서에 제출한다는 내용과 주고받은 문자 내용을 캡처해서 퍼트리지 말라고 답변한 사실은 있으나 더 이상 대화를 하지 않겠다는 명확한 의사표시를 한 사실이 없으므로 피의자의 의사에 반한다고 보기 어렵다는 이유로 불송치 결정을 하였다.

하지만, 당시 B가 A의 메시지에 질려 전화를 착신거부해 놓고 전화를 받지도 않는 등 답변을 거부하였고, A가 B에게 메시지에서 고소할 테면 고소하라고 하는 건 B가 A의 메시지를 싫어하고 거부하고 있다는 사실을 알고 있었던 것이므로 A가 B에게 전화하거나 메시지를 보낸 행위는 B의 의사에 반하는 것은 당연하다.

그리고, A가 B에게 메시지를 보낸 것은 A의 딸에 대한 고소취소 요구였고, 피의자가 이를 위해 전혀 알지 못하고, 대화할 의사도 없으며, 반성 없는 A의 딸에 대한 고소취소 의사가 없음이 명백한 B에게 반복적 지속적으로 수십 개의 메시지를 보내는 것이 정당한 이유가 있다고 보기도 어렵다. 불안감 내지 공포심을 일으키는 주체는 피해자인 B이고, 당시 상황이 B에게 불안감 내지 공포심을 일으킬 정도인지 여부는 일반인이 보기에 피해자인 B가 불안감을 느꼈을지 여부를 판단하는 것이지 가해자인 A의 관점에서 판단하는 것은 아니다.

A가 B에게 보낸 문자메시지의 횟수, 기간, 내용, A와 B의 관계, 문자를 보낸 목적, 특히 B에게 정치활동에 지장을 주겠다고 하는 것이 B로서는 상당한 부담이 될 수밖에 없는 점 등을 종합적으로 고려하면 B가 A의 지속적이고 반복적인 문자메시지들로 인해 불안감을 느끼는 것은 당연하다. 이에 B는 이의신청을 했고, 검찰이 보완수사 지휘를 했으며, 경찰이 보완수사 후 스토킹처벌법 위반에 대해 기소 의견으로 재송치했다. 그리고 검찰은 A의 스토킹처벌법이 인정된다고 판단하고 벌금 200만 원을 구약식 청구했다.

스토킹처벌법 치고는 적게 나온 벌금인데 정식재판을 청구하여 재판이 열린다. 잘못을 모르고 반성이 없는 것은 이들의 특징일까?

4부

내가 피해자일 때 혹은 내가 가해자일 때 대응방법

고소를 해야 한다면

;

생활하다 보면 내 의도와 달리 상대방에게는
명예훼손이나 모욕으로 받아들여져 고소를 당하는 경우가 발생한다.
이에 대해 적절한 대응방안을 찾고, 신속한 처리를 위해서는
법률전문가의 도움을 받는 것이 좋다.

SNS에서 활동하거나 일상생활에서 만나는 사람들과 크고 작은 갈등이 생길 수 있고, 그로 인해 명예훼손이나 모욕의 가해자가 될 수도 있고 피해자가 될 수도 있다. 정치인이나 연예인, 유명인도 피해자가 될 수 있고, 가해자가 될 수 있다. 일반인도 마찬가지다. 특히 아무 생각 없이 몇 번 문자를 보냈다가 고소를 당하기도 하고 습관적으로 욕을 했다가 고소당하기도 한다.

일상생활이나 사이버상에서 명예훼손이나 모욕으로 고소를 당할 만한 일이 없어야 하겠지만, 본인이 피해자가 되는 경우 이에 대해 감정적으로 대응하다 보면 본인도 가해자가 되는 경우가 많다. 따라서 본인이 피해자가 되는 경우 관련 자료를 잘 준비해 가해자를 제대로 고소하는 것이 필요하다. 그리고 본인이 한 발언이나 글이 본인의 의도와 달리 상대방에게는 명예훼손이나 모욕으로 받아들여져 고소를 당하는 경우가 발생하면 이에 대해 적절한 대응방안을 찾는 것이 중요하다.

가끔 억울하게 고소당하는 경우는 무고죄로 고소하는 것도 고민해봐야 한다. 그런데 무고죄를 자신이 고소되었다가 무혐의가 되면 다 무고가 된다고 생각하는 사람들이 있는데 절대 아니다. 무고죄는 아주 성립되기 어렵다. 그런데 터무니없는 고소장을 받으면 반드시 무고로 고소하길 바란다. 장난스럽게 고소라는 제도를 이용해 상대를 괴롭히려 한 사람은 반드시 혼나야 한다. 그것이 법치이다.

고소장은 어떻게 작성하나

고소장에는 고소인, 피고소인, 고소취지, 고소사실, 고소이유 등을 기재해야 한다. 고소인란에는 고소인의 성명, 주민등록번호(생년월일), 주소, 연락처 등을 기재해야 하고, 피고소인란에는 피고소인의 성명, 주민등록번호(생년월일), 주소, 연락처 등을 기재하면 된다. 고소취지는 피고소인을 고소하는 죄명을 기재하면 된다. 고소사실은 육하원칙에 따라 언제, 어디에서, 피고소인이 고소인에 대해 무엇이라고 발언 또는 글을 써 고소인의 명예를 훼손했는지를 간단히 기재하면 된다. 고소이유는 고소인과 피고소인과의 관계, 고소사실이 발생하게 된 경위 및 과정 등을 설명하면서 고소사실을 구체적으로 설명하면 되고, 관련 증거자료를 제출하는 사유도 함께 설명하면 된다.

고소장은 법에 특별한 양식이 정해진 것은 없으나, 검찰청과 경찰청 사이트에 가면 고소장 양식 파일을 받을 수 있고, 인터넷에서 검색하면 쉽게 찾을 수 있는데, 검찰의 고소장 양식이 주로 사용된다.

고 소 장

(고소장 기재사항 중 * 표시된 항목은 반드시 기재하여야 합니다.)

1. 고소인*

성 명 (상호·대표자)			주민등록번호 (법인등록번호)	-
주 소 (주사무소 소재지)	(현 거주지)			
직 업		사무실 주소		
전 화	(휴대폰) (자택) (사무실)			
이메일				
대리인에 의한 고소	□ 법정대리인 (성명 : , 연락처) □ 고소대리인 (성명 : 변호사 , 연락처)			

※ 고소인이 법인 또는 단체인 경우에는 상호 또는 단체명, 대표자, 법인등록번호(또는 사업자등록번호), 주된 사무소의 소재지, 전화 등 연락처를 기재해야 하며, 법인의 경우에는 법인등기부 등본이 첨부되어야 합니다.

※ 미성년자의 친권자 등 법정대리인이 고소하는 경우 및 변호사에 의한 고소대리의 경우 법정대리인 관계, 변호사 선임을 증명할 수 있는 서류를 첨부하시기 바랍니다.

2. 피고소인*

성 명			주민등록번호	-
주 소	(현 거주지)			
직 업		사무실 주소		
전 화	(휴대폰) (자택) (사무실)			
이메일				
기타사항				

※ 기타사항에는 고소인과의 관계 및 피고소인의 인적사항과 연락처를 정확히 알 수 없을 경우 피고소인의 성별, 특징적 외모, 인상착의 등을 구체적으로 기재하시기 바랍니다.

- 1 -

3. 고소취지*

(죄명 및 피고소인에 대한 처벌의사 기재)

고소인은 피고소인을 ○○죄로 고소하오니 처벌하여 주시기 바랍니다.*

4. 범죄사실*

※ 범죄사실은 형법 등 처벌법규에 해당하는 사실에 대하여 일시, 장소, 범행방법, 결과 등을 구체적으로 특정하여 기재해야 하며, 고소인이 알고 있는 지식과 경험, 증거에 의해 사실로 인정되는 내용을 기재하여야 합니다.

5. 고소이유

※ 고소이유에는 피고소인의 범행 경위 및 정황, 고소를 하게 된 동기와 사유 등 범죄사실을 뒷받침하는 내용을 간략, 명료하게 기재해야 합니다.

- 2 -

6. 증거자료

(✓ 해당란에 체크하여 주시기 바랍니다)

□ 고소인은 고소인의 진술 외에 제출할 증거가 없습니다.

□ 고소인은 고소인의 진술 외에 제출할 증거가 있습니다.

☞ **제출할 증거의 세부내역은 별지를 작성하여 첨부합니다.**

7. 관련사건의 수사 및 재판 여부*

(✓ 해당란에 체크하여 주시기 바랍니다)

① 중복 고소 여부	본 고소장과 같은 내용의 고소장을 다른 검찰청 또는 경찰서에 제출하거나 제출하였던 사실이 있습니다 □ / 없습니다 □
② 관련 형사사건 수사 유무	본 고소장에 기재된 범죄사실과 관련된 사건 또는 공범에 대하여 검찰청이나 경찰서에서 수사 중에 있습니다 □ / 수사 중에 있지 않습니다 □
③ 관련 민사소송 유 무	본 고소장에 기재된 범죄사실과 관련된 사건에 대하여 법원에서 민사소송 중에 있습니다 □ / 민사소송 중에 있지 않습니다 □

기타사항

※ ①, ②항은 반드시 표시하여야 하며, 만일 본 고소내용과 동일한 사건 또는 관련 형사사건이 수사·재판 중이라면 어느 검찰청, 경찰서에서 수사 중인지, 어느 법원에서 재판 중인지 아는 범위에서 기타사항 난에 기재하여야 합니다.

8. 기타

- 3 -

별지 : 증거자료 세부 목록

(범죄사실 입증을 위해 제출하려는 증거에 대하여 아래 각 증거별로 해당 난을 구체적으로 작성해 주시기 바랍니다)

1. 인적증거 (목격자, 기타 참고인 등)

<table>
<tr><td>성 명</td><td></td><td>주민등록번호</td><td colspan="2">-</td></tr>
<tr><td>주 소</td><td colspan="2">자택 :
직장 :</td><td>직업</td><td></td></tr>
<tr><td>전 화</td><td colspan="4">(휴대폰) (자택) (사무실)</td></tr>
<tr><td>입증하려는 내용</td><td colspan="4"></td></tr>
</table>

※ 참고인의 인적사항과 연락처를 정확히 알 수 없으면 참고인을 특정할 수 있도록 성별, 외모 등을 '입증하려는 내용'란에 아는 대로 기재하시기 바랍니다.

2. 증거서류 (진술서, 차용증, 각서, 금융거래내역서, 진단서 등)

순번	증거	작성자	제출 유무
1			□ 접수시 제출 □ 수사 중 제출
2			□ 접수시 제출 □ 수사 중 제출
3			□ 접수시 제출 □ 수사 중 제출
4			□ 접수시 제출 □ 수사 중 제출
5			□ 접수시 제출 □ 수사 중 제출

※ 증거란에 각 증거서류를 개별적으로 기재하고, 제출 유무란에는 고소장 접수시 제출하는지 또는 수사 중 제출할 예정인지 표시하시기 바랍니다.

3. 증거물

순번	증거	소유자	제출 유무
1			□ 접수시 제출 □ 수사 중 제출
2			□ 접수시 제출 □ 수사 중 제출
3			□ 접수시 제출 □ 수사 중 제출
4			□ 접수시 제출 □ 수사 중 제출
5			□ 접수시 제출 □ 수사 중 제출

※ 증거란에 각 증거물을 개별적으로 기재하고, 소유자란에는 고소장 제출시 누가 소유하고 있는지, 제출 유무란에는 고소장 접수시 제출하는지 또는 수사 중 제출할 예정인지 표시하시기 바랍니다.

4. 기타 증거

(고소내용에 대한 진실확약)

본 고소장에 기재한 내용은 고소인이 알고 있는 지식과 경험을 바탕으로 모두 사실대로 작성하였으며, 만일 허위사실을 고소하였을 때에는 형법 제156조 무고죄로 처벌받을 것임을 서약합니다.

2018년 월 일*

고소인 ______________ (인)*

제출인 ______________ (인)

※ 고소장 제출일을 기재하여야 하며, 고소인 난에는 고소인이 직접 자필로 서명 날(무)인 해야 합니다. 또한 법정대리인이나 변호사에 의한 고소대리의 경우에는 제출인을 기재하여야 합니다.

○○지방검찰청 귀중

※ 고소장은 가까운 경찰서에 제출하셔도 되며, 경찰서 제출시에는 '○○경찰서 귀중'으로 작성하시기 바랍니다.

- 4 -

별지 : 증거자료 세부 목록

(범죄사실 입증을 위해 제출하려는 증거에 대하여 아래 각 증거별로 해당 난을 구체적으로 작성해 주시기 바랍니다)

1. 인적증거 (목격자, 기타 참고인 등)

<table>
<tr><td>성 명</td><td></td><td>주민등록번호</td><td colspan="2">-</td></tr>
<tr><td>주 소</td><td colspan="2">자택 :
직장 :</td><td>직업</td><td></td></tr>
<tr><td>전 화</td><td colspan="4">(휴대폰) (자택) (사무실)</td></tr>
<tr><td>입증하려는
내용</td><td colspan="4"></td></tr>
</table>

※ 참고인의 인적사항과 연락처를 정확히 알 수 없으면 참고인을 특정할 수 있도록 성별, 외모 등을 '입증하려는 내용'란에 아는 대로 기재하시기 바랍니다.

2. 증거서류 (진술서, 차용증, 각서, 금융거래내역서, 진단서 등)

순번	증거	작성자	제출 유무
1			□ 접수시 제출 □ 수사 중 제출
2			□ 접수시 제출 □ 수사 중 제출
3			□ 접수시 제출 □ 수사 중 제출
4			□ 접수시 제출 □ 수사 중 제출
5			□ 접수시 제출 □ 수사 중 제출

※ 증거란에 각 증거서류를 개별적으로 기재하고, 제출 유무란에는 고소장 접수시 제출하는지 또는 수사 중 제출할 예정인지 표시하시기 바랍니다.

피고소인의 인적사항을 모르거나 가계정 또는 닉네임만 아는 경우에도 고소 가능할까?

앞서 설명한 대로 피고소인란에는 피고소인의 성명, 주민등록번호(생년월일), 주소, 연락처 등을 기재해야 하는데, 성명, 주민등록번호(생년월일)나 주소, 연락처 중 모르는 것은 공란으로 두고 고소인 조사를 받을 때 피고소인의 인적사항에 대해 고소인이 아는 대로 설명하면 된다. 다만, 고소인은 피고소인의 인적사항을 확인할 수 있는 최소한의 근거를 수사기관에 제시해야 한다.

만약 피고소인의 인적사항을 전혀 모르거나 혹은 가계정 이름이나 닉네임 정도만 알고 피고소인의 인적사항에 대해 알지 못하는 경우에는 경찰에서 피고소인을 특정하지 못해 수사기관이 수사중지 결정을 내리게 되는 경우가 많다. 피의자의 인적사항이 확인되지 않아 수사중지 결정을 내릴 경우 이후 피고소인의 인적사항이 확인될 가능성이 거의 없어 사실상 처벌이 어렵다. 따라서 피고소인을 특정할 마땅한 자료가 없다면 이를 확인할 방법이라도 수사관에게 알려주어야 한다. 피고소인의 친한 지인의 연락처, 과거 주소라도 말이다.

고소장이 아니라 제3자가 고발장을 제출하면 안 되나?

고소는 피해자가 수사기관에 가해자의 처벌을 요구하는 것이고, 고발은 피해자 아닌 제3자가 수사기관에 가해자의 처벌을 요구하는 것이다. 원칙적으로 모욕죄는 친고죄이므로 피해자가 직접 고소해야 하고, 명예훼손죄는 반의사불벌죄이므로 반드시 피해자가 고소하지 않아도 되고 제3자가 고발해도 가능하다.

하지만 형사소송법 제236조에서는 대리인에 의한 고소를 인정하고 있으므로, 변호사가 아닌 제3자도 피해자의 고소대리인이 되어 고소를 할 수 있다. 이 제도가 참 특이한데, 가끔 유명정치인을 위해서 그들의 팬들이 혹은 민간단체에서 대신 고발을 하거나 고소대리를 하기도 한다(그래서 유명인 a가 유명인 b를 공개적으로 조금 기분 나쁘게 한 경우 당사자는 아닌데 팬들에 의해 고발당하기도 하여 유명인은 참 피곤하겠다 싶다. 나도 사실 김정숙 여사의 곶감 만드는 과정에 의문을 제시했다가 어이없이 엉뚱한 사람에게 고발을 당했던 적이 있다. 지금도 그 생각만 하면 열이 확 오른다. 고소장을 접수할 때 비용을 내야 한다고 주장하는 이들도 있는데 동조하긴 힘들지만 동조하고 싶어졌던 사건이다).

이 경우 고소대리인은 피해자로부터 대리권을 위임받았음을 입증할 자료를 수사기관에 제출하면 되는데, 정당한 고소권자에게 위임받았음을 실질적으로 증명하면 충분하고, 그 방식에 특별한 제한은 없다.

꼭 알아야 하는 것은 바뀐 법에 의해서(검수완박) 명예훼손은 반의사불벌죄이므로 제3자 고발이 가능하지만, 경찰에서 불송치 결정을 한 경우 고소는 이의신청권이 있어 검찰에서 경찰 불송치가 적절한지 다시 판단을 받을 수 있는 데 비해, 고발의 경우에는 이의신청권이 없으므로 불복할 마땅한 방법이 없는 것이다.

따라서 명예훼손의 경우에도 가급적 고발보다는 고소를 하는 것이 바람직하고, 만약 피해자가 고소인 조사를 받는 것을 피하고자 한다면 고발하여 고발인 조사를 받기 전후로 고발장과 별도로 피해자가 가해자의 처벌을 원한다는 취지의 진술서를 함께 제출해 이의신청권을 확보해 두는 지혜가 필요하다. 꼭 잊지 말자. 피해자가 처벌되기를 원하는 진술서를 써야 한다.

피고소인(피고발인)이 여러 명인 경우

피고소인(피고발인)이 여러 명인 경우 1개의 고소장(고발장)을 작성하여 제출하는 경우도 있지만, 피고소인(피고발인)별로 고소장(고발장)을 작성하는 경우도 있다. 하지만 후자의 경우 고소인(고발인)이 각 사건별로 고소인(고발인) 조사를 받아야 하므로, 가급적 1개의 고소장(고발장)을 작성하는 것이 바람직하다.

이 경우 실무에서는 경찰관이 피고소인(피고발인)별로 고소장(고발장)을 분리하여 다시 제출해달라고 요청하는 경우도 있으나, 이는 경찰관이 본인의 업무를 편하게 처리하기 위한 요구이므로 굳이 그 요구를 따를 필요가 없다. 경찰관은 피고소인(피고발인)이 수명인 사건의 경우 고소인(고발인) 조사 후 해당 기록을 복사해 각 피고소인(피고발인)별로 사건을 분리하여 해당 주거지로 사건들을 각각 이송한다.

어디에 고소장(고발장)을 제출해야 하나?

명예훼손이나 모욕에 대한 수사권은 경찰이 가지고 있으므로 경찰서에 제출해야 한다. 검찰에 제출하더라도 검찰은 그 고소장(고발장)을 경찰서로 이송할 수밖에 없고, 그러다 보면 고소인(고발인) 조사가 지연될 수밖에 없으므로, 검찰에 고소장(고발장)을 제출하는 것은 바람직하지 않다. 고소(고발) 사건은 관할이 있는데 원칙적으로는 범죄지나 피고소인(피고발인)의 주소지를 관할하는 경찰서에서 조사한다.

고소인(고발인)은 서울에 거주하는데 피고소인(피고발인)의 주거지 또는 범죄지가 부산이라서 고소인(고발인)이 반드시 부산에 고소장(고발장)을 제출하고 부산까지 가서 조사받아야 한다면 짜증이 날 수밖에 없다. 이처럼 피고소인(피고발인)의 주소지나 범죄지가 고소인(고발인)의 주소지와 먼 경우 그곳까지 가서 조사를 받아야 하는 불편함을 피하기 위해 고소인(고발인)의 주거지 관할 경찰서에 고소장(고발장)을 제출해도 상관없다.

그런 경우에는 고소인(고발인) 주소지 관할 경찰서에서 고소인(고발인) 조사를 마친 후 그 사건을 피고소인(피고발인) 주거지 혹은 범죄지 관할 경찰서로 이송하게 된다. 하지만 고소(고발)한 사건이 신속하게 처리되도록 하려면 고소장(고발장)을 피고소인 주소지 혹은 범죄지 관할 경찰서에 제출하는 것도 적극 고려할 필요성이 있다.

무엇보다도 고소인(고발인)을 직접 조사한 경찰관이 피고소인(피고발인)을 조사하는 경우와 사건을 이송받은 경찰관이 서류로 검토한 후 피고소인(피고발인)을 조사하는 경우를 비교해 보면, 고소인을 직접 조사한 경찰관이 사건을 더 잘 이해하기 때문에 피고소인을 기소되도록 하는 데 더 나은 경우가 많다. 따라서 고소장을 피고소인 주소지 혹은 범죄지 관할 경찰서에 제출하는 것을 적극 고려해야 하는 경우도 상당히 많다.

고소장(고발장)을 제출하면 경찰이 수사를 무조건 개시해야 하나?

명예훼손이나 모욕의 경우 경찰서 민원실에 찾아가 피해 사실을 설명하면서 고소장(고발장)을 작성하여 제출할 수도 있다. 하지만 법을 잘 모르는 일반인이 직접 고소장(고발장)을 작성하거나 혹은 경찰서를 방문하여 구두로 신고한 후 현장에서 직접 고소장(고발장)을 작성하여 제출한 경우, 민원실 경찰관이 피해자 등의 주장을 들어보고 주장 자체로 죄가 되지 않거나 혹은 가해자를 특정할 수 없다는 등의 이유로 고소장(고발장) 접수를 받아주지 않거나 반려하는 경우도 있다.

고소장(고발장) 작성 시 변호사의 도움을 받을 필요가 있을까?

법률전문가인 변호사에게 도움을 받아 고소장(고발장)을 작성하는 것이 접수를 거부당하거나 반려당해 한 번 더 화가 나는 일을 미연에 방지할 수 있다. 그리고 피해자 입장에서는 본인이 명예훼손 또는 모욕을 당했다고 생각하지만, 법률전문가인 변호사가 보기에는 판례와 법리를 검토해 볼 때 형사고소(고발)를 하더라도 상대방이 처벌받기 어려울 것으로 판단되는 경우, 무작정 고소(고발)했다가 불송치 또는 불기소 처분으로 인해 피해자가 또다시 마음의 상처를 받는 일을 방지할 수 있다.

또한, 변호사가 구체적인 사안을 살펴본 후, 피해자에게 형사고소를 할지 혹은 민사소송을 할지, 아니면 형사고소와 민사소송을 병행하는 것이 바람직할지 여부 등에 대해 조언을 해줄 수 있다. 물론 법무사를 통하여 고소장(고발장)을 작성하면 상대적으로 비용이 저렴할 수 있다.

하지만 단순히 고소장(고발장)만 제출하고 나면 당연히 처벌되는 것이 아니고, 피고소인(피고발인)이 기소되도록 하기 위해서는 고소인(고발인) 조사 과정에서도 변호인의 조력을 받고, 피고소인(피고발인)이 수사기관에 변명한 내용을 확인하고 추가 대응을 제대로 하여 피고소인(피고발인)이 처벌받는 데 필요한 증거자료를 세심하게 준비해야 한다. 그 과정에서 변호인의 조력을 받는 것은 상당히 중요하다.

특히 바뀐 법들에 대응하기 위해서는 변호사가 필요한데 로스쿨이 도입되고 변호사 숫자가 늘어서 변호사의 문턱이 낮아졌지만 사실 우려되는 것도 많다. 변호사가 실수하여 의뢰인을 오히려 난처하게 하는 경우가 많기 때문에 변호사 선택도 신중해야 한다. 변협 '학폭소송 불출석' 권경애 '정직 1년' 징계 사건을 보면 알 수 있다.

권 변호사는 학교폭력에 시달린 끝에 2015년 극단 선택으로 숨진 박모 양의 어머니 이기철 씨를 대리해 2016년 가해자들을 상대로 민사소송을 제기했으나, 지난해 9~11월 항소심 변론기일에 세 차례 불출석해 11월 패소했다. 애초 유족은 1심에서 일부 승소했지만, 권 변호사의 불출석으로 항소심에서 패소했다. 권 변호사가 패소 사실도 알리지 않은 탓에 상고하지도 못한 채 판결이 확정됐다. 변호사는 징계를 받았지만 유족의 억울함은 어디서 보상받을까? 변호사 선택도 신중해야 한다.

가계정이나 가명 사용자에 대한 고소(고발) 시 유의사항

가해자가 가계정을 사용하거나 혹은 가명을 사용하는 경우 고소(고발)를 하더라도 가해자가 특정되지 않기 때문에 고소(고발)한 것으로 만족해야만 하는 경우가 자주 발생한다. 가계정을 사용하거나 가명을 사용하여 사이버상에서 상대방을 비방하는 사람들은 거의 대부분 본인이 누구인지 수사기관에서 특정되지 않을 것이라는 나름의 확신이 있기 때문에 더 심하게 피해자를 비방하게 되는 경우가 많다. 따라서 가계정이나 가명 사용자에 대한 고소(고발)를 서두르는 것보다는 가해자를 특정할 만한 증거자료를 확보하기 위한 치밀한 노력이 필요하다.

페이스북의 경우 가계정 혹은 가명 사용자의 사진, 본인이 작성한 이력, 페이스북 친구들, 그리고 과거 적은 글 내용 등을 분석해보면 의외로 해당 가계정의 사용자가 누구인지 알 수 있는 경우들이 많다. 다만, 가계정이나 가명 사용자를 특정하는 작업은 일반인이 하기에 쉽지 않으므로 법률전문가인 변호인의 도움을 받는 것이 바람직하다.

피해자임을 어떻게 특정할 수 있나

가해자가 SNS상에서 피해자의 이름을 거명한다면 피해자로서 특정된다. 하지만 경우에 따라서는 가해자가 의도적으로 피해자의 이름을 거명하지 않으면서도 사실상 피해자에 대해 비방하는 글을 교묘하게 쓰는 경우가 있다.

피해자로서는 가해자의 SNS상의 글이 본인을 염두에 둔 것임을 알 수 있자만, 가해자와 피해자 간의 관계, 해당 글의 전후 사정을 모르는 경찰관으로서는 가해자의 글에 피해자가 명시적으로 특정되어 있지 않으면 왜 해당 글이 고소인에 대한 비방인지를 확인하지 않을 수 없다. 피해자로서는 너무나도 당연하고 화가 나는 일이지만, 막상 수사관에게 이를 설득력 있게 설명하는 것이 생각보다 쉽지 않다.

그런 경우 고소인은 해당 글이 본인을 지칭하는 것이라고 생각하는 이유를 차분히 정리해야 하고, 특히 판단 기준이 수사관이 아니라 가해자나 피해자 주변 사람들을 기준으로 해당 표현이 피해자임을 알거나 알 수 있었는지 여부로 판단하는 것임을 수사관에게 제대로 설명하는 것이 중요하다. 아울러 고소인과 피고소인의 주변 사람 중 해당 글이 고소인을 지칭하는 것이라고 생각하는 사람들에게도 미리 확인서나 진술서를 받아 고소인 조사를 받기 전후에 제출하면 큰 도움이 된다. 주변인들의 진술서는 효력이 있다.

고소사실 등 정리 시 유의사항

고소사실은 육하원칙에 따라 범죄 구성요건에 맞도록 작성해야 한다. 언제 어디에서 피고소인이 어떤 방법으로 어떤 내용의 비방 글을 올렸는지, 비방 글을 올린 이유나 경위가 무엇인지 등을 고소사실 및 이유에서 잘 설명해야 한다. 특히 모욕의 경우 범인을 알게 된 날로부터 6개월 이내에만 고소할 수 있고, 그 기간이 경과하면 고소가 제한되므로 범행 발생 일시 및 범인 특정 일자를 정확하게 고소장에 표시할 필요성이 있다. 하지만 일반인이 고소사실 및 이유, 고소취지 등을 제대로 작성하고 친고죄의 고소기간 도과 여부 등을 검토하는 것은 전문성을 필요로 하므로 가급적 변호인의 조력을 받는 것이 좋다.

사이버 비방의 경우 해당 페이스북이나 트위터 글을 캡처하여 증거로 제출해야 하는데, 반드시 해당 페이스북 글이나 트위터 글의 작성 일시가 나타나도록 캡처하는 것이 중요하다. 해당 글에 작성일자가 나타나지 않더라도 본인이 해당 글을 캡처한 일자를 확인할 수 있는 자료가 있으면 일자가 충분히 특정된다. 그리고, 페이스북이나 트위터 글의 게시글만 캡처하지 말고 반드시 해당 게시글의 댓글들도 함께 캡처하여 증거로 제출해야 한다.

고소장에서는 고소사실 및 이와 관련된 최소한의 증거만 첨부하는 것이 좋다. 고소장이 접수되어 담당 수사관이 정해지면 담당 수사관과 연락하여 고소인 조사 일정을 잡은 후 조사 전에 담당 경찰관이 미리 검토할 수 있도록 진술서 등 별도의 증거자료를 보내는 것이 좋다. 사안에 따라서는 고소인 조사를 받을 때 가져가서 제출하며 증거자료를 설명하는 것이 도움이 될 때도 있다. 구체적인 상황에 따라 다른 선택을 할 수 있으므로 경험이 많은 변호인의 조력을 받는 것이 낫다.

고소기간의 제한, 범인을 안 날이란?

친고죄인 모욕죄는 명예훼손과 달리 고소기간의 제한이 있는데, 범인을 알게 된 날로부터 6개월을 경과하면 고소• 할 수 없다(형사소송법 제230조 제1항 본문). 형사소송법 제230조 제1항 본문에서 말하는 범인을 알게 된다 함은 통상인의 입장에서 보아 고소권자가 고소를 할 수 있을 정도로 범죄사실과 범인을 아는 것을 의미한다(대법원 2001. 10. 9. 선고 2001도3106 판결). 범죄사실을 안다는 것은 고소권자가 친고죄에 해당하는 범죄의 피해가 있었다는 사실관계에 관하여 확정적인 인식이 있음을 말한다.

고소인이 처와 상간자 간에 성관계가 있었다는 사실을 알게 되었으나 처가 상간자와의 성관계는 강간에 의한 것이라고 주장하며 상간자를 강간죄로 고소했고 이에 대하여 검찰에서 무혐의 결정이 나자 이들을 간통죄로 고소한 경우, 고소인으로서는 그 강간 고소사건에 대한 검찰의 무혐의 결정이 있은 때 비로소 처와 상간자 간

• 다만, 고소할 수 없는 불가항력의 사유가 있는 때에는 그 사유가 없어진 날로부터 기산함(형사소송법 제230조 제1항 단서)

의 간통 사실을 알았다고 봄이 상당하므로, 그때로부터 고소기간이 시작한다고 보았다(대법원 2001. 10. 9. 선고 2001도3106 판결).

범인을 알게 된다 함은 범인이 누구인지 특정할 수 있을 정도로 알게 된다는 것을 의미하는데, SNS 등에서 가계정을 사용한 경우 특히 문제가 된다. 해당 웹사이트에서 범인이 사용하는 아이디를 제외하고 범인에 대하여 아무것도 알지 못한 상태인 경우에는 피해자가 '범인'을 알게 되었다고 볼 수 없으므로, 고소권자가 고소를 할 수 있을 정도로 범인을 알게 된 시점을 기준으로 고소기간이 시작된다(서울동부지방법원 2021. 4. 23. 선고 2020노974 판결).

공소시효가 지난 모욕 등 사건을 공소시효가 지나지 않은 것처럼 고소하면 무고로 처벌될까?

수사기관에 처벌을 받게 할 목적으로 허위사실을 신고한 경우라도 공소권이 소멸된 것이 분명한 때에는 무고죄가 성립되지 않는다(대법원 1970. 3. 24. 선고 69도2330 판결).

타인으로 하여금 형사처분을 받게 할 목적으로 공무소에 대하여 허위의 사실을 신고했다고 하더라도, 고소사실 자체로 친고죄 고소기간인 6개월이 경과하였음이 명백한 경우에는 국가기관의 직무를 그르치게 할 위험이 없으므로 무고죄는 성립하지 않는다(대법원 1998. 4. 14. 선고 98도150 판결).

하지만 피고인에게 고소당한 L 등이 업무상 횡령이 아닌 횡령으로 의율되어 공소시효 만료로 인한 공소권 없음의 처분을 받았다

하더라도, 고소장 내용(업무상 횡령 내지 업무상 배임 등으로 고소)에 의할 때 이 사건은 그 자체로 공소시효가 만료되었음이 역수상 명백한 경우에 해당하지 않는다고 판단되므로, 무고죄가 성립한다(의정부지방법원 2021. 11. 30. 선고 2020고단3049 판결). 즉, 객관적으로 고소사실에 대한 공소시효가 완성되었는데도, 고소를 제기하면서 공소시효가 완성되지 아니한 것처럼 고소를 한 경우에는 국가기관의 직무를 그르칠 염려가 있으므로 무고죄가 성립할 수 있다(대법원 1995. 12. 5. 선고 95도1908 판결).

피고인이 "피고소인 E는 2015. 10. 1. 고소인으로부터 2,000만 원을 갚지 않고 있으니, 처벌을 해달라"는 내용의 고소장을 작성한 뒤 경찰서 민원실에 접수하고, 이후 고소인 조사를 받으면서 고소장 취지대로 진술했다. 하지만, 피고인이 2003. 1. 20경 C조합에서 2,000만 원을 대출받아 E에게 빌려준 적은 있을 뿐 2015. 10. 1경에는 E에게 돈을 빌려준 사실이 없었으므로, 위 2,000만 원은 이미 공소시효가 도과되었다. 그럼에도 불구하고 마치 공소시효가 완성되지 않은 것처럼 2015년도에 돈을 빌려준 것처럼 고소장을 작성한 경우에는 무고죄 소정의 허위사실을 신고한 것에 해당한다(대구지방법원 2020. 7. 15. 선고 2019노3322 판결 [무고]).

당사자 사이에 민형사상 법적 조치를 하지 않겠다는 합의가 있는 경우에도 고소가 가능한가?

고소의사는 피해자에게 하는 것이 아니라 수사기관에 해야 한다.

피해자에게 고소하겠다고 한 후 수사기관에 고소하지 않으면 수사기관에서 고소도 없이 수사를 진행하지 않는다. 마찬가지로 수사기관이나 법원에 고소취하 혹은 처벌불원의사를 표시하지 않고 가해자에게 고소취소 의사표시 내지 처벌불원(처벌을 원하지 않는다)한다고 해서 법적 효력은 없다.

민사 사건과 관련하여 "서로 상대방에 대하여 제기한 형사고소 사건 일체를 모두 취하한다"는 내용이 포함된 조정이 성립된 경우에도, 이를 두고 고소취소나 처벌불원의 의사표시를 한 것으로 보기 어렵다(대법원 2004. 3. 25. 선고 2003도8136 판결 [폭행 · 모욕]).

그리고 고소인과 피고소인 상호 간에 원만히 해결되었으므로 이후에 민형사상 어떠한 이의도 제기하지 않을 것을 합의한다는 취지가 합의서에 기재되어 있더라도, 피고소인이 법원에 그 합의서 제출 후에 고소인이 법정에 나와 고소취소의 의사가 없다고 진술했다면 위 합의서가 고소인의 자유의사에 의하여 작성되었는가의 여부에 관계없이 고소는 취소되지 아니한 것으로 본다(대법원 1980. 10. 27. 선고 80도1448 판결 [강간]).

하지만 합의서에 피고인에 대한 고소를 취소한다거나 피고인에 대한 형사책임을 묻지 않는다는 표현을 명시적으로 기재하지는 않았지만, 피해자가 피고인의 처벌을 구하는 의사를 철회한다는 의사로 합의서를 제1심법원에 제출한 경우라면 피고인에 대한 고소는 적법하게 취소되었다고, 그 후 피해자가 증인으로 출석하여 위 합의를 취소하고 다시 피고인의 처벌을 원한다는 진술을 함으로써 고소취소를 철회하는 의사표시를 했다 하여도 아무런 효력이 없다 (대법원 2009. 9. 24. 선고 2009도6779 판결).

가해자와 피해자 간에 합의서를 작성한 경우 피해자가 직접 법원에 제출토록 하거나, 혹은 가해자가 직접 제출하는 것이 아니라 피해자의 위임을 받아 합의서를 법원에 제출하도록 하는 것이 매우 중요함을 알 수 있다. 또한, 합의서의 구체적인 합의 내용이 무엇인지도 구체적으로 작성할 필요성이 있다.

피고인과 피해자는 피해자가 피고인에게 8,386,000원을 지급하면서 앞으로 상호 비방하지 않기로 합의한 내용의 합의서를 법정에 제출했으나, 위 합의서 내용상 피해자가 피고인으로부터 여러 명목으로 편취한 금원에 대하여 8,386,000원을 지급하는 것으로 정리하는 데에 합의한 것으로 보일 뿐 합의 이전에 행해진 피고인의 피해자에 대한 모욕, 폭행에 대하여도 처벌을 원하지 않기로 합의했다고는 보기 어렵고, 피해자가 오히려 피고인에 대한 처벌의 의사가 있음을 분명히 밝혔다면, 위 합의서를 근거로 명예훼손 및 폭행에 대하여 피해자들의 처벌불원의 의사표시가 있었다고 할 수 없다(대법원 2004. 6. 25. 선고 2003도4934 판결). 따라서, 피해자가 가해자에게 고소취소 의사 혹은 처벌불원의사를 표시했더라도 이후 마음이 바뀌어 수사기관에 고소를 하면 가해자는 처벌을 면할 수 없다.

고소취소 시 주의사항?

고소의 취소는 서면 또는 구두로 검사 또는 사법경찰관에게 하여야 한다(형사소송법 제239조, 제237조). 고소취소는 요식행위가 아니므로 고소권자가 검사로부터 피해자 조사를 받으면서 고소를 취소하겠다고 하고 또 고소취소 후에는 다시 고소할 수 없다는 점도 알고 있다고 진술했다면 그 고소는 적법하게 취소된 것이다(대법원 1983. 7. 26. 선고 83도1431 판결).

따라서 모욕죄의 고소인이 합의서를 피고인에게 작성하여준 것만으로는 고소가 적법하게 취소된 것으로 볼 수 없고(대법원 1983. 9. 27. 선고 83도516 판결), 수사기관 또는 법원에 고소를 취소하는 의사표시를 한 경우 그 고소는 적법하게 취소되었다고 할 것이며, 그 후 고소취소를 철회하는 의사표시를 다시 했다고 하여도 철회의 효력은 인정되지 않는다(대법원 2007. 4. 13. 선고 2007도425 판결 등 참조).

또한, 친고죄에서 처벌을 구하는 의사표시의 철회는 수사기관이나 법원에 대한 공법상의 의사표시이므로, 조건부 의사표시는 허용되지 않는다(대법원 2007. 4. 13. 선고 2007도425 판결).

피해자는 '가해자가 합의한 대로 합의금 300만 원을 지급함을 조건으로 고소를 취소한다'는 내용을 고소취소장에 기재한 후 이를 수사기관에 제출했는데, 나중에 가해자가 그 약속을 지키지 않아 고소취소를 철회한다고 주장하더라도 고소취소의 효력은 이미 발생했으므로 번복은 없다.

모욕죄로 고소한 공범들 중 일부를 고소취소할 수 있을까?

공범 중 일부에 대해서만 처벌을 구하고 나머지에 대해서는 처벌을 원하지 않는 내용의 고소는 적법한 고소라고 할 수 없다. 공범 중 1인에 대한 고소취소는 고소인의 의사와 상관없이 다른 공범에 대하여도 효력이 있다(대법원 1994. 4. 26. 선고 93도1689 판결 참조).

피해자를 모욕한 공범 A, B가 있을 경우 피해자가 A만 고소하더라도 그 고소의 효력은 B에게도 미치고, 피해자가 A의 처벌만 원하고 B의 처벌을 원하지 않는다고 해도 B는 처벌된다. 이를 주관적 고소불가분의 원칙이라고 한다(고소는 나눠서 할 수 없다는 뜻). 피해자가 모욕의 공범인 A, B를 고소했다가 A는 반성하고 B는 여전히 반성하지 않고 있어 A에 대해서만 고소를 취소했다면 B는 처벌받을까?

아니다! 친고죄의 고소 효력과 마찬가지로 공범 중 그 1인 또는 수인에 대한 취소는 다른 공범자에 대해서도 효력이 있으므로, 친고죄의 공범인 A에 대해서만 고소취소하더라도 그 고소취소의 효력은 B에도 미친다. 따라서, 반성하는 A는 선처받고 반성하지 않는 B를 형사처벌 받게 하려면 A에 대해 고소를 취소해서는 안 되고, 수사기관이나 재판부에 B에 비해 선처해 달라는 탄원서를 제출해야 한다. 아주 중요한 내용이다. 가끔 공범 중 한 사람과 합의가 되어 용서하고 싶은 마음에 고소취하를 하면 나머지 악질 공범도 고소취소의 효력을 받기 때문에 억울해지기도 한다. 항상 생각을 잘 해봐야 할 것이다.

항소심에서 모욕죄에 대해 고소취소하거나 혹은 명예훼손죄에 대해 처벌불원 의사표시를 항소심에서 하면 처벌이 안 될까?

모욕죄는 친고죄이므로 피해자의 고소가 필요하고, 명예훼손은 반의사불벌죄이므로 피해자의 처벌불원의사가 없어야 한다. 따라서 모욕죄의 경우 피해자의 고소취소가 있거나 명예훼손죄의 경우 피해자의 처벌불원의사가 있으면 가해자는 처벌받지 않고, 검찰은 공소권 없음 결정을 하게 되고, 법원은 공소기각 판결을 하게 된다.

하지만 고소취소 내지 처벌불원의사를 표시하는 시기에는 제한이 있다. 형사소송법 제232조 제1항, 제3항에 의하면 고소취소 혹은 처벌불원 의사표시는 제1심 판결선고 전까지 할 때만 효력이 있다. 즉, 1심에서 유죄가 선고된 모욕죄나 명예훼손죄 피고인에 대해 피해자가 항소심에서 고소취소 또는 처벌불원의사를 표시하더라도 항소심은 유죄를 선고할 수밖에 없다. 다만, 그럴 경우 항소심에서는 고소취소 내지 처벌불원의사를 양형사유로 고려하여 1심보다 선고형을 대폭 줄일 가능성이 크다.

그리고 앞서 살펴본 고소불가분의 원칙에 따라 친고죄인 모욕죄의 공범 중 그 일부에 대해 제1심판결이 유죄로 선고되면 그 사람에 대하여 고소취소의 효력이 미칠 수 없고, 다른 공범에 대해 아직 공소의 제기나 제1심 판결이 선고되기 이전이라 하더라도 고소를 취소할 수가 없고 고소의 취소가 있다 하더라도 그 효력을 발생할 수 없다(서울고등법원 1981. 11. 20. 선고 80노2214 제2형사부판결).

고소인 조사 시 변호인과 함께 가는 것이 좋을까?

고소인 조사를 받게 되면 도장과 신분증을 준비해 가야 한다. 만약 도장을 가지고 가지 않으면 지장을 찍어야 하지만, 막상 지장을 찍는 것이 일반인에게 낯설고 스스로 범죄자인 것 같은 기분이 들 수도 있으므로 가급적 도장을 챙겨가는 것이 좋다. 신분증도 필요한데, 만약을 대비해 본인의 신분증을 핸드폰으로 사진 찍어 놓으면 혹시라도 신분증을 안 가지고 가더라도 낭패를 피할 수 있다. 신분증은 주민등록증 이외에 운전면허증도 무방하다.

일반인의 경우 경찰서에 가서 조사를 받은 경험이 거의 전무하다. 그래서 본인이 고소인으로서 조사받으러 가는 것인데도 마치 피의자로 조사받는 것 이상으로 긴장하는 경우가 많다. 그러다 보니 고소인 조사를 받으면서도 꼭 진술해야 할 내용을 제대로 진술하지 못하고 오거나 혹은 진술을 잘못하고 오는 경우도 많다. 하지만 이미 읽어보고 서명 날인한 고소인 진술조서는 변경이 불가능해 낭패를 보는 경우도 가끔 있다.

고소인 조사는 피고소인을 처벌할 수 있는지를 결정하는 첫 단추이니만큼 제대로 조사를 받고 오는 것이 중요하고, 그래서 가급적 변호사와 함께 경찰에 출석하여 변호인 참여하에 고소인 조사를 받게 되면 심리적 안정과 제대로 된 조사라는 두 마리 토끼를 모두 잡을 수 있다.

피고소인 조사 후 보완수사 자료 등을 제출할 필요성이 있는지 확인해야

실무상 경찰에서 고소인 조사 후 피고소인 주소지 관한 경찰서로 이송하는 경우가 상당히 많다. 이 경우 고소인은 이송받은 경찰서의 어느 수사관에게 사건이 배당되었는지 확인 후 피고소인 조사 일정을 확인해야 할 필요성이 있다. 그리고 피고소인 조사를 마친 후 담당 경찰관에게 연락하여 피고소인의 변명내용과 관련해 고소인이 반박하거나 혹은 추가로 제출할 필요성이 있는 자료가 있는지 반드시 확인해야 한다.

그렇지 않으면 피고소인의 일방적인 변명을 들은 담당 수사관이 고소인 조사 과정 중 충분히 증거가 제출되지 않은 상황에서 기록상 고소사실을 입증할 증거가 없다는 이유로 성급하게 불송치 결정하는 일이 발생할 수 있다.

경찰의 불송치 결정 시 대응

형사소송법이 바뀌어 현재는 경찰이 명예에 관한 죄에 대해 수사권을 가지며, 사건을 검찰로 송치할지 혹은 불송치할지를 결정한다. 경찰이 기소의견으로 송치된 경우에는 고소인이 원하는 대로 경찰이 결론을 내린 것이므로 이후 검찰의 사건 처리 결과를 지켜보면 된다.

하지만 경찰이 불송치 결정을 한 경우에는 신속하게 정보공개를 통하여 혹은 우편으로 송달된 불송치 결정문 내용을 통해 불송치 이유를 확인해야 한다. 그래서, 이의신청을 할지 여부를 결정해야 한다. 만약 경찰의 불송치 이유가 타당하다고 생각하면 이의신청할 필요성이 없으나, 불송치 이유에 문제가 있다고 판단되면 이의신청서를 제출해야 한다. 다만, 이의신청서는 불송치 결정을 한 해당 경찰서로 제출하면 되고, 이의신청서를 접수받은 경찰서에서는 해당 기록을 검찰에 송치한다.

형사소송법에는 이의신청서를 제출하는 기간의 제한이 없다. 하지만 경찰이 불송치 결정을 하더라도 검찰에 해당 기록이 올라가서 검사가 해당 사건의 재수사 여부를 결정하도록 되어 있는데, 검사가 기록이 불송치 판단이 맞으므로 재수사가 필요 없다고 이미 판단을 하고 난 후 고소인이 이의신청서를 제출하게 되면 이미 검찰이 재수사 불필요 1차 판단이 있었으므로 그 이의신청이 받아들여질 가능성이 거의 없다. 따라서 이의신청서는 가급적 신속하게 불송치 결정 경찰서에 제출하는 것이 좋다.

검찰에 대한 지속적인 대응이 필요하다

경찰이 기소의견으로 사건을 송치했더라도, 검사가 보완수사 지휘를 내리거나 혹은 경찰과 의견을 달리해 불기소 결정을 할 수도 있다. 따라서 검찰에 기소의견으로 송치되었더라도 방심하지 말고, 담당 검사에게 연락하여 사건 진행 상황을 확인하고 결정에 있어 필요한 자료가 있는지 확인하는 등 지속적인 대응을 해주어야 한다.

검찰의 보완수사지휘 시 대응방안

경찰이 기소의견으로 송치했으나 검찰이 수사미진 혹은 판단착오 등을 이유로 보완수사지휘를 경찰에 내리는 경우가 상당수 있고, 경찰이 불송치 결정을 하였으나 고소인의 이의신청으로 검찰에 송치된 사건에 대해 검사가 보완수사를 내리는 경우도 상당수 있다. 고소인의 입장에서는 전자는 기소를 원하는 것과 상반되므로 바람직하지 않고, 후자는 바람직하다.

보완수사지휘는 경찰이 기소하기에 충분하게 수사를 마무리하지 않아 부족한 부분에 관한 수사 보완을 지시하는 경우도 있지만, 경찰의 불송치 결정에 실수가 있거나 혹은 사실관계 확인을 위한 수사를 충분히 하지 아니한 상황에서 섣불리 불송치 결정을 한 경우이므로, 고소인은 검사의 보완수사 결정 내용이 무엇인지 확인할 필요성이 있다.

따라서 기소의견으로 송치된 사건이 다시 경찰에 보완수사지휘가 내려간 경우에는 담당 경찰관에게 연락하여 보완수사지휘 내용을 확인하고, 경찰 수사관이 직접 보완하기 어려운 증거자료를 보완해주거나 혹은 추가로 제출이 필요한 자료를 정리하여 담당 수사관에게 신속하게 제출해야 한다. 또한, 불송치 결정되었으나 이의신청하여 보완수사지휘가 내려온 경우에도 담당 경찰관에게 연락하여 보완수사지휘 내용을 확인하고 담당 경찰관이 불송치 의견에서 기소송치 의견으로 바꾸기 위해 필요한 증거자료 등을 추가로 제출할 필요성이 있다.

검찰의 불기소 결정 시 대응방안

검찰이 불기소 결정을 하면 검사가 작성한 불기소이유서에 기재된 불기소 이유를 면밀하게 검토한 후 항고 여부를 결정해야 한다. 항고는 불기소 결정문을 통지받은 날로부터 30일 이내에 불기소 결정을 내린 해당 검찰청에 제출해야 한다. 변호인의 조력 없이 고소하여 진행한 사건이 검찰에서 불기소 결정된 경우 개인이 항고를 하더라도 재기수사 명령이 내려질 가능성이 크지 않다. 따라서, 수사과정에서 변호인의 조력을 받지 않았다면 항고 여부를 결정할 때에는 더더욱 변호인과 상담하여 조력을 받는 것이 좋다.

고검에서 최종적으로 항고가 인용되면 불기소 결정을 내린 검찰청에 재기수사명령을 내리는데, 경우에 따라서는 고검에서 직접 기소하기도 한다. 항고가 기각되는 경우 항고기각 결정문을 받은 날로부터 10일 이내에 법원에 재정신청을 할 수 있고, 고등법원에서 재정신청이 기각되는 경우 대법원에 재항고가 가능하다.

특히 주의할 점은, 재정신청 혹은 재정신청 재항고의 경우 10일 이내에 단순히 재정신청서만 제출해서는 안 되고, 반드시 재정신청 이유를 기재해 재정신청서를 제출해야 한다는 점이다.

검찰이 기소하는 방법은 하나가 아니다

검찰이 가해자를 기소하는 방법은 불구속기소하는 경우와 약식청구를 하는 경우로 나뉜다. 전자의 경우 피고소인을 정식재판 받도록 하는 것이고, 후자의 경우 서면재판을 하면서 벌금형을 선고하는 것으로 후자가 피고소인을 선처해 주는 것이라 할 수 있다. 후자의 경우 법원이 검찰의 약식청구에 따른 결정을 하는 경우가 대부분이지만, 벌금을 늘리거나 감액하는 경우도 있다.

하지만 사안이 중하여 벌금형으로 처벌하는 것이 적절하지 않다고 보거나 혹은 유죄가 인정되지 않는데도 약식청구했다고 판단하는 경우에는 정식재판에 회부한다. 법원이 검찰에 약식청구에 대해 벌금형의 약식결정을 하더라도 가해자가 정식재판을 청구하는 경우도 있다.

과거에는 피고인이 정식재판을 청구하면 법원에서 약식결정한 벌금액보다 더 높은 벌금형을 선고할 수 없었고, 법원도 정식재판 신청한 경우 벌금형을 감경해 주는 경우가 많았다. 그로 인해 정식재판 청구가 점차 남용되었다. 그래서 형사소송법은 벌금형의 약식결정에 대해 피고인이 정식재판을 청구한 경우 법원이 징역형이나 금고형 등을 선고할 수는 없지만 벌금형은 약식결정 금액에 구애받지 않고 더 높은 벌금액을 선고할 수 있도록 개정되었다.

실제로 검찰이 벌금 70만 원의 구약식 청구를 했고, 법원이 동일한 벌금액으로 약식결정을 했으나, 피고인이 정식재판을 청구해 법원은 벌금액을 상향하여 300만 원을 선고한 사례도 있다.

법정에서 피해자 진술을 적극 활용하자

정식재판이 청구된 경우 피해자는 법원에 피해자진술신청서를 제출할 필요성이 있다. 재판은 검사와 피고인, 그리고 판사가 참여하는데, 공판을 전담하는 많은 재판사건을 맡은 공판검사가 해당 사건을 제대로 파악하지 못하는 경우가 있고, 피고인이 재판정에서 사실과 다른 진술을 하여 본인에게 재판을 유리하게 이끌려는 시도를 하는 경우가 발생한다. 그래서 사건번호와 재판 기일을 확인한 후 해당 재판부에 피해자진술신청서를 제출하고, 법정에 출석하여 피해자로서 당한 고통과 어려움을 재판장님께 호소하는 것이 필요하다.

판사는 피해자가 여전히 고통을 호소하고 반성과 피해변제를 위한 노력을 하지 않는 가해자에 대해 엄벌에 처해 달라는 피해자의 호소에 귀 기울인다. 그 결과 피고인이 정식재판을 청구한 의도와 달리 벌금액이 낮아지지 않고 경우에 따라서는 더 높아지고, 경우에 따라서는 집행유예 내지 단기 실형이 선고되기도 한다.

고소를 당했다면

;

특히 모욕이나 명예훼손에 해당하는지 여부는 법원에서조차
오락가락하는 판결이 상당히 많이 있었던 만큼 법리와 판례를
면밀하게 검토하여 잘 대응하면 원하는 결과를 만들어 낼 가능성이 높다.

고소당한 경우 가장 먼저 할 일

민사소송의 경우 원고가 소장을 접수하면 법원은 피고에게 소장을 송달하므로, 원고가 어떤 내용으로 소를 제기했는지 알 수 있다. 하지만 고소의 경우에는 고소인이 고소장을 접수하더라도 피고소인에게 고소장 접수사실이나 고소내용을 알려주지 않는다. 일반적으로 경찰은 고소인을 먼저 조사한 후 비로소 피고소인에게 연락하여 고소된 사실을 알려주며 조사 일정을 잡는다.

본인이 고소된 사실을 알게 된 경우 수사관이 피고소인 조사를 하겠다며 조사 일정을 잡으려 하더라도 바로 조사에 응하는 것은 바람직하지 않다. 본인이 고소당한 내용이 무엇인지 정확히 알지 못한 상태에서 조사를 받게 되면 여러모로 불리한 입장에 서게 될 가능성이 크기 때문이다. 그래서 경찰서에서 연락이 오더라도 당황하지 말고 정보공개신청을 하여 고소사실을 먼저 확인한 후 조사를 받겠다고 하는 것이 바람직하다.

조사 일정은 정보공개청구를 통해 고소내용을 확인한 후 정해도 된다. 이는 피고소인의 권리이다.

변호인과 상담이 필수인 이유

정보공개청구를 통해 고소내용을 정확하게 파악하는 것이 중요하다. 피고소인은 고소내용을 확인한 후 변호인과 고소사실에 대해 상담을 한 후 조사를 받는 것이 좋다. 가장 좋은 방법은 미리 변호인을 선임하여 변호인을 통해 정보공개를 청구하여 고소장 내용을 우선 확인하고, 변호인이 고소사실을 분석한 후 구체적인 대응방법을 함께 상의하는 것이 가장 바람직하다.

변호사와의 상담을 통해 본인의 글이나 발언이 명예훼손이나 모욕에 해당하는지 여부를 우선적으로 검토하고, 법적 대응을 할 것인지 혹은 피해자와의 합의를 통해 고소취소할 것인지 여부를 결정하는 것이 좋다. 전문성이 있는 성실한 변호인에게 적정한 상담료를 주고 대응방안을 상의하여 고소된 사건에 대해 어떻게 대응할지 방향을 정하는 것은 매우 중요하다.

변호사와 상담을 하여 형사고소 사건 대응을 하게 되면 상담 비용이 사건을 위임하는 것보다 저렴하고, 상담 후 사건을 변호사에게 맡기게 되면 상담료를 수임료와 별도로 받지 않는 것이 일반적이다. 따라서 변호사와의 상담을 적극 활용하는 지혜가 필요하다.

사안에 따라서는 고소사실이 인정되고 피해자의 민사소송이 예상되는 경우도 있는데, 이런 경우 변호인이 가해자에게 합의를 통한 문제해결을 권유하는 것은 매우 유용한 조언이 될 수 있다.

한편, 변호인의 조력을 받게 되면 고소인의 고소사실이 허위사실인지 여부를 살펴 경우에 따라서는 무고로 고소할 수도 있고, 혹은 고소당한 피고소인도 고소인을 고소할 만한 내용을 변호사가 찾아 맞고소를 통하여 전체적으로 사건을 해결하는 방안을 찾는 사례도 상당수 있다.

피고소인 조사는 피고소인이 편한 경찰서에서

고소사건은 관할이 있어 범죄지 혹은 피고소인의 주소지에 제출해야 한다. 하지만 실무에서는 고소인이 본인의 편의를 고려하여 본인의 주거지에 고소장을 제출하는 경우가 많다. 이 경우 피고소인이 거리가 먼 고소인 주거지 경찰서에까지 가서 굳이 조사를 받을 필요는 없다.

특히, 고소인 조사를 한 경찰관이 사건에 대한 선입견을 가질 수도 있고, 내용을 잘 파악할 수 있으므로, 조사를 받는 피고소인 입장에서는 가급적 고소인을 조사한 수사관을 피해 조사를 받는 것이 본인에게 유리하다. 따라서 수사관이 연락하여 고소인 접수지 경찰서로 출석하여 조사를 받으라고 하더라도 이에 순순히 응하지 말고 피고소인 주소지로 사건이송을 요청하는 것이 바람직하다.

혹시라도 고소장 접수지가 범죄지라서 관할을 가지고 있어 이송은 안 된다고 하는 경우에는, 피고소인 주소지로 촉탁수사를 요청하는 것이 바람직하다. 대부분의 경우 경찰에서는 피고소인 주거지로 이송요청 혹은 촉탁수사를 요청하면 이를 받아들인다.

피고소인 조사를 받게 될 때 주의사항

피고소인 조사를 받게 되면 반드시 신분증과 도장을 챙겨가는 것이 좋다. 거듭 이야기하지만 고소를 당해 피고소인 조사를 받는 것도 불쾌한데, 도장이 없어 피의자신문조서에 지장을 찍으면 그 불쾌함이 가중된다.

고소장을 잘 살펴보면 해당 글이나 표현이 피고소인을 특정할 수 있는지 의문인 경우도 있고, 공연성이 인정되기 어려운 경우도 있다. 만약 본인이 가계정을 사용하여 고소인을 비방했다 하더라도 고소인이 해당 가계정을 본인이 사용했음을 입증할 만한 구체적인 증거를 제시하지 못하는 상황에서 굳이 스스로 가계정을 사용한 사실을 인정할 필요성은 없다. 물론 피고소인의 핸드폰이나 PC를 압수수색하면 그 증거가 드러날 수 있으나, 명예에 관한 죄에 대해 수사기관이 적극적으로 나서서 법원으로부터 압수수색영장을 발부받아 집행하는 경우는 별로 없다.

본인의 글이나 표현이 고소인을 특정한 것이 아니라는 변명도 상당히 의미 있다. 흔히 말하는 것처럼 주어를 사용하지 않았다 하더라도 무조건 피해자 특정이 안 되는 것은 아니다. 하지만 구체적으로 고소인을 지칭했다고 볼 만한 자료를 고소인이 제출하지 못하는 경우라면 해당 표현이 피해자에 대한 것이 아니라고 주장할 필요성도 있다. 그리고 고소내용을 보면 고소인의 사회적 평가를 저해할 만한 수준에 이르렀다고 보기 어렵다고 평가할 수 있는 경우도 있고, 공익을 위한 목적이 인정되거나 사회상규에 반하지 아니하여 죄가 되지 않는다는 주장이 가능한 경우도 있다.

명예훼손이나 모욕에 해당하는 표현이라도 비방의 목적이 없다거나 위법성이 인정되지 않는다고 주장할 만한 근거가 있는지를 미리 확인하여 준비해 둘 필요성이 있다. 특히 모욕의 경우 고소인이 먼저 도발했거나 혹은 메시지 등을 통해 서로 다투는 과정에서 발생한 경우에는 형사처벌이 면제되는 경우가 많으므로, 이와 관련된 자료를 미리 준비할 필요성도 있다.

피고소인 조사 시 변호인 참여제도를 적극 활용한다

피고소인으로 조사받을 때 법적으로 공연성 인정 여부, 피해자 특정 여부, 사회적 평가 저해 여부, 비방의 목적이 있었는지 여부, 위법성이 인정되는지 여부 등과 같은 문제는 법률적으로 심도 있는 검토가 필요한 내용들이므로 일반인으로서는 제대로 준비하기 어렵다. 따라서 피고소인 조사 전에 미리 변호인의 조력을 받아 조사에 미리 대응하는 것이 바람직하다.

특히, 피고소인 조사 시 변호인 참여하에 조사를 받고 조력을 받는 것은 물론 조사를 받으면서 심리적 안정을 취하는 데 큰 도움이 되고, 본인에게 유리한 주장이 피의자신문조서에 반드시 반영되도록 할 수 있다.

앞서 설명한 것처럼 일반인인 고소인이 고소한 내용에는 허점이 있는 경우가 많고, 이에 대해 피고소인이 어떻게 진술하느냐에 따라 기소가 되기도 하고, 불송치 결정을 받게 되기도 한다. 범죄구성요건 입증책임은 수사기관에 있으므로 변호인의 조력을 받아 적절히 방어를 하면 의외로 명예훼손이나 모욕으로 처벌되는 것을 피할 수 있다.

법률전문가인 변호인이 피고소인 조사에 참여하게 되면 피고소인이 어떤 내용을 조사받았는지 정확하게 파악할 수 있으므로, 조사 후 피고소인에게 유리한 자료를 신속하게 준비하여 적극적으로 의견서를 제출하여 불송치 내지 불기소를 이끌어내는 데 큰 도움이 된다. 또한, 검찰이 기소하더라도 조사참여를 한 변호인은 사건 내용을 잘 파악하고 있으므로 재판을 효율적으로 준비하는 데도 큰 도움이 된다.

경찰의 송치 결정 시 대응방안

경찰이 피고소인을 기소 의견으로 송치하는 경우, 경찰이 기소 결정을 하게 된 이유를 먼저 확인해야 한다. 그 후 검찰에 의견서 및 추가 자료를 제대로 준비하여 제출해서 검찰에서 경찰 의견대로 기소하지 못하고 경찰에 보완수사지휘를 내리도록 만들 필요성이 있다.

검찰의 구약식이나 법원의 약식명령 등 대응방안

검찰이 기소하는 경우 구약식 청구를 하는 경우와 구공판 하는 경우가 있다. 구약식 청구를 하는 경우 청구한 벌금 액수를 먼저 확인하고, 이후 법원에서 약식결정을 하는지 혹은 정식재판에 회부하는지. 그리고 검찰의 약식청구와 동일한 벌금을 선고하는지 혹은 벌금액에 증감이 있는지 여부를 확인해야 한다.

피고소인이 무죄임에도 불구하고 검찰이 구약식 청구한 경우에는 검찰의 구약식 청구 판단은 잘못된 것이라며 정식재판 회부를 요청하는 서면과 증거자료를 제출하는 것도 한 방법이나, 이는 법원에 정식재판 회부를 요청하는 의미이므로 법원이 이에 따라야 하는 것은 아니다.

법원이 약식명령을 하면 피고소인은 약식명령 결정문을 받은 날로부터 일주일 이내에 정식재판 청구 여부를 결정해야 한다. 피고소인의 정식재판 청구기간은 불변기간이므로 반드시 기한 내에 정식재판을 청구해야 하며, 청구하지 않는 경우 약식명령이 확정된다.

과거에는 법원에서 약식명령한 것에 대해 피고인이 정식재판을 청구한 경우 법원이 약식결정한 금액보다 더 높게 벌금을 선고할 수 없었으므로 정식재판을 청구하는 것이 피고인 입장에서는 불이익을 받을 것이 전혀 없었다. 그러나 형사소송법 개정으로 인해 피고인이 정식재판을 청구한 경우 법원이 기존의 약식결정 금액에 구애받지 않고 더 높은 벌금형을 선고할 수 있다(실제 벌금 200만 원이 400만 원이 되기도 하고 30만 원이 50만 원이 되기도 한다). 따라서 피고소인은 정식재판을 청구할지 여부에 대해 신중하게 결정해야 한다.

그래서 정식재판 청구 여부는 가급적 법률전문가인 변호인과 상담 후 결정하는 것이 바람직한데, 왜냐하면 피고인이 정식재판을 청구하는 경우 피해자가 피해자 진술 신청을 하여 법정에서 피고인에게 불리한 진술을 할 경우 오히려 피고인이 정식재판을 청구한 것이 화근이 되어 벌금액이 더 높아질 수도 있기 때문이다.

법원은 검찰의 구약식 청구에 대해 같은 금액의 벌금형으로 약식명령을 하는 경우가 대부분이지만, 벌금형을 줄이거나 혹은 증액하며 약식명령을 할 수도 있다. 그리고 검찰의 구약식 청구에 대해 직권으로 정식재판에 회부하기도 하는데, 법원이 판단하기에 벌금형을 선고하기에는 사안이 중하다고 판단하거나 혹은 무죄로 판단할 여지가 있는데도 구약식 청구한 경우가 여기에 해당한다.

구공판(정식재판)된 사건에 대한 대응방안

사건이 구공판되는 경우는 검찰이 구공판한 경우가 대부분이지만, 법원이 직권으로 혹은 고소인의 정식재판 회부 요청이 적절하다고 판단하여 정식재판에 회부한 경우도 있고 피고소인이 약식명령에 대해 정식재판을 청구한 경우도 있다. 사건이 구공판되면 법원은 피고인에게 공소장을 보내주고, 공소장과 함께 의견서를 제출해 줄 것을 요청하는 서류를 함께 보낸다. 그래서 공소장을 받으면 의견서 작성을 위해서 최우선적으로 법원에 사건기록을 열람등사하여야 한다.

피고인이 직접 사건기록을 등사할 수도 있으나, 규정상으로나 현실적으로 제약이 크고 열람등사하는 방법을 잘 몰라 고생하는 경우가 많다. 그래서 가급적 변호인의 조력이 받아 기록을 등사한 후 기록 검토를 통해 사건 내용을 파악하고, 재판 전략을 수립하는 것이 필요하다.

재판 전략을 수립한다는 것은, 기록 검토 후 검찰이 구공판한 이유, 법원이 정식재판에 회부한 이유, 피고인이 정식재판을 청구한 이유가 무엇인지를 분석하고, 기소된 공소사실을 인정할 것인지 혹은 다툴 것인지 여부를 결정하는 것부터 시작한다. 다투는 경우에는 검찰이 제출한 증거에 대해 어떤 증거의견을 제시할 것인지를 검토하여야 하고, 그와 함께 피고인에게 어떤 유리한 증거가 있는지 여부를 파악하고 해당 증거를 어떤 방법으로 확보할 것인지 여부, 피고인을 위해 누구를 증인으로 신청할 것인지 여부 등도 검토해야 한다.

아울러 재판부에 제출할 피고인에게 유리한 정상 자료 여부 등을 면밀하게 검토하여 형을 최대한 낮추기 위해 어떤 주장을 할 것인지도 결정한다. 재판에 잘 대응하는 전략을 마련하는 것은 매우 중요하다. 이를 위해서는 변호인의 조력을 받는 것이 바람직하며, 경제적으로 변호인을 선임할 여력이 되지 않는 경우에는 재판부에 국선변호사 선임 신청을 하는 것도 적극 고려할 필요성이 있다.

항소 및 상고 대응방안

1심 재판이 선고되면 검찰이나 피고인은 판결선고일로부터 일주일 이내에 항소 여부를 결정해야 한다. 무죄가 선고된 경우 검찰은 거의 대부분 항소하기 때문에, 피고인은 자신이 무죄를 선고받았더라도 방심해서는 안 된다.

검찰의 구형보다 1/2 이하의 형이 선고되는 경우 검찰은 양형부당을 이유로 항소할지 여부를 검토하여 1심 선고 5~6일쯤 되면 항소 여부를 결정하는데, 대법원 나의 사건검색을 통해 검찰의 항소 여부를 결정하는 게 편리하다.

피고인이 무죄를 기대했으나 유죄가 선고된 경우 피고인은 판결문을 면밀하게 분석해 항소로 계속해서 무죄를 다툴지 여부를 결정해야 한다. 그리고 1심의 선고형이 피고인의 예상보다 높게 나온 경우에도 항소를 적극 검토할 필요성이 있다.

문제는 피고인도 1심 선고형에 불만이 있지만 검찰도 불만이 있는 경우, 혹은 피고인은 불만이 없는데, 검찰이 항소할 가능성이 있는 경우이다. 이 경우에는 피고인이 먼저 항소하여 검찰을 자극하기보다는 검찰이 항소하는지 여부를 확인하면서 검찰의 항소 여부에 따라 피고인의 항소 여부를 결정하는 것이 좋다. 검찰이 항소했는데도 피고인이 항소를 안 하면 항소심에서는 최소한 1심 선고형보다 낮아질 수 없고, 형이 높아질 위험성이 있으므로 가급적 피고인도 같이 항소하는 것이 바람직하다.

피고인은 1심 선고형에 만족하여 더 이상 다툴 의사가 없는 경우 검찰에 항소의사가 없음을 적극적으로 표명하여 검찰이 항소하지 않도록 이끄는 것도 좋은 방법이다. 검찰이 항소를 하지 않고 피고인만 항소한 경우에는 항소심 선고형이 더 높아지지 않는다. 따라서, 피고인은 항소심에서 1심에서 적극적으로 주장하지 못한 부분에 대해 좀 더 적극적으로 주장할 수 있다.

항소를 할지 여부를 판단하는 것은 매우 신중하게 결정해야 한다. 항소로 판결을 변경할 수 있는지 여부, 선고형을 낮출 가능성이 있는지 여부, 검찰이 항소한 경우 형이 어떻게 더 높아지지 않도록 할 것인지 여부 등은 일반인이 판단하기 쉽지 않으므로 법률전문가인 변호인의 도움을 받는 것이 필요하다.

항소심이 끝나면 다시 일주일 안에 상고 여부를 결정해야 한다. 상고는 항소와 달리 사실관계에 대한 다툼을 이유로 상고할 수 없고, 법리적인 판단을 잘못한 경우에만 가능하므로 일반적인 사건의 경우 상고가 가능한 사건은 상당히 제한적이다. 하지만 모욕이나 명예훼손의 경우에는 1심이나 항소심에서도 해당 사실이 모욕이나 명예훼손인지 여부, 위법성이 인정되는지 여부를 다투게 되는데, 그와 같은 쟁점들은 모두 법리적인 판단의 문제이므로 상고가 가능하다.

원심과 항소심에서 모두 유죄가 선고된 경우 상고심에서 결과가 뒤집어지기는 쉽지 않다. 하지만 앞서 살펴본 것처럼 다른 죄명 사건들과 달리 모욕이나 명예훼손에 해당하는지 여부는 법원에서조차 오락가락하는 판결이 상당히 많이 있었던 만큼 법리와 판례를 면밀하게 검토하여 잘 대응하면 원하는 결과를 만들어 낼 가능성이 다른 죄명보다 상당히 높다. 특히 상고심은 항소심 판결에 법적인 하자가 있는지 여부를 판단하는 것이므로 법률전문가인 변호인과 상의하여 결정하는 것을 권하고 싶다.

형사고소만
있는 게 아니다,
민사 손해배상청구소송

;

구체적인 사안에 따라 민사상 손해배상청구를 먼저 할 것인지
혹은 형사고소를 먼저 할 것인지, 아니면 동시에 진행할 것인지
여부를 결정하는 것이 낫지만, 이를 결정하는 것은 말처럼 쉬운 일은 아니다.

지금까지 주로 형사적인 관점에서 모욕이나 명예훼손에 대한 설명을 했고, 고소를 할 경우와 당한 경우의 대처방안에 대해 설명했다. 하지만 모욕이나 명예훼손에 대응하는 방법은 형사적인 고소 고발만 있는 것이 아니다. 민사적으로 손해배상청구소송을 하는 것도 가능하고, 페이스북에 올라온 글을 삭제하거나 정지시키는 방법도 있다.

명예훼손 내지 모욕 관련 민사상 손해배상청구가 가능하다

민법 제750조에 의하면 고의 또는 과실로 인한 위법행위로 타인에게 손해를 가한 자는 그 손해를 배상할 책임이 있다. 가해자에게 고의 또는 과실이 있고, 가해행위가 위법하고, 가해행위와 피해의 발생 사이에 인과관계가 인정되고, 피해자에게 손해가 발생하면 손해배상책임이 인정된다. 그리고 민법은 제751조(재산 이외의 손해의 배상) 제1항에서 타인의 신체, 자유 또는 명예를 해하거나 기타 정신상 고통을 가한 자는 재산 이외의 손해에 대하여도 배상할 책임(위자료)이 있다고 규정하고 있다.

민법 제751조 제2항에 의하면 법원은 전항의 손해배상을 정기금채무로 지급할 것을 명할 수 있고 그 이행을 확보하기 위해 상당한 담보의 제공을 명할 수 있다. 또한, 민법 제764조는 "명예훼손의 경우의 특칙"으로, "타인의 명예를 훼손한 자에 대하여는 법원은 피해자의 청구에 의해 손해배상에 갈음하거나 손해배상과 함께 명예회복에 적당한 처분을 명할 수 있다"고 정하고 있다.

이 조항은 불법행위에 대한 구제방법은 금전배상에 의한다고 하는 원칙에 대한 예외로서 "명예훼손"의 경우 명예회복에 적당한 처분, 즉 원상회복을 명할 수 있음을 규정한 것이다. 가해자에게 형벌을 가하거나 가해자에게 사죄 등을 시킴으로써 피해자에게 주관적 만족을 주기 위한 것이 아니라, 금전에 의한 손해배상만으로 보상이 되지 아니하는 피해자의 훼손된 인격적 가치에 대한 사회적, 객관적 평가 자체를 회복시켜 주는 것을 목적으로 한다.

이와 같이 명예훼손이나 모욕 등 명예에 관한 민사상 불법행위 책임은 민법 제751조 제1항에 따른 위자료 청구소송을 통해서 가능하다. 민법상 불법행위가 되는 명예훼손이란 공연히 사실을 적시함으로써 사람의 품성, 덕행, 명성, 신용 등 인격적 가치에 대하여 사회적으로 받는 객관적인 평가를 침해하는 행위를 말한다. 민법에서 불법행위가 되는 명예훼손 내지 모욕적인 표현에 대한 판단은 형사사건과 큰 차이가 없다.

타인의 사회적 평가를 침해할 가능성이 있을 정도로 구체성이 있는 사실을 명시적으로 적시한 표현행위가 명예훼손이 될 수 있음은 물론이지만, 의견이나 논평을 표명하는 형식의 표현행위도 그 전체적 취지에 비추어 의견의 근거가 되는 숨겨진 기초 사실에 대한 주장이 포함되어 있고 그 사실이 타인의 사회적 평가를 침해할 수 있다면 명예훼손에 해당할 수 있다. 또한, 일정한 의견을 표명하면서 그 의견의 기초가 되는 사실을 따로 밝히고 있는 표현행위는 적시된 기초 사실만으로 타인의 사회적 평가가 침해될 수 있는 때에는 명예훼손이 성립할 수 있다(대법원 2015. 9. 10. 선고 2013다 26432 판결 참조).

그러나 순수하게 의견만을 표명하는 것만으로는 명예훼손이 성립되지 않고, 모욕적이고 경멸적인 인신공격에 해당하는 표현을 일단 '의견'의 범주에 포함하되 그 의견표명의 한계를 일탈하는 경우에 한해 불법행위가 성립하는 것으로 보며, 이에 해당하지 않는 단순한 의견표명은 상대방의 사회적 가치를 저하하는 경우에는 민사상 책임을 인정하지 않는다. 다만, 표현행위의 형식과 내용 등이 모욕적이고 경멸적인 인신공격에 해당하거나 또는 타인의 신상에 관하여 다소간의 과장을 넘어서서 사실을 왜곡하는 공표행위를 함으로써 그 인격권을 침해한다면, 명예훼손과는 다른 별개 유형의 불법행위를 구성할 수 있다(대법원 2014. 8. 20. 선고 2012다 19734 판결 참조).

명예훼손 내지 모욕 관련 민사상 손해배상청구 인용 vs 기각 사례를 보자

대법원은 특정 방송국 PD를 '주사파'라 한 명예훼손 사안(대법원 2002. 12. 24. 선고 2000다14613 판결), TV뉴스 프로그램에서 특정 변호사가 소송수행을 잘못하여 의뢰인에게 불리한 판결이 선고되도록 했다는 기본적 사실에 기초하여 위 변호사에게 모멸적인 표현에 의한 인신공격성 의견표명을 한 사안(대법원 2003. 3. 25. 선고 2001다 84480 판결), 특정 단체에 대해 '이적단체', '반역세력', '색노총의 똘마니인 쫌교조', '패륜집단', '북한찬양집단' 등의 표현이 기재된 현수막을 게시(대법원 2015. 9. 10. 선고 2013다26432 판결)하거나 '공산게릴라식 빨치산전투'(대법원 2000다37524, 37531 판결)라고 표현한 사안 등에 대해 손해배상책임을 인정했다.

그러나 특정 신문사를 '처첩신문'(대법원 2008. 2. 1. 선고 2005다8262 판결), '열린우리당이 만든 파시스트 언론집단'(대법원 2008. 4. 24. 선고 2006다53214 판결)이라고 표현한 사안, 특정 언론사의 논평에 대하여 '엉뚱하고 경박한' 또는 '도대체 무슨 말을 하고 싶은 것인지 헛갈리게 만든다'는 표현을 사용한 사안(대법원 2012. 11. 15. 선고 2011다86782 판결), 국회의원이 위원회에서 한 발언에 대하여 한 언론사가 사설 제목을 통해 언론을 상대로 '성폭행적 폭언'을 하였다고 표현하고, 본문에서 '언론인들 얼굴에 오물을 던진 것', '모략성 흑색 유언비어를 악용해 특정인과 특정 직업집단 전체에 침을 뱉는 파렴치한 탈선', '정상적 의원으로서, 정상적 인간으로서의 선을 넘었다'라고 표현한 사안(대법원 2014. 8. 20. 선고 2012다19734 판결), 민노총의 노동운동을 '북한 조선노동당의 이익을 위한 노동당운동'이라고 하고 민노총의 투쟁을 '정권타도투쟁'이라고 한 사안(대법원 2000다37524, 37531 판결), 특정 기자의 글에 대해 '사디즘적 병리현상이 느껴진다', '어떠한 살의마저 느껴진다'고 한 사안(대법원 2003다9780 판결), '정상적 인간으로서의 선을 넘었다'고 한 사안(대법원 2012다19734 판결) 등에 대해서는 손해배상책임을 인정하지 않았다.

그런데 생각보다 손해배상금액이 적다고 느껴질 수 있는데도 불구하고 보통 청구는 통 크게 1억 원씩 하기도 한다. 그것은 보여주기 위해 “자, 봐라. 나의 명예는 이만큼이다” 이런 의미도 있다. 하지만 인지대도 생각보다 비싸서 이것도 많은 고민을 하고 청구해야 한다.

명예훼손 내지 모욕 관련 형사고소와 민사상 손해배상청구의 관계

형사상 명예훼손 내지 모욕의 법리가 민사에서도 기본적으로는 동일하게 적용되므로, 형사처벌을 받은 경우에는 거의 예외없이 민사책임이 인정된다. 그리고 민사 손해배상책임이 인정되지 않는 경우 거의 예외 없이 형사책임도 인정되지 않는다.

하지만 민사상 손해배상이 인정되는 경우가 형법상 명예훼손 혹은 모욕으로 인정하는 경우보다 넓게 해석되므로, 민사상 손해배상책임이 인정된다고 하더라도 반드시 형사상 책임이 인정되는 것은 아니다. 그 이유는 무엇보다도 형사에서는 가해자에게 고의가 인정되어야만 명예훼손 혹은 모욕으로 처벌할 수 있으나, 민사에서는 고의가 없더라도 과실이 인정되면 손해배상책임을 지게 되기 때문이다. 형사재판과 민사재판에서 요구하는 증명력 정도가 다르기 때문에 판단의 차이가 발생한다.

형사의 경우 형사처벌을 하려면 엄격한 증명을 요구하는 데 비해 민사의 경우 손해배상청구 주장이 상대적으로 신빙성이 있는 것으로 충분하다. 예를 들면, 형사는 99%의 확신이 들어야 유죄가 되는 데 비해 민사는 51%만 되어도 승소하기도 한다. 따라서 가해자에 대해 형사처벌이 인정되지 않더라도 민사상 손해배상책임이 인정되는 경우가 있을 수 있다.

형사고소와 민사상 손해배상청구, 어느 것을 먼저 해야 하나?

지금까지 민사소송은 소송 진행하는 과정이 매우 길고, 특히 명예훼손의 경우 피해 보상을 위한 증명을 하는 것도 쉽지 않으며, 고소를 하면 수사기관이 증거를 찾아주고 고소사건 결과를 민사재판에 활용할 수 있으므로 먼저 고소를 하여 그 결과를 확인한 후 민사소송을 고려하는 것이 맞는 방식이라고 생각해왔다. 하지만 최근 민사소송 진행 속도가 과거에 비해 빨라졌고, 오히려 형사고소 사건 처리가 지연되면서, 민사재판 결과가 형사 고소사건 결론보다 빨리 나는 경우도 많다. 그리고 민사소송 과정에서 가해자 측이 제출하는 서면이나 증거들이 오히려 형사사건에서 가해자의 범행을 입증할 중요한 증거가 되는 경우도 많다.

또한, 민사소송에서 명예훼손이나 모욕에 대해 손해배상책임이 인용되는 범위가 형사사건에 비해 넓고, 민사소송에서 승소 판결을 받은 후 형사고소를 하게 되면 수사기관이 민사소송 결과를 쉽게 배척하기 어렵다. 그래서 민사소송을 먼저 하는 것이 오히려 더 도움이 되는 경우도 적지 않다. 하지만 민사소송과 형사고소의 순서를 어떻게 해야 하는지에 대한 정답이 있다고 보기 어렵다.

구체적인 사안에 따라 민사상 손해배상청구를 먼저 할 것인지 혹은 형사고소를 먼저 할 것인지, 아니면 동시에 진행할 것인지 여부를 결정하는 것이 낫다. 이러한 결정은 말처럼 쉬운 것이 아니므로, 법률전문가인 변호사의 도움을 받아 상의 후 결정하는 것이 가장 좋다.

작당하여 명예훼손과 모욕하는 자들에게는 공동불법행위 민사소송을 적극 활용해야

작정하여 여러 명이 공범이 되어 명예훼손과 모욕을 하는 자들을 함께 형사고소할 수도 있고 민사소송을 할 수도 있다. 그런데 형법은 공범이론을 매우 엄격하게 해석하여 처벌하기가 쉽지 않지만, 민법은 형사에 비해 상대적으로 폭넓게 공동불법행위 책임을 인정한다. 즉, 손해배상소송에서는 행위자 상호 간의 공모도 필요하지 않고 공동의 인식을 필요로 하지 않는다. 다만, 객관적으로 그 각 행위에 관련공동성이 인정되면 충분하고, 그 관련공동성 있는 행위에 의하여 손해가 발생함으로써 그에 대한 배상책임을 지는 공동불법행위가 성립한다(대법원 2000. 9. 29. 선고 2000다13900 판결).

그리고 공동불법행위 책임은 가해자 각 개인의 행위에 대하여 개별적으로 그로 인한 손해를 구하는 것이 아니라 그 가해자들이 공동으로 가한 불법행위에 대하여 그 책임을 추궁하는 것이다. 작은 로봇들이 합체해서 하나의 큰 로봇이 되듯 전체적으로 손해배상책임 여부 및 금액을 정한다는 의미이다.

공동불법행위자들 가운데 조금 잘못한 사람과 크게 잘못한 사람이 있는 경우, 조금 잘못한 사람이 피해자에게 나는 조금 잘못했으니 배상액 중 조금만 지급하겠다고 한다고 해서 법원이 이를 받아들이지 않는다. 그래서 가해자 1인이 다른 가해자에 비하여 불법행위에 가공한 정도가 경미하더라도 피해자에 대한 관계에서는 그 가해자의 책임 범위를 손해배상액의 일부로 제한하여 인정할 수 없다(대법원 2000. 9. 29. 선고 2000다13900 판결).

법원이 과실상계를 할 때에도 피해자의 공동불법행위자 각인에 대한 과실비율이 서로 다르더라도 개별적으로 평가해서 안 되고 전원에 대한 과실로 전체적으로 평가하여야 한다(대법원 2000. 9. 8. 선고 99다48245 판결).

공동불법행위자는 공동불법행위자의 한사람이 그 손해의 일부 혹은 본인의 부담부분을 넘은 손해를 배상하였을 때에는 다른 공동불법행위자에게 그 부담할 책임에 따라 구상권을 행사할 수 있다(대법원 1983. 5. 24. 선고 83다카208 판결 [구상금]).

공동불법행위자 중 1인에 대하여 구상의무를 부담하는 다른 공동불법행위자가 수인인 경우에는 특별한 사정이 없는 이상 그들의 구상권자에 대한 채무는 각자의 부담부분에 따른 분할채무로 본다. 5명의 가해자가 공동불법행위 책임으로 1,000만 원의 손해배상책임이 인정되었고, 그중 한 사람이 1,000만 원을 피해자에게 변제한 경우 그 사람은 다른 4명에게 구상권을 행사할 수 있는데, 특별한 사정이 없는 이상 1/5인 200만 원씩 청구할 수 있다는 의미이다.

하지만 구상권자인 공동불법행위자 측에 과실이 없는 경우, 즉 내부적인 부담부분이 전혀 없는 경우에는 이와 달리 그에 대한 수인의 구상의무를 부진정연대관계로 보아야 한다(대법원 2012. 3. 15.

선고 2011다52727 판결).

무슨 말인지 이해하기 어려운 것이 당연하다. 형사는 말이나 이해가 가지 민사는 아직도 용어가 일본의 영향을 벗어나지 못하고 있는데, 법률가들은 이상하게 어려운 말에 익숙해져서 외계어처럼 말을 해야 이해하기도 한다. 쉬운 용어로 고친다고 고쳐도 그들만의 언어다. 아무리 봐도 말이 이상하다. 이 책을 쓰면서 수백 번을 읽어도 이상하다(류여해 생각).

공동불법행위 손해배상청구소송은 법리가 이해하기 어렵고, 너무나도 다양한 사례들이 있으므로 법률전문가인 변호사들도 어려워하는 영역이며, 구체적인 사안에 따라 적용되는 사례들도 달라진다. 하지만 수명이 공동하여 집단적으로 특정인을 모욕하거나 명예훼손하는 일을 당한 경우 공동불법행위 민사소송은 형사고소에 비해 훨씬 효과적인 법적 대응방안이라는 점은 기억하기 바란다.

누구라도 그런 일을 당하게 되었을 때 명예훼손이나 모욕 공동손해배상청구 사건에 경험과 지식이 많은 법률전문가인 변호사와 상의하면 형사고소를 하는 것보다 더 효과적인 놀라운 방안을 찾을 수 있다.

페이스북에 올라온 명예훼손 글을 삭제하는 방법

가해자가 사이버상에서 피해자에 대해 유포한 글이나 이미지, 동영상 등은 전파속도가 빠르다. 그리고 처음 올린 게시물을 지우더라도 공유 등의 방법을 통해 이미 전파된 자료들을 사이버상에서 모두 지워버리는 것이 사실상 불가능하다. 이로 인한 피해자의 고통은 가중될 수밖에 없고, 자살 등 극단적인 사건이 발생하는 비율이 사이버 폭력에서 더 높다.

전통적 폭력에서는 물리적인 폭력이 사용되나, 사이버 공간에서는 물리적 힘이 부족하더라도 사이버 사용 능력이 뛰어난 사람이 손가락을 이용해 다양한 방법으로 가해자가 된다. 정보통신망 이용자는 사생활 침해 또는 명예훼손 등 타인의 권리를 침해하는 정보를 정보통신망에 유통시켜서는 안 되고(정통망법 제44조), 정보통신서비스 제공자는 자신이 운영·관리하는 정보통신망에 그러한 정보가 유통되지 않도록 노력해야 한다.

정보통신망을 통하여 일반에게 공개를 목적으로 제공된 정보로 사생활 침해나 명예훼손 등 타인의 권리가 침해된 경우 그 침해를 받은 사람은 해당 정보를 취급한 정보통신서비스 제공자에게 침해사실을 소명하여 그 정보의 삭제 또는 반박내용의 게재(이하 "삭제 등"이라 한다)를 요청할 수 있다(정통망법 제44조의2 제1항).

정보통신서비스 제공자는 해당 정보의 삭제 등을 요청받으면 지체없이 삭제·임시조치 등의 필요한 조치를 하고 즉시 신청인 및 정보게재자에게 알려야 한다. 이 경우 정보통신서비스 제공자는 필요한 조치를 한 사실을 해당 게시판에 공시하는 등의 방법으로 이용자가 알 수 있도록 하여야 하고(정통망법 제44조의2), 정보통신서비스 제공자가 위와 같은 필요한 조치를 하는 경우 이로 인한 배상책임을 줄이거나 면제받을 수 있다(정통망법 제44조의2 제6항).

정보통신서비스 제공자는 정보의 삭제요청에도 불구하고 권리의 침해 여부를 판단하기 어렵거나 이해당사자 간에 다툼이 예상되는 경우에는 해당 정보에 대한 접근을 임시적으로 차단하는 조치(이하 "임시조치"라 한다) 또는 임의로 임시조치를 할 수 있는데, 이 경우 임시조치의 기간은 30일 이내로 하도록 되어 있다(정통망법 제44조의2 제4항, 제44조의 3 제1항).

또한, 특정한 이용자에 의한 정보의 게재나 유통으로 사생활 침해 또는 명예훼손 등 권리를 침해당하였다고 주장하는 자는 민·형사상의 소를 제기하기 위하여 침해사실을 소명하여 명예훼손 분쟁조정부에 해당 정보통신서비스 제공자가 보유하고 있는 해당 이용자의 정보(민·형사상의 소를 제기하기 위한 성명·주소 등 대통령령으로 정하는 최소한의 정보를 말한다)를 제공하도록 청구할 수 있다(제44조의6 제1항).

명예훼손 분쟁조정부는 위와 같은 청구를 받으면 해당 이용자와 연락할 수 없는 등의 특별한 사정이 있는 경우 외에는 그 이용자의 의견을 들어 정보제공 여부를 결정해야 한다. 해당 이용자의 정보를 제공 받은 자는 해당 이용자의 정보를 민·형사상의 소를 제기하기 위한 목적 외의 목적으로 사용해서는 안 된다.

사이버 장례식 또는 장의사제도도 있다고 하는데 문의해보니 비용도 비싸고 생각보다 다 삭제도 안 된다고 한다. 사실 입법화하여 명예훼손으로 고소되거나 또는 기소 1심이 끝난 경우 등 단계적으로 해당 글을 삭제 또는 계정을 못 사용하도록 하는 것도 이제는 강력히 추진해야 한다고 본다. 물론 가계정도 못 만들게 해야 하고 사이버 망명도 막아야 한다.

피해자 입장에서 생각해 보니 모든 것은 실명제가 편한 것 같다. 표현의 자유를 너무 억압한다고 반박하는 분도 분명 있을 거라 본다. 그런데 자유는 그 권리와 의무를 다할 때 비로소 누릴 수 있는 권한이 있는 것이다. 자격이 없는, 즉 의무를 다하지 않은 사람에게 표현의 자유를 주는 것은 고려해야 한다.

부록

어려운 법률 용어 풀이

ㄱ

고발 고소권자와 범인 이외의 사람이 수사기관에 대하여 범죄사실을 신고하여 그 소추를 요구하는 의사표시를 말한다. 수사기관에 범죄사실을 신고하여 그 소추를 구하는 의사표시에는 자수, 고소, 고발이 있는데, 범죄자가 하면 자수, 피해자 등 고소권자가 하면 고소이지만, 그 외의 제3자가 하는 경우는 고발이다.

고소 범죄의 피해자 또는 그와 일정한 관계가 있는 고소권자가 수사기관에 범죄사실을 육하원칙하에 신고하여 범인을 처벌해 줄 것을 요구하는 의사표시이다.

공소기각 형사소송에 있어서 공소가 제기된 경우, 형식적 소송조건의 흠결이 있을 때에 법원이 이를 이유로 하여 실체적 심리에 들어감이 없이 소송을 종결시키는 형식적 재판을 말한다. 공소기각은 판결로써 해야 하는 경우(형소법 제327조)와 결정으로써 해야 하는 경우(제328조)가 있다.
전자는, ① 재판권이 없을 때 ② 공소제기의 절차가 법률의 규정에 위반하여 무효인 때 ③ 공소가 제기된 사건에 대하여 다시 공소제기되었을 때 ④ 제329조(공소취소에 의한 공소기각의 결정이 확정된 때에는 공소취소 후 그 범죄사실에 대한 다른 중요한 증거를 발견한 경우에 한하여 다시 공소를 제기할 수 있다)의 규정에 위반하여 공소가 제기되었을 때 ⑤ 고소가 있어야 죄를 논할 사건에 대하여 고소의 취소가 있을 때 ⑥ 피해자의 명시한 의사에 반하여 죄를 논할 수 없는 사건에 대하여 처벌을 희망하지 아니하는 의사표시가 있거나, 처벌을 희망하는 의사표시가 철회되었을 때이다.
후자는, ① 공소가 취소되었을 때 ② 피고인이 사망하거나 피고인인 법인이 존속하지 아니하게 되었을 때 ③ 제12조(동일사건이 사물관할을 달리하는 수개의 법원에 계속된 때에는 법원합의부가 심판한다), 또는 제13조의 규정에 의하여 재판할 수 없는 때 ④ 공소장에 기재된 사실이 진실하다 하더라도 범죄가 될 만한 사실이 포함되지 아니할 때이다.

과실상계 채무불이행이나 불법행위에 있어서 채무자(가해자)뿐만 아니라 채권자(피해자)에게도 손해발생 및 손해확대의 야기에 과실이 있는 경우에 법원이 손해배상액 산정 시 이를 참작하여 채무자(가해자)의 책임을 경감하는 것을 말한다(민법 제396조, 제763조). 채무자가 자기의 귀책사유에 의해 발생한 결과 이상의 손해에 대하여 책임을 지거나 채권자가 자기의 귀책사유에 의해 발생한 결과로 인한 손해에 대하여 책임을 지지 않는다면 자기책임의 원칙에 반한다. 따라서 손해배상의 책임과 그로 인한 손해에 대하여 채권자의 행위가 개입된 때에는 그에 대한 참작을 하여야 하는 것이 타당하다.

공공의 이익 형법 제310조에 의하면 제307조 제1항의 행위(사실적시 명예훼손)가 진실한 사실로서 오로지 공공의 이익에 관한 때에는 처벌하지 않는다. 객관적으로는 적시된 사실이 공공의 이익에 관한 것임을 요하는데 반드시 공적 생활에 관한 사실에 한하지 아니하고 사적 행동에 관한 사실이라도 그것이 공공의 이익이 되는 경우를 포함한다. 주관적으로도 사실적시가 공공의 이익을 위한다는 목적이 있어야 하는데 반드시 이를 유일한 동기로 할 것을 요구하지는 않는다. 공공의 이익에 관한 것인지 여부는 적시된 사실의 구체적 내용과 성질 및 그 표현의 방법 등을 고려하여 객관적으로 판단해야 한다.

구공판 검사는 수사 후 공소제기 여부를 판단하는데, 공소제기의 방법에는 공판절차를 거치는 방법과 서면심리를 통한 약식절차를 거치는 방법이 있다. 전자를 '구공판', 후자를 '구약식'이라고 한다.

구약식 검찰이 수사 후 공소제기 여부를 결정하는데, 피의자의 범죄가 벌금, 과료, 몰수 선고를 할 만한 사건이라고 판단한 경우 법원에 약식명령을 하여 달라고 청구하는 것을 실무상 부르는 말이다. 검찰은 약식공소장을 법원에 제출하면서 서면으로 구약식 청구를 하는데, 공소제기와 동시에 서면으로 청구한다.

검사의 약식기소에 대해 법원은 사건 기록을 검토하여 유죄로 인정되는 경우 피고인을 벌금형 등에 처하는 약식명령을 하는데, 벌금형으로 하기에 죄가 무겁거나 혹은 무죄라고 판단하는 경우에는 정식재판에 회부하기도 한다.

피고인은 법원의 약식명령에 이의가 있는 경우 약식명령을 고지받은 날로부터 7일 이내에 정식재판을 청구할 수 있다.

과거에는 피고인만 정식재판을 청구한 경우에는 불이익변경 금지의 원칙이 적용되어 약식명령에서 받았던 벌금형의 액수보다 무거운 형을 선고할 수 없었으나, 형사소송법이 개정되면서 벌금형보다 무거운 징역형 등이 선고되지는 않으나 벌금액은 더 높아질 수 있다.

기수시기 범죄의 구성요건이 완전히 실현되는 때를 말하는 시간적 개념이다. 범행을 착수하기 전 준비만을 하는 예비행위, 실행의 착수는 하였으나 일정한 결과를 완성하지 못한 미수와 구분된다. 형법은 기수범의 처벌을 원칙으로 하고, 미수범이나 예비범은 특별한 규정이 있는 경우에 한하여 처벌한다. 기수시기는 공소시효의 기산점이 된다.

ㅁ

무고죄 타인으로 하여금 형사처분 또는 징계처분을 받게 할 목적으로 공무소 또는 공무원에 대하여 허위의 사실을 신고한 경우 처벌되는 범죄로 형법 제156조에 의하면 10년 이하의 징역 또는 1,500만 원 이하의 벌금에 처하도록 되어 있다. 형사처벌을 받게 할 목적으로 허위사실을 신고한 경우뿐 아니라 징계처분을 받게 할 목적으로 허위사실을 신고한 경우도 포함된다. 신고란 자진해서 사실을 고지하는 것이므로 수사기관의 신문에 대한 허위진술은 무고죄가 성립하지 않는다. 그리고 '공무소 또는 공무원'이란 형사처분의 경우에는 형사소추 또는 수사를 할 권한이 있는 관청과 그 감독기관 또는 그 소속 공무원을 말하고, 징계처분의 경우에는 징계권자 또는 징계권의 발동을 촉구하는 직권을 가진 자와 그 감독기관 또는 그 소속 구성원을 말한다(대법원 2010. 11. 25. 선고 2010도10202 판결 참조).

미필적 고의 범행사실에 대한 인식을 하고 그 사실을 의욕적으로 발생시킨 경우는 "확정적 고의"이고, 어떤 행동을 함으로써 반드시 어떤 결과가 반드시 발생하는 것은 아니지만 발생할 가능성이 있음을 인지하고 있었던 상태를 "미필적 고의"라고 한다. 미필적 고의는 구성요건이 실현될 수 있음은 인식하였으나 주의의무에 위반하여 그것이 실현되지 않을 것으로 신뢰한 "인식있는 과실"과 구분된다.

민사소송법 민사소송제도를 규율하는 법규 일체를 말하는데, 이러한 실질적 의미의 민사소송법에는 일반적인 민사소송뿐만 아니라 민사소송법에서 규정한 제소전 화해절차, 독촉절차, 공시최고절차도 등도 포함되며, 민사소송법 이외에 민사집행법, 가사소송법 등도 포함된다.

ㅂ

반의사불벌죄 피해자가 가해자의 처벌을 원하지 않으면 형사처벌할 수 없는 범죄를 말한다. 일반적으로는 범죄자는 죄가 인정되면 피해자의 의사와 상관없이 처벌되지만, 형법이 특별히 반의사불벌죄로 정한 폭행, 과실치상, 협박, 명예훼손 등은 피해자의 처벌불원의사가 있으면 처벌되지 않는다. 스토킹처벌법 위반, 정통망법 위반(명예훼손)도 반의사불벌죄이다.

범죄의 성립요건 범죄가 법률상 성립하기 위한 요건으로, 구성요건해당성, 위법성, 책임성을 말한다. 구성요건해당성은 무엇이 범죄인가는 법률상 특정행위로 규정되어 있는데, 법률상 특정된 행위의 유형을 구성요건이라고 한다. 해당되는 구성요건이 없는 경우에는 처벌되지 않는다.

구성요건에 해당하는 행위도 법률상 허용되지 않는 경우에 범죄가 성립하며, 법이 정한 위법성조각사유에 해당하는 경우에는 처벌되지 않고, 구성요건에 해당하는 위법한 행위라도 그 행위에 관하여 행위자에 대해 비난가능성이 없다면 범죄가 되지 않는다.

범죄피해자 의견진술제도 형사피해자가 법률이 정하는 바에 의하여 당해 사건의 재판절차에서 범죄피해의 정도 및 결과, 가해자의 처벌에 대한 의견 등을 진술할 수 있는 제도이다. 피해자는 ① 구속 전 심문절차 참여 및 진술 ② 기소 후 재판절차 진술 ③ 범죄피해 양형자료보고서 등에 대한 지원이 이뤄지게 된다. 피해자는 재판절차에서 피해의 정도 및 결과, 피고인의 처벌에 관한 의견, 그 밖에 당해 사건에 관한 의견 진술을 신청할 수 있는데, 법원에 증인으로 출석하여 증인신문과정에서 의견을 진술하거나, 재판절차에 출석하여 증인신문에 의하지 아니하고 범죄사실의 인정에 해당하지 않는 사항에 관하여 의견을 진술할 수 있다.

변호인참여 변호인이 피의자신문에 자유롭게 참여할 수 있는 권리는 피의자가 가지는 변호인의 조력을 받을 권리를 실현하는 수단이므로 헌법상 기본권인 변호인의 변호권으로서 보호되어야 한다. 형사소송법 제243조의2(변호인의 참여 등) 규정에 의하면 검사 또는 사법경찰관은 피의자 또는 그 변호인등의 신청에 따라 변호인을 피의자와 접견하게 하여야 하고, 정당한 사유가 없는 한 피의자에 대한 신문에 참여하게 하여야 한다. 신문에 참여한 변호인은 신문 후 의견을 진술할 수 있고, 신문 중이라도 부당한 신문방법에 대하여 이의를 제기할 수 있으며, 검사 또는 사법경찰관의 승인을 얻어 의견을 진술할 수 있다. 변호인의 의견이 기재된 피의자신문조서는 변호인에게 열람하게 한 후 변호인으로 하여금 그 조서에 기명날인 또는 서명하게 하여야 한다. 검찰수사관이 피의자신문에 참여한 변호인에게 피의자 후방에 앉으라고 요구한 행위는 변호인의 변호권을 침해하는 행위이다.

보완수사요구 경찰이 자체 종결하거나 검찰로 송치한 사건에 대해 다시 한번 검토 또는 수사를 요구하는 절차이다.

형사소송법에 따르면 검찰은 ① 송치사건의 공소제기 여부 결정 또는 공소의 유지에 관하여 보완수사가 필요한 경우 ② 사법경찰관이 신청한 영장의 청구 여부 결정에 관하여 보완수사가 필요한 경우 경찰에 보완수사를 요구할 수 있다. 검찰의 보완수사요구가 있는 때에 경찰은 지체없이 수사를 보완하여 그 결과를 담당 검사에게 통보해야 한다(형사소송법 제197조의2).

보호법익 형법이 보호할 가치가 있는 이익 또는 가치를 말한다. 달리 말하면 구성요건에 의하여 보호되는 추상적이고 관념적인 대상을 의미한다. 보호법익은 추상적, 관념적이라는 점에서 구체적이고 물리적인 공격의 대상인 객체와는 다르다. 크게 국가적 법익, 사회적 법익, 개인적 법익으로 나눈다.

부진정연대채무 여러 사람이 각자의 입장에서 피해자의 손해를 배상해줄 경우에 주로 발생하는 채무이다. 채무 발생의 원인은 서로 독립되었지만(각자의 피해제공), 경제적 목적이 동일하고(피해자의 배상), 한 사람의 채무 변제로 다른 사람의 채무도 소멸하는 경우에 성립한다. 여러 명의 채무자가 동일한 내용의 채무에 관해 각각 독립해서 그 전부의 급부를 이행할 의무를 부담하고, 그중 한 사람 또는 여러 사람이 급부를 하면 모든 채무자의 채무가 소멸하는 점은 연대채무와 같다. 하지만, 채무자 사이에 주관적 관련성이 없으므로 그중 한 사람에 대해 생긴 사유는 변제 등 채권의 목적을 달성하는 사유 이외에는 다른 채무자에게 영향을 미치지 않고, 채무자 간 부담 부분이 정해지지 않는다는 점에서 연대채무와 차이가 있다.

불기소 처분 공소권을 가진 검사가 사건에 대하여 공소를 제기하지 않거나 공소제기가 불가능해짐으로써 사건을 종결하는 것을 말한다. 검찰이 할 수 있는 불기소 처분에는 ① 기소유예(피의사실이 인정되나 「형법」 제51조 각호의 사항을 참작하여 소추를 필요로 하지 아니하는 경우) ② 혐의없음(범죄 인정 안 됨 또는 증거불충분) ③ 죄가 안 됨 ④ 공소권 없음 ⑤ 각하 등이 있다. 불기소 처분이 무죄 확정판결과 달리 나중에 그 처분이 잘못이었음이 밝혀지면 사건을 재기하여 기소할 수 있다.

불송치 경찰이 고소나 고발 사건에 대해 혐의가 없다고 판단한 경우 내리는 결정을 말한다. 경찰이 불송치 결정을 하면 일단 사건이 종결된다. 고소인은 불송치 결정에 대해 이의가 있는 경우 경찰서에 이의신청을 할 수 있는데 불송치 이의신청은 기간이 없다.
고소인, 피해자는 경찰의 불송치 결정에 대해 이의신청할 수 있으나, 고발인은 이의신청이 불가능하며 다만 상급 경찰서에 이의제기는 가능하다.

상고 상고는 상소의 한 가지로서, 제2심 판결에 불복할 때에 하는 신청이다. 형사소송법은 제371조(상고할 수 있는 판결)에서 제2심판결에 대하여 불복이 있으면 대법원에 상고할 수 있다고 규정하고 있다. 상고의 제기기간은 7일이고, 상고장은 항소심 법원에 제출하여야 하며, 상고인 또는 변호인은 대법원이 소송기록을 송부받았음을 통지한 날로부터 20일 이내에 상고이유서를 반드시 상고법원에 제출해야 한다.

제383조(상고이유)는 형사소송법 제383조에서 정한 경우(①판결에 영향을 미친 헌법 · 법률 · 명령 또는 규칙의 위반이 있을 때 ②판결 후 형의 폐지나 변경 또는 사면이 있는 때 ③재심청구의 사유가 있는 때 ④사형, 무기 또는 10년 이상의 징역이나 금고가 선고된 사건에 있어서 중대한 사실의 오인이 있어 판결에 영향을 미친 때 또는 형의 양정이 심히 부당하다고 인정할 현저한 사유가 있는 때)에만 인정되는데, 그 이유는 상고심이 원칙적으로 사실심이 아니라 법률심이기 때문이다.

상고사건에서 검사와 변호인은 상고이유서에 의하여 변론하여야 하고, 상고법원은 상고장, 상고이유서 기타의 소송기록에 의하여 변론 없이 판결할 수 있다.

선고유예 법원이 유죄를 인정하면서도 형의 선고를 유예하는 제도를 말한다. 형법 제59조에 따르면, 1년 이하의 징역이나 금고, 자격정지 또는 벌금의 형을 선고할 경우 뉘우치는 정상이 뚜렷할 때에는 그 형의 전부 혹은 일부에 대해 선고를 유예할 수 있다. 선고유예를 하면서 재범방지를 위하여 보호관찰을 받을 것을 명할 수 있고, 형의 선고유예를 받은 날로부터 2년을 경과한 때에는 면소된 것으로 간주한다. 다만, 자격정지 이상의 형을 받은 전과가 있는 사람에 대하여는 선고유예를 할 수 없고, 형의 선고유예를 받은 자가 유예기간 중 자격정지 이상의 형에 처한 판결이 확정되거나 자격정지 이상의 형에 처한 전과가 발견된 때에는 유예한 형을 선고한다(제61조 제1항).

송치 경찰이 수사한 사건에 대해 범죄혐의가 있다고 판단할 때 검찰에 사건을 넘기는 것을 말한다. 과거에는 경찰은 검사의 지휘에 따라 수사를 한 뒤 기소의견 또는 불기소의견을 달아 반드시 검찰에 사건을 송치하여야 했으나 검경 수사권 조정으로 경찰관은 중요범죄를 제외하고는 검사의 지휘를 받지 않고 직접 수사를 한 뒤 사건을 송치할지 여부를 결정할 수 있게 되었으므로 경찰의 송치 여부가 이전보다 훨씬 중요해졌다.

수사중지 사법경찰관이 수사 중 피의자의 소재불명 등으로 더 이상 수사를 진행하기 어려운 경우에 하는 결정을 말한다. 수사중지 결정을 통지받은 사람은 수사중지 결정에 대해 사법경찰관이 소속된 상급 경찰관서의 장에게 이의제기를 할 수 있다. 이의제기에 대해 상급 경찰청은 이유 있다고 판단한 경우 사건재개를 지시하고, 이유 없다고 판단한 경우 불수용 결정을 하게 된다. 참고로 검사가 피의자의 소재불명 등의 사유로 수사를 종결할 수 없는 경우에는 그 사유가 해소될 때까지 기소중지의 결정을 한다.

ㅇ

위법성조각사유 범죄의 3대 구성요건인 구성요건해당성, 위법성, 책임능력 중 위법성이 인정되지 않는 사유를 말한다. 즉, 범죄의 구성요건에 해당하는 경우라도 그 위법성을 배제하여 범죄를 성립하지 않도록 하는 사유들인데, 형법은 사실적시 명예훼손죄에 한해서는 진실한 사실로서 오로지 공공의 이익에 관한 사항을 유포하여 타인의 명예를 훼손한 경우에는 처벌하지 아니하고(형법 제310조), 형법은 그 외에도 정당행위(제20조), 정당방위(제21조), 긴급피난(22조), 자구행위(23조), 피해자의 승낙(제24조) 등을 위법성조각사유로 인정하고 있다.

위헌 어떤 법령이 헌법에 어긋나므로 이는 무효라는 의미이다. 위헌은 헌법재판소에서 위헌심사제도를 통해 선언되는데, 법률의 위헌 여부가 문제되는 구체적인 분쟁사건이 있어야 비로소 위헌심판을 청구할 수 있다(구체적 규범통제 제도). 헌법재판소법 제47조에 의하면 단순위헌만을 선고할 수 있고, 결정 시부터 그 법률의 효력이 상실된다. 그러나, 헌법재판소는 위헌 아니면 합헌이라는 양자택일에만 그치는 것이 아니라 그 성질상 사안에 따라 위 양자의 사이에 개재하는 중간영역으로서의 여러 변형재판을 인정하고 있다. 변형재판에는 ① 일정 기간의 유예기간을 준 이후 특정 미래 시점부터 위헌이라는 헌법불합치 ② 법률의 여러 해석들 중에서 일부 해석에 대해서 위헌 결정을 내리는 한정위헌 ③ 법률의 여러 해석들 중에서 이렇게 해석해야만 헌법에 합치된다는 한정합헌 등이 있다.

입증책임 소송상 어느 요증사실의 존부가 확정되지 않은 경우 그 사실이 없는 것으로 취급되어 법률판단을 받게 되는 당사자 한쪽의 위험 내지 불이익을 말한다.

형사소송에서는 무죄추정의 원칙에 따라 공소사실에 대해 검사가 증명책임을 진다.

다만, 검사가 구성요건을 증명한 경우에는 사실상 추정되는 위법성의 부존재 역시 주요사실로서 검사가 엄격한 증명에 의해 증명하여야 한다. 다만 특별한 위법성조각사유(형법 제310조)의 경우 거증책임의 전환이 발생하여 피고인이 거증책임을 부담한다고 본다.

일반 위법성 조각사유의 부존재는 주요사실로서 검사가 엄격한 증명에 의해 증명하여야 하나, 상해죄의 동시범 특례(형법 제263조), 사실적시 명예훼손죄의 특별한 위법성 조각사유(형법 제310조)의 경우 거증책임의 전환이 발생하여 피고인이 거증책임을 부담한다.

ㅈ

재수사 요청 경찰은 범죄를 수사한 후 범죄의 혐의가 있다고 인정되는 경우 지체 없이 검사에게 사건을 송치하고, 관계 서류와 증거물을 검사에게 송부하여야 하고, 그 밖의 경우에도 그 이유를 명시한 서면과 함께 관계 서류와 증거물을 지체 없이 검사에게 송부하여야 한다. 후자의 경우 검사는 송부받은 날부터 90일 이내에 사법경찰관에게 반환하여야 한다. 이 경우 검사는 사법경찰관이 사건을 송치하지 아니한 것이 위법 또는 부당한 때에는 그 이유를 문서로 명시하여 사법경찰관에게 재수사를 요청할 수 있고, 경찰은 재수사 요청이 있다면 사건을 재수사하여야 한다.

전문증거 원진술자가 공판기일 또는 심문기일에 행한 진술 이외의 진술을 말한다. 즉, 경험자 자신이 직접 법원에 보고하지 않고, 다른 사람, 조서, 진술서, 녹음테이프 등 다른 방법에 의해 법원에 제출되는 증거이다. 형사소송에서는 법이 정한 예외사유에 해당하는 경우를 제외하고는 원칙적으로 전문증거를 증거로 할 수 없다. 형사소송법에서는 ①법원 또는 법관의 조서 ②적법한 절차와 방식에 따라 작성된 것으로서 그 내용을 인정한 피의자신문조서(진술서) ③적법한 절차와 방식에 따라 작성된 것으로서 그 조서가 검사 또는 사법경찰관 앞에서 진술한 내용과 동일하게 기재되어 있음이 원진술자의 진술 등에 의하여 증명되고, 피고인 또는 변호인이 원진술자를 신문할 수 있었던 참고인 진술조서(진술서) ④피고인 아닌 타인의 진술을 그 내용으로 하고, 그 원진술자가 사망, 질병, 외국 거주, 소재불명 그 밖에 이에 준하는 사유로 인하여 진술할 수 없고, 그 진술이 특신상태하에서 행해졌음이 증명된 피고인 아닌 자의 공판준비 또는 공판기일에서의 진술 등을 전문법칙의 예외사유로 인정하고 있다(법정에 나와서 말을 직접 하라는 취지이기도 하지만 사실은 직접 진술하지 않더라도 형사소송에서 증거로 사용할 수 있는 근거를 마련하기 위한 제도)

정당행위 법령에 의한 행위 또는 업무로 인한 행위 기타 사회상규에 위배되지 아니하는 행위를 말하며, 정당행위로 인정되는 경우 위법성이 인정되지 않으므로 처벌하지 않는다. 정당행위는 법령에 의한 행위(현행범 체포, 치료감호, 노동쟁의 등), 업무에 의한 행위, 사회상규에 위배되지 않는 행위로 나뉜다. 사회상규에 위배되지 않는 행위는 법질서 전체의 정신이나 그 배후에 놓여 있는 사회윤리 내지 사회통념에 비추어 용인될 수 있는 행위를 말한다. 어떠한 행위가 사회상규에 위배되지 아니하는 정당한 행위로서 위법성이 조각되는 것인지는 구체적인 사정 아래서 합목적적, 합리적으로 고찰하여 개별적으로 판단하여야 할 것인 바, 이와 같은 정당행위를 인정하려면 첫째 그 행위의 동기나 목적의 정당성, 둘째 행위의 수단이나 방법의 상당성, 셋째 보호이익과 침해이익과의 법익균형성, 넷째 긴급성, 다섯째 그 행위 외에 다른 수단이나 방법이 없다는 보충성 등의 요건을 갖추어야 한다.

집행유예 법원이 유죄를 선고하면서 정해진 기간 동안 그 형의 집행을 면제하는 제도를 말한다. 형법 제62조에 따르면, 3년 이하의 징역이나 금고 또는 500만 원 이하의 벌금의 형을 선고할 경우 정상에 참작할 만한 사유가 있는 때에는 1년 이상 5년 이하의 기간 형의 전부 혹은 일부의 집행을 유예할 수 있다. 집행유예의 선고를 받은 후 그 선고의 실효 또는 취소됨이 없이 유예기간을 경과한 때에는 형의 선고는 효력을 잃는다. 다만 금고 이상의 형을 선고한 판결이 확정된 때부터 그 집행을 종료하거나 면제된 후 3년까지의 기간에 범한 피고인의 경우 집행유예 대상이 될 수 없고, 집행유예의 선고를 받은 자가 유예기간 중 고의로 범한 죄로 금고 이상의 실형을 선고받아 그 판결이 확정된 때에는 집행유예의 선고는 효력을 잃는다.

大

촉탁수사 모든 형사사건의 관할은 범죄지, 피고인의 주소지를 기준으로 한다. 경찰은 토지관할이 인정되면 다른 경찰서에 이송하지 않고 계속 수사해야 하고, 다만 피의자가 질병, 장애 등으로 관할 경찰서 출석이 곤란한 특별한 사유가 있는 경우에 상급관서의 승인을 받아 이송할 수 있다. 그리고 원거리 지역에 있는 피고소인 등에 대해서는 피고소인 주거지와 가까운 경찰관서를 통해 조사를 요청할 수 있는데 이를 촉탁수사라고 한다. 담당 수사관이 촉탁수사하지 않고 직접 피고소인의 주거지 관할 경찰서에 가서 수사하는 것도 가능하다.

추상적 위험범 위험범은 침해범과 대비되는 개념으로 형법이 보호하는 보호법익에 대한 위험상태를 야기하는 것만으로 구성요건이 충족되는 범죄를 말한다. 법익침해의 위험이 발생한 것으로 충분하고, 법익침해의 결과가 실제로 나타날 것을 필요로 하지 않는다. 위험범에는 추상적 위험범과 구체적 위험범이 있는데, 법익침해의 구체적 위험의 발생을 요건으로 하는 범죄를 구체적 위험범이라고 하고, 법익침해의 일반적 위험이 있으면 구성요건이 충족되는 범죄를 추상적 위험범이라고 한다. 구체적 위험범은 위험의 발생이 범죄구성요건이므로 위험에 대한 인식이 고의의 내용이지만 추상적 위험범은 위험에 대한 인식을 요하지 않는다는 점에서 차이가 있다.

친고죄 피해자 등 고소권자의 고소가 있어야 공소를 제기할 수 있는 범죄를 말한다. 형사소송법에서는 피해자 이외에도 피해자의 법정대리인, 유족, 사자명예훼손죄의 경우 후손 또는 이해관계인의 신청을 받아 검사가 지정한 자 등이 친고죄의 고소인이 될 수 있다. 반의사불벌죄와 달리 피해자의 고소가 있어야 하나 고소기간이 도과하는 등 고소가능성이 없는 특별한 사정이 없다면 고소가 없어도 수사할 수 있다. 형법에서는 사자명예훼손죄, 모욕죄, 비밀침해죄, 업무상비밀누설죄 등을 친고죄로 정하고 있다. 절도, 사기, 횡령, 배임 등 재산죄도 친고죄에 해당하는 경우가 있다.

파기환송 상고법원인 대법원이 상고에 정당한 이유가 있다고 인정하는 경우 내리는 결정이다. 형사소송법 제391조(원심판결의 파기)에 의하면 상고 이유가 있는 때에는 판결로써 원심판결을 파기하여야 한다. 공소기각 또는 관할위반의 재판이 법률에 위반됨을 이유로 원심판결을 파기하는 때에 사건을 원심법원에 환송하는 것과 구분된다. 파기환송의 경우 원심판결을 파기하면서 사건을 원심법원에 환송하거나 동등한 다른 법원에 이송하여야 한다. 사건을 환송받거나 이송받은 법원은 다시 변론을 거쳐 재판하여야 하며, 이 경우 상고법원이 파기의 이유로 삼은 사실상 및 법률상 판단에 기속된다. 원심판결에 관여한 판사는 파기환송된 재판에 관여하지 못한다.

판례 법원이 특정 소송사건에 대하여서 법을 해석 · 적용하여 내린 판단 혹은 법원에서 동일하거나 비슷한 소송 사건에 대하여 행한 재판의 선례를 의미한다. 영미법계에서는 판례의 법적 구속력을 인정하여 사실상 법률의 지위를 가진다. 하지만 대륙법 체계에서는 법률해석상 기준이 되지만 판례 자체를 법규로 볼 수는 없으나, 판례 변경 시 반드시 대법원 전원합의체의 합의가 있어야 되므로 사실상 법규적 효력이 인정된다.

표현의 자유 헌법 제21조에서 정한 자유권적 기본권의 하나로, 자신의 생각이나 의견을 표현할 수 있는 자유를 말한다. 표현의 자유는 명예훼손이나 모욕을 당하지 아니할 권리인 인격권과 충돌이 발생하는데, 형법 제310조는 이 두 권리의 충돌을 적절히 조화하기 위한 시도이다.

ㅎ

항소 상소의 한 종류로 제1심 판결에 불복할 때에 하는 신청을 말한다. 형사소송법 제357조에 의하면 제1심 법원의 판결에 대하여 불복이 있으면 지방법원 단독판사가 선고한 것은 지방법원 본원합의부에 항소할 수 있고, 지방법원 합의부가 선고한 것은 고등법원에 항소할 수 있다. 항소의 제기기간은 7일이고, 항소장은 원심법원에 제출하여야 한다. 항소법원이 기록의 송부를 받은 때에는 즉시 항소인과 상대방에게 그 사유를 통지하여야 하고(형사소송법 제361조의2 제1항), 항소인 또는 변호인은 통지를 받은 날로부터 20일 이내에 항소이유서를 항소법원에 제출하여야 한다(제361조의 3). 항소이유는 사실오인, 법리오해, 양형부당 등 제1심에서 주장한 내용을 모두 주장할 수 있고, 항소심의 판결에 관한 사항은 제1심과 기본적으로 같다(형사소송법 제370조). 다만, 항소심 법원은 ① 제1심에서 조사되지 아니한 데에 대하여 고의나 중대한 과실이 없고, 그 신청으로 인하여 소송을 현저하게 지연시키지 아니하는 경우 ② 제1심에서 증인으로 신문하였으나 새로운 중요한 증거의 발견 등으로 항소심에서 다시 신문하는 것이 부득이하다고 인정되는 경우에 한하여 증인신문을 할 수 있다.

형사소송법 실체법인 형법을 적용, 실현하기 위한 형사절차를 규정하는 법률체계로, 공판절차뿐만 아니라 수사절차, 집행절차를 포함한다.

'손가락 살인의 시대와 법'을 마치며

나는 그들이 만든 세상에서 괴물이 되어 있었다. 먼저 독일에서 천신만고 끝에 박사가 되어 돌아온 것은 허위학력 의혹이 되어버렸다. 재혼임에도 불구하고 속이고 현재의 결혼을 했고, 엄마는 삼혼에 의붓아빠를 감옥 보낸 악랄한 여자가 바로 그들이 만든 나였다.

그들은 나를 '거짓말을 밥 먹듯 하고 사람들을 이간질시키며 뚱뚱하고 못생기고 늙고 추한 여자'로 만들고 시시덕거리며 좋아했다. 페이스북 등의 가상세계에서 나는 괴물보다 더한 괴물이 되어 있었고 그들은 나를 썩은 감자라고 부르며 조롱했다. 희대의 모욕범인 그녀는 나를 입만 열면 거짓말하는 여자라고 지칭했으며 그들의 단톡방에서는 나는 죽여야 할, 아니 죽어야 할 사람이 되어 있었다.

그들이 왜 그렇게 나를 만든 건지 나는 알 수 없었다. 그냥 그들은 나를 그렇게 만들었고, 내 주변의 나와 친한 사람들은 그저 나와 함께한다는 이유로 모두 머저리 같은 사람이 되어 있었다. 현대판 마녀사냥의 수준을 넘어서서 사회적으로, 생물학적으로 나를 죽이기 위한 철저한 그들의 그림 속에서 나는 허우적거리며 빠져나오는 길을 찾아야 했다.

과거 어느 연예인이 허위학력으로 모함받을 당시 나도 가짜뉴스에 영향을 받아 이런 생각을 했었다.

"진짜 학력이 가짜인가 보다!"

그런데 훗날 허위학력 주장은 가짜뉴스를 만든 자들의 음모였고, 진짜 학위를 가진 그는 억울해서 미칠 뻔했다고 고백했다. 나까지도 거짓뉴스의 선동에 순간적으로 속았던 것이다.

그들은 그렇게 나와 주변 사람들을 괴롭히면서 행복해하는 무리들이다. 그리고 우리 주변엔 의외로 그러한 사람들이 상당수 있다.

나의 일이 아닐 때는 즐겁게 웃으며 그저 남의 일이라고 생각하고 가짜뉴스의 진위 여부에 별 관심이 없지만, 막상 당해 보니 그 괴로움이 이루 말할 수 없을 정도라는 것을 비로소 알게 되었다.

SNS명예훼손과 모욕 스토킹이 간단한 재미있는 놀이라고? 결코, 절대 그렇지 않다는 것을 그동안의 기사뿐만 아니라 이 책을 통해서 우리는 반드시 알아야 한다. 어느 순간 자신도 피해자가 될 수 있고, 가해자도 될 수 있다.

이 책은 많은 피해자에게 위로를 드리고, 혹시라도 가해자로 몰린 사람들에게는 그 어둠의 터널을 나올 수 있는 지혜의 책이 되길 바란다. 사신 있게 책을 마무리하면서 할 수 있는 이야기가 생각이 났다. 이 책은 단언컨대 대한민국 최고의 명예훼손과 모욕 그리고 스토킹에 관한 책이다. 책을 정리하다 보니 이만큼 정리가 잘되어 있는 책도 없지만, 피해자로서의 경험이 100% 녹아 있고 실전을 경험해보면서 기록한 글이다 보니 살아있는 느낌이 들었다.

경험은 최고의 스승이라는 말이 생각난다. 왜 그런 일을 겪었을까 수없이 원망했는데 책을 써보니 경험이 녹아 지혜가 되고, 그 지혜가 실전이 되고, 이제 누군가에게 도움이 될 수 있는 경지에 올랐다는 것을 느끼며, 대나무 베기를 수만 번 해야 검도의 달인이 되듯 수없이 많은 고소장을 쓰고 재판을 한 경험이 이렇게 실력이 되었다는 것에 놀랍기도 하고 감사한 생각이 든다.

곁에서 바라본 정준길 변호사님은 이제 명예훼손과 모욕, 스토킹 사건의 달인이 되어 있다. 밤을 꼬박 지새우며 고소장을 쓴 뒤 아침마다 직원들이 고생해서 접수시킬 때는 언제 이 시간이 끝나나 싶었다.

이제 그 경험을 나누고 피해자들을 돕고 싶다.

여러분은 모욕범인가? 모욕당한 피해자인가? 억울하게 모욕범으로 몰린 피해자인가? 가슴엔 누군가를 모욕하고 싶은 욕망도 있을 것이다. 그러나 이 책을 보면 아무리 용의주도해도 다 잡아낼 수 있다는 것을 알게 될 것이고, 당신이 눈물 나게 억울한 피해자라면 바로 가계정까지 잡아서 벌 줄 수 있다는 것을 알게 될 것이다.

꼭 이야기하고 싶은 건 피해자가 억울하다고 해서 죽음을 택해서는 안 된다는 것이다. 당당하게 가슴을 펴고 눈 하나 깜짝하지 말고 당당히 싸워라.

이걸 명심해야 한다.

"너가 울며 괴로워하면 개구리 모욕범은 박수 치며 더 좋아한다. 하지만 내가 웃으면 개구리는 미친다."

창과 방패,

그 모든 것이 녹아 있는 책을 이제 마무리하고

크게 하늘을 보고 웃어 본다.

세상의 개구리들아!

이제 우리가 널 잡으러 갈 시간이다.